日本大学第三中学校

〈収録内容〉

2024 年度 …………………… 第 1 回（算・理・社・国）

2023 年度 …………………… 第 1 回（算・理・社・国）

2022 年度 …………………… 第 1 回（算・理・社・国）

DL 2021 年度 …………………… 第 1 回（算・理・社・国）

DL 2020 年度 …………………… 第 1 回（算・理・社・国）

DL 2019 年度 …………………… 第 1 回（算・理・社・国）

DL 平成 30 年度 …………………… 第 1 回（算・理・社・国）

※データのダウンロードは 2025 年 3 月末日まで。
※データへのアクセスには、右記のパスワードの入力が必要となります。 ⇒ 152828

〈合格最低点〉

	4 科	2 科
2024年度	180点	120点
2023年度	182点	122点
2022年度	178点	120点
2021年度	174点	118点
2020年度	232点	118点
2019年度	非公表	非公表
2018年度	212点	110点

本書の特長

実戦力がつく入試過去問題集

- 問題 …………… 実際の入試問題を見やすく再編集。
- 解答用紙 …… 実戦対応仕様で収録。
- 解答解説 …… 詳しくわかりやすい解説には、難易度の目安がわかる「基本・重要・やや難」の分類マークつき（下記参照）。各科末尾には合格へと導く「ワンポイントアドバイス」を配置。採点に便利な配点つき。

入試に役立つ分類マーク

基本 確実な得点源！
受験生の 90%以上が正解できるような基礎的、かつ平易な問題。
何度もくり返して学習し、ケアレスミスも防げるようにしておこう。

重要 受験生なら何としても正解したい！
入試では典型的な問題で、長年にわたり、多くの学校でよく出題される問題。
各単元の内容理解を深めるのにも役立てよう。

やや難 これが解ければ合格に近づく！
受験生にとっては、かなり手ごたえのある問題。
合格者の正解率が低い場合もあるので、あきらめずにじっくりと取り組んでみよう。

合格への対策、実力錬成のための内容が充実

- 各科目の出題傾向の分析、合否を分けた問題の確認で、入試対策を強化！
- その他、学校紹介、過去問の効果的な使い方など、学習意欲を高める要素が満載！

解答用紙ダウンロード 解答用紙はプリントアウトしてご利用いただけます。弊社ＨＰの商品詳細ページよりダウンロードしてください。トビラのＱＲコードからアクセス可。

UD FONT 見やすく読みまちがえにくいユニバーサルデザインフォントを採用しています。

日本大学第三中学校

生徒数　828名
〒194-0203
東京都町田市図師町 11-2375
☎ 042-789-5535（代表）
横浜線淵野辺駅　バス13分
横浜線・小田急線町田駅　バス20分
京王相模原線・小田急線　多摩都市モノレール多摩センター駅　バス15分

多摩丘陵の広々とした明るいキャンパスでのびのびと中高一貫教育

URL	https://www.nichidai3.ed.jp/

学習環境を重んじ赤坂から多摩丘陵へ

1929年に東京の赤坂に開校した本校は、1976年に現在の多摩丘陵への移転を行い、学習環境の整備された広大なキャンパスを建設した。1987年から高校女子、1991年から中学女子の募集も始め、1992年より高校にスポーツクラス、1997年には理数系国公立・医科歯科大を目指す特進クラスが設置された。

生徒の健康を願い充実した運動施設

町田駅、淵野辺駅、多摩センター駅の3駅から、登下校に合わせて急行バスが運行されている。また、生徒の半数以上が、横浜線、小田急線、田園都市線、横浜市営地下鉄を利用して神奈川県から通学する。

15万㎡以上ある緑豊かなキャンパスには、運動施設として、夜間照明設備のある一周400mグラウンド、野球場、テニスコート、室内プールが整備され、2つの体育館がそびえ立ち、ジョギングコースもつくられている。また、1200名収容の講堂や、蔵書数約3万冊を有する図書室のほか、最新機器を備えたコンピュータ室もある。

なお、2013年に新体育館・新図書館・新武道館・室内プール・約205席の自習スペースなどが完成。

多摩丘陵の緑の中で学ぶ

高1までに基礎力進学講習が充実

中高一貫の、4年制大学進学に目標を置いた教育が行われている。

中学から高1にかけては、主要3教科（英・数・国）の授業時間数を規定より増やして基礎を固める。進学に向けた効率的なカリキュラムが組まれている。中学3年次には選抜クラスも設置している。

高校では1年次から普通クラス、成績上位者で編成され、国公立進学を目指す特進クラス、スポーツクラスに分かれ、普通クラス・特進クラスは2年次からさらに文科コース、理科コースへ分かれる。

学力増進・学力補充のための補習や講習を放課後に実施する

また、定期試験以外にも、あらゆる角度から学力の状況を確かめ、成績不振者には各教科の担当が指導することもある。

部活はもうひとつの青春の舞台

思いっきり部活動に専念できるのも、大学付属校ならではだ。本校の生徒にとってクラブ活動は、自分を試すもうひとつの舞台となっている。2001年・2011年夏、全国優勝をした野球部、毎年全国大会に出場しているテニス部をはじめ、文化系・運動系クラブともに、地区大会や様々な発表の場に積極的に参加し、優秀な成績を収めている。

約9割が現役合格約4割が日本大学へ

併設の日本大学への推薦は高校3年間の成績と全付属高校対象の「基礎学力到達度テスト」によって決まる。2023年3月の卒業生の日本大学進学者は159名であった。

職員室はいつも生徒でにぎわう

また、他大学への進学者は東京大、一橋大、筑波大、東京都立大、早稲田大、東京理科大、学習院大、明治大、青山学院大、立教大、中央大、法政大、成蹊大などへ進学している。

短期留学をして更に視野を拡大

希望者には中学3年生にアメリカ・カナダ体験学習（13日間）、高校1年生にオーストラリアでのホームステイ（16日間）、高校2・3年生にヨーロッパ文化研修（8日間）がある。日本大学主催のイギリスのケンブリッジ大学のペンブルックカレッジの学寮を利用して、長期休暇を使い短期留学ができる制度がある。また、学校全体で英検に挑戦している。中学生は全員受験して、毎年、ベストスコアを更新する生徒が多い。

2024年度入試要項

試験日　2/1（第1回）　2/2（第2回）　2/3（第3回）

試験科目　国・算または国・算・理・社（第1・2回）　国・算（第3回）

2024年度	募集定員	受験者数	合格者数	競争率
第1回	160	313	196	1.6
第2回	60	256	97	2.6
第3回	20	154	25	6.2

過去問の効果的な使い方

① **はじめに**　ここでは，受験生のみなさんが，ご家庭で過去問を利用される場合の，一般的な活用法を説明していきます。もし，塾に通われていたり，家庭教師の指導のもとで学習されていたりする場合は，その先生方の指示にしたがって，過去問を活用してください。その理由は，通常，塾のカリキュラムや家庭教師の指導計画の中に過去問学習が含まれており，どの時期から，どのように過去問を活用するのか，という具体的な方法がそれぞれの場合で異なるからです。

② **目的**　言うまでもなく，志望校の入学試験に合格することが，過去問学習の第一の目的です。そのためには，それぞれの志望校の入試問題について，どのようなレベルのどのような分野の問題が何問，出題されているのかを確認し，近年の出題傾向を探り，合格点を得るための試行錯誤をして，各校の入学試験について自分なりの感触を得ることが必要になります。過去問学習は，このための重要な過程であり，合格に向けて，新たに実力を養成していく機会なのです。

③ **開始時期**　過去問との取り組みは，通常，全分野の学習が一通り終了した時期，すなわち6年生の7月から8月にかけて始まります。しかし，各分野の基本が身についていない場合や，反対に短期間で過去問学習をこなせるだけの実力がある場合は，9月以降が過去問学習の開始時期になります。

④ **活用法**　各年度の入試問題を全問マスターしよう，と思う必要はありません。完璧を目標にすると挫折しやすいものです。できるかぎり多くの問題を解けるにこしたことはありませんが，それよりも重要なのは，現実に各志望校に合格するために，どの問題が解けなければいけないか，どの問題は解けなくてもよいか，という眼力を養うことです。

算数

どの問題を解き，どの問題は解けなくてもよいのかを見極めるには相当の実力が必要になりますし，この段階にいきなり到達するのは容易ではないので，この前段階の一般的な過去問学習法，活用法を2つの場合に分けて説明します。

☆偏差値がほぼ55以上ある場合

掲載順の通り，新しい年度から順に年度ごとに3年度分以上，解いていきます。

ポイント1…問題集に直接書き込んで解くのではなく，各問題の計算法や解き方を，明快にわかるように意識してノートに書き記す。

ポイント2…答えの正誤を点検し，解けなかった問題に印をつける。特に，解説の **基本** **重要** がついている問題で解けなかった問題をよく復習する。

ポイント3…1回目にできなかった問題を解き直す。同様に，2回目，3回目，…と解けなければいけない問題を解き直す。

ポイント4…難問を解く必要はなく，基本をおろそかにしないこと。

☆偏差値が50前後かそれ以下の場合

ポイント1～4以外に，志望校の出題内容で「計算問題・一行問題」の比重が大きい場合，これらの問題をまず優先してマスターするとか，例えば，大問②までをマスターしてしまうとよいでしょう。

理科

理科は1から順番に解くことにほとんど意味はありません。理科は，性格の違う4つの分野が合わさった科目です。また，同じ分野でも単なる知識問題なのか，あるいは実験や観察の考察問題なのかによってもかかる時間がずいぶんちがいます。記述，計算，描図など，出題形式もさまざまです。ですから，解く順番の上手，下手で，10点以上の差がつくこともあります。

過去問を解き始める時も，はじめに1回分の試験問題の全体を見通して，解く順番を決めましょう。得意分野から解くのもよいでしょう。短時間で解けそうな問題を見つけて手をつけるのも効果的です。くれぐれも，難問に時間を取られすぎないように，わからない問題はスキップして，早めに全体を解き終えることを意識しましょう。

社会

社会は1から順番に解いていってかまいません。ただし，時間のかかりそうな，「地形図の読み取り」，「統計の読み取り」，「計算が必要な問題」，「字数の多い論述問題」などは後回しにするのが賢明です。また，3分野(地理・歴史・政治)の中で極端に得意，不得意がある受験生は，得意分野から手をつけるべきです。

過去問を解くときは，試験時間を有効に活用できるよう，時間は常に意識しなければなりません。ただし，時間に追われて雑にならないようにする注意が必要です。“誤っているもの”を選ぶ設問なのに“正しいもの”を選んでしまった，“すべて選びなさい”という設問なのに一つしか選ばなかったなどが致命的なミスになってしまいます。問題文の“正しいもの”，“誤っているもの”，“一つ選び”，“すべて選び”などに下線を引いて，一つ一つ確認しながら問題を解くとよいでしょう。

過去問を解き終わったら，自己採点し，受験生自身でふり返りをしましょう。できなかった問題については，なぜできなかったのかについての分析が必要です。例えば，「知識が必要な問題」ができなかったのか，「問題文や資料から判断する問題」ができなかったのかで，これから取り組むべきことも大きく異なってくるはずです。また，正解できた問題も，「勘で解いた」，「確信が持てない」といったときはふり返りが必要です。問題集の解説を読んでも納得がいかないときは，塾の先生などに質問をして，理解するようにしましょう。

国語

過去問に取り組む一番の目的は，志望校の傾向をつかみ，本番でどのように入試問題と向かい合うべきか考えることです。素材文の傾向，設問の傾向，問題数の傾向など，十分に研究していきましょう。

取り組む際は，まず解答用紙を確認しましょう。漢字や語句問題の量，記述問題の種類や量などが，解答用紙を見て，わかります。次に，ページをめくり，問題用紙全体を確認しましょう。どのような問題配列になっているのか，問題の難度はどの程度か，などを確認して，どの問題から取り組むべきかを判断するとよいでしょう。

一般的に「漢字」→「語句問題」→「読解問題」という形で取り組むと，効率よく時間を使うことができます。

また，解答用紙は，必ず，実際の大きさのものを使用しましょう。字数指定のない記述問題などは，解答欄の大きさから，書く量を考えていきましょう。

算数　出題傾向の分析と合格への対策

●出題傾向と内容

ここ数年の出題数は，大問が4～5題，小問が16～26題である。基本レベルとこれに類する出題が多い。したがって計算問題の練習，「単位の換算」の練習はいうまでもなく，各分野の基本問題を徹底して反復練習しよう。間違えた問題をマークして，これらの問題がすらすら解けるようになるまで何度も反復しながら，計算の工夫や解法の意味を考えていくようにしよう。なかでも重要な分野は，「図形」，「速さ」，「割合と比」，「和と差」などで，文章題も幅広い分野から出題されている。試験に際しては時間配分を考え問題選択をきちんとして，あせらずに着実に得点することが重要である。

✔学習のポイント

計算問題はいうまでもなく，基本問題を徹底して練習し，すぐに反応できるようになるまで反復しよう。

●2025年度の予想と対策

基本的な計算力はもちろん，各種のパターン化された問題など，まず早めに幅広い分野の基本問題に接して，基本的な解法を身につけよう。「単位の換算」もひととおりおさえておくこと。基本問題を理解し基礎を固めることは，応用力を増すことにつながる。

基礎的な学力を身につけた上で，過去問を利用して応用問題にじっくりあたろう。1つ1つの問題についてなぜそうなるのかを深く掘り下げ，考える力を身につけることが必要である。条件の多い問題にも少しずつ慣れておこう。応用問題は，基本問題の組み合わせによって構成されているという点がポイントである。

▼年度別出題内容分類表

※　よく出ている順に☆，◎，○の３段階で示してあります。

出題内容			2020年	2021年	2022年	2023年	2024年
数と計算		四則計算	○	○	○	○	○
		概数・単位の換算	○	☆	○	○	○
		数の性質	○		○		
		演算記号	○				
図形		平面図形	◎	☆	☆	◎	○
		立体図形	☆	○			○
		面積	◎	○	○	○	○
		体積と容積		○			○
		縮図と拡大図					
		図形や点の移動					
速さ		三公式と比	☆	☆	◎	◎	☆
	文章題	旅人算	◎	○	○		◎
		流水算					
		通過算・時計算	○	◎			
割合		割合と比	☆	☆	☆	☆	☆
	文章題	相当算・還元算	○				
		倍数算					
		分配算					
		仕事算・ニュートン算					
文字と式							
2量の関係(比例・反比例)			☆	○	◎	◎	
統計・表とグラフ			☆		☆	◎	
場合の数・確からしさ			○	○	○	○	
数列・規則性				○	☆	○	
論理・推理・集合			○			◎	
その他の文章題		和差・平均算	○	☆		○	○
		つるかめ・過不足・差集め算	○	○	○	◎	○
		消去・年令算			○		
		植木・方陣算	○	○	○	○	☆

日本大学第三中学校

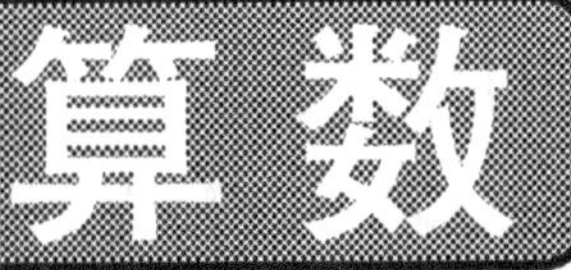

――グラフで見る最近５ヶ年の傾向――

最近５ヶ年に出題されたすべての問題を内容別に分類・集計し，全体に対して何パーセントくらいの割合になっているかを示しました。

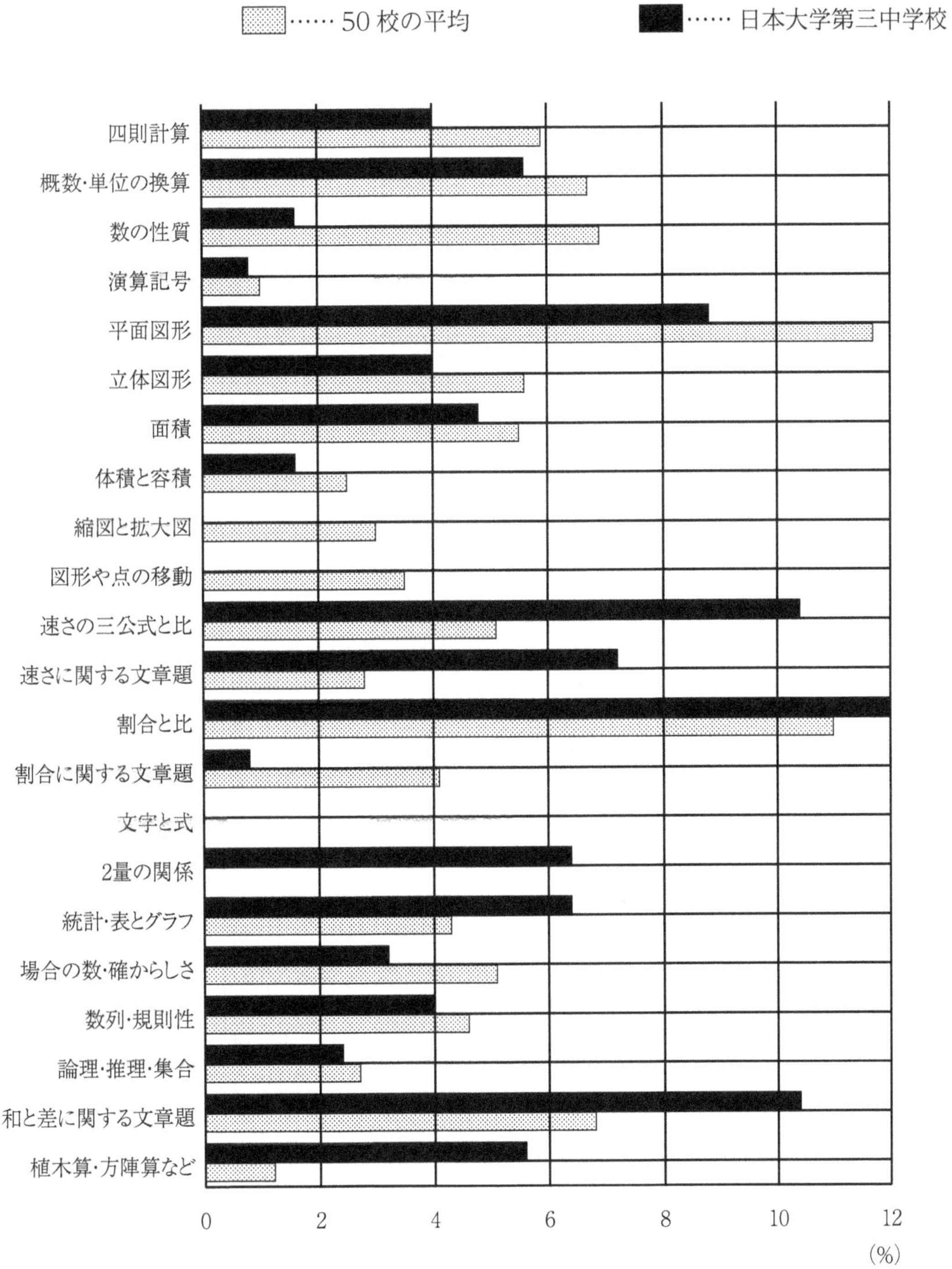

……50 校の平均　　……日本大学第三中学校

四則計算
概数･単位の換算
数の性質
演算記号
平面図形
立体図形
面積
体積と容積
縮図と拡大図
図形や点の移動
速さの三公式と比
速さに関する文章題
割合と比
割合に関する文章題
文字と式
2量の関係
統計･表とグラフ
場合の数･確からしさ
数列･規則性
論理･推理･集合
和と差に関する文章題
植木算･方陣算など

0　2　4　6　8　10　12
(%)

理科　出題傾向の分析と合格への対策

●出題傾向と内容

今年度も問題数は大問が4題で，4問とも，問題文が長い形の出題となった。会話文が2問，レポート文が1問となっている。時間は社会と合わせて60分なので，解くスピードが必要である。

問題は各分野から均等に出題されている。全体的なレベルとしては基本問題が大半である。観察や実験を題材にした問題が多い。

また，ニュースなどで話題になった理科の出来事に関する問題の出題があり，エルニーニョ現象の原理や南海トラフについて出題された。

問題の形式としては，選択式が多いが，記述式も一部見られる。計算問題は実験の表や説明から考える基本から標準レベルの出題である。

学習のポイント

基本的な知識と観察や実験からわかることや，なぜそうなるかを説明できるようにしよう。会話文など長文の問題に慣れておこう。

●2025年度の予想と対策

例年の出題の傾向から考えると，引き続き，幅広い分野の基礎的な知識や環境・時事の知識が試されており，次年度以降も同じような出題がなされると思われる。

また，今年度も，大問1つにつき1つの単元について出題される形式であるが，会話文やレポート文の長い問題文で，幅広く関連する知識を問われる。

基本的な知識を問う出題が多いので，教材の基本的な内容を十分に学習した後，実験・観察をともなう標準的な問題集を解くことで理解を深めるという方法がよいだろう。そして，普段から，ニュースに出てくる話題を理科の知識と結びつけて，覚えるようにしよう。

▼年度別出題内容分類表

※　よく出ている順に☆，◎，○の３段階で示してあります。

	出題内容	2020年	2021年	2022年	2023年	2024年
生物	植物	◎	◎	◎	◎	☆
	動物	◎	○	☆	○	
	人体		○		○	
	生物総合					
天体・気象・地形	星と星座	○		○	◎	
	地球と太陽・月		○		☆	
	気象	☆	◎	☆		
	流水・地層・岩石	○	○			☆
	天体・気象・地形の総合					
物質と変化	水溶液の性質・物質との反応	☆	○	☆		
	気体の発生・性質		☆	○	☆	
	ものの溶け方					☆
	燃焼		○		◎	
	金属の性質					
	物質の状態変化					
	物質と変化の総合					
熱・光・音	熱の伝わり方					
	光の性質		○	○		
	音の性質					
	熱・光・音の総合					
力のはたらき	ばね		☆			
	てこ・てんびん・滑車・輪軸		○			
	物体の運動	○		☆		☆
	浮力と密度・圧力			○		
	力のはたらきの総合					
電流	回路と電流	○			☆	
	電流のはたらき・電磁石	☆				
	電流の総合					
実験・観察		☆	○	☆	◎	☆
環境と時事／その他		○	○	☆	◎	◎

日本大学第三中学校

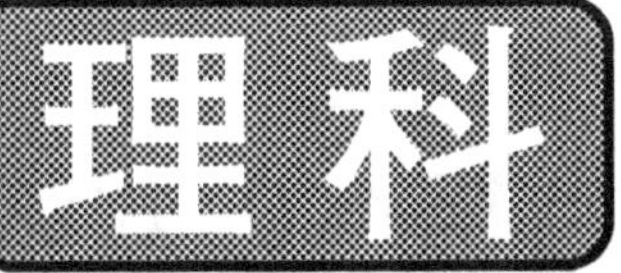

――グラフで見る最近５ヶ年の傾向――

最近５ヶ年に出題されたすべての問題を内容別に分類・集計し，全体に対して何パーセントくらいの割合になっているかを示しました。

……50 校の平均　　……日本大学第三中学校

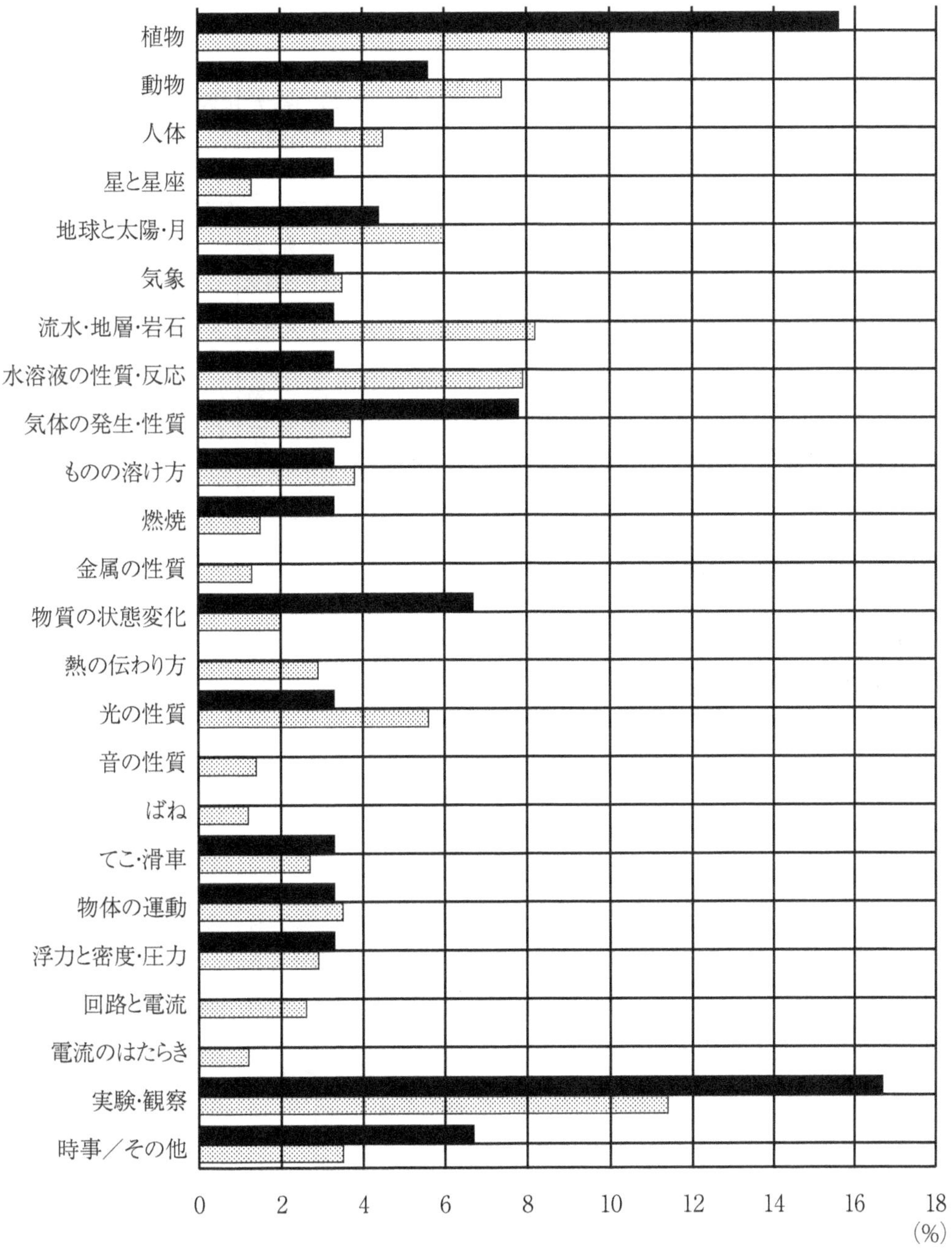

植物
動物
人体
星と星座
地球と太陽・月
気象
流水・地層・岩石
水溶液の性質・反応
気体の発生・性質
ものの溶け方
燃焼
金属の性質
物質の状態変化
熱の伝わり方
光の性質
音の性質
ばね
てこ・滑車
物体の運動
浮力と密度・圧力
回路と電流
電流のはたらき
実験・観察
時事／その他

0　2　4　6　8　10　12　14　16　18
(%)

社会　出題傾向の分析と合格への対策

●出題傾向と内容

今年度は大問数が3題で解答数は38である。記号選択が大部分で，語句記入が4問である。分野別では地理が1題，歴史が1題，時事問題を含む政治が1題である。

地理は関東地方の地図をもとにした出題で，日本の国土と自然，農業，水産業，工業，運輸などが問われ，地形図も出題された。歴史は古代から現代まで幅広く各時代の政治を中心に問われた。政治は政治のしくみや国際社会などについて問われた。また，時事問題は新聞に掲載された川柳を題材とする形式からの出題が本年度もみられた。

学習のポイント

地理：地図帳を活用し，位置を確認しよう。
歴史：時代の流れを年表で理解しよう。
政治：新聞を読む習慣をつけよう。

●2025年度の予想と対策

本校の問題を解くには，各分野の基本的な事項を確実におさえるとともに，他分野との関連を考えて学習していきたい。

地理は，国土・農業・工業の特色などを学習すること。その際に，地図帳で必ず位置を確認し，資料集で最新の統計のデータを見ること。

歴史は，政治史を中心に外交・経済・社会・文化などを時代ごと・テーマごとに整理する。人名・年代・業績などを関連づけて覚えること。

政治は，日本国憲法と政治のしくみを中心に学習すること。

時事問題は，日頃から新聞やテレビなどをよく見て，十分な注意を払うこと。川柳にも注意。

▼年度別出題内容分類表

※　よく出ている順に☆，◎，○の３段階で示してあります。

出題内容			2020年	2021年	2022年	2023年	2024年
地理	日本の地理	地図の見方					○
		日本の国土と自然	☆	☆	◎	◎	◎
		人口・土地利用・資源	◎	◎	◎	○	
		農業	◎		○	◎	○
		水産業	○			○	○
		工業	○	○		○	○
		運輸・通信・貿易			○		○
		商業・経済一般					
	公害・環境問題		○		○	○	
	世界の地理						
日本の歴史	時代別	原始から平安時代	☆	☆	☆	☆	◎
		鎌倉・室町時代	◎	◎	○	◎	◎
		安土桃山・江戸時代	☆	☆	◎	◎	○
		明治時代から現代	☆	◎	◎	◎	☆
	テーマ別	政治・法律	☆	☆	☆	☆	☆
		経済・社会・技術	◎	○	◎	◎	◎
		文化・宗教・教育	◎	◎	○	☆	○
		外交	☆	◎	○	◎	◎
政治	憲法の原理・基本的人権		◎	◎	○	◎	○
	政治のしくみと働き		☆	○	◎	◎	☆
	地方自治						
	国民生活と福祉		◎				○
	国際社会と平和					○	○
時事問題			☆	◎	○	◎	○
その他							○

日本大学第三中学校

——グラフで見る最近５ヶ年の傾向——

　最近５ヶ年に出題されたすべての問題を内容別に分類・集計し，全体に対して何パーセントくらいの割合になっているかを示しました。

▒……50 校の平均　　■……日本大学第三中学校

地図の見方
日本の国土
日本の産業
流通・貿易・経済社会
公害・環境問題
世界の地理
原始から平安時代
鎌倉・室町時代
安土桃山・江戸時代
明治時代から現代
憲法の原理・基本的人権
日本の政治制度
国民生活と福祉
国際社会と平和
時事問題
その他

0　2　4　6　8　10　12　14　16
(%)

国語　出題傾向の分析と **合格への対策**

●出題傾向と内容

今年度も，漢字の独立問題，論理的文章，文学的文章が各1題ずつの大問3題構成であった。

論説文では文脈をとらえ，筆者の考えの的確な読み取り，小説では物語の展開とともに登場人物の心情の読み取りが求められている。いずれの文章でも，設問最後に本文全体に関する記述問題のほか，短い記述問題も出題されている。本文が長いので，時間配分には注意したい。

知識分野は，漢字は標準的な難易度で，ことばの意味などは本文に組み込まれる形で出題されている。

総合的な国語力が試される内容である。

学習のポイント

・記述問題に強くなろう！
・空欄補充問題に慣れよう！
・漢字の練習をしっかりやろう！

●2025年度の予想と対策

来年度も同じ形式の出題が予想される。読解の設問内容は今年度同様に，細部に関する理解が選択肢・書き抜きで問われ，文脈をおさえた上での要約などが記述式で問われることになるだろう。

長い文章に慣れるためにも，日ごろから新書やヤングアダルト向けの小説などを読んでおきたい。過去問を通して，読解力，記述力もしっかりきたえておこう。

ことわざや慣用句，ことばの用法などの基礎的な事項もしっかりおさえるとよいだろう。

▼年度別出題内容分類表

※　よく出ている順に☆，◎，○の３段階で示してあります。

		出題内容	2020年	2021年	2022年	2023年	2024年
内容の分類	読解	主題・表題の読み取り					○
		要旨・大意の読み取り				○	○
		心情・情景の読み取り	☆	☆	☆	☆	☆
		論理展開・段落構成の読み取り					
		文章の細部の読み取り	☆	☆	☆	☆	☆
		指示語の問題					○
		接続語の問題	○	○	○	○	○
		空欄補充の問題	☆	☆	☆	◎	☆
	知識	ことばの意味	○	○	◎	◎	◎
		同類語・反対語					
		ことわざ・慣用句・四字熟語	○				
		漢字の読み書き	◎	◎	◎	☆	☆
		筆順・画数・部首					
		文と文節					
		ことばの用法・品詞					
		かなづかい					
		表現技法					
		文学作品と作者					
		敬語					
	表現	短文作成					
		記述力・表現力	◎	☆	☆	☆	☆
文の種類		論説文・説明文	○	○	○	○	○
		記録文・報告文					
		物語・小説・伝記	○	○	○	○	○
		随筆・紀行文・日記					
		詩(その解説も含む)					
		短歌・俳句(その解説も含む)					
		その他					

日本大学第三中学校

——グラフで見る最近５ヶ年の傾向——

最近５ヶ年に出題されたすべての問題を内容別に分類・集計し，全体に対して何パーセントくらいの割合になっているかを示しました。

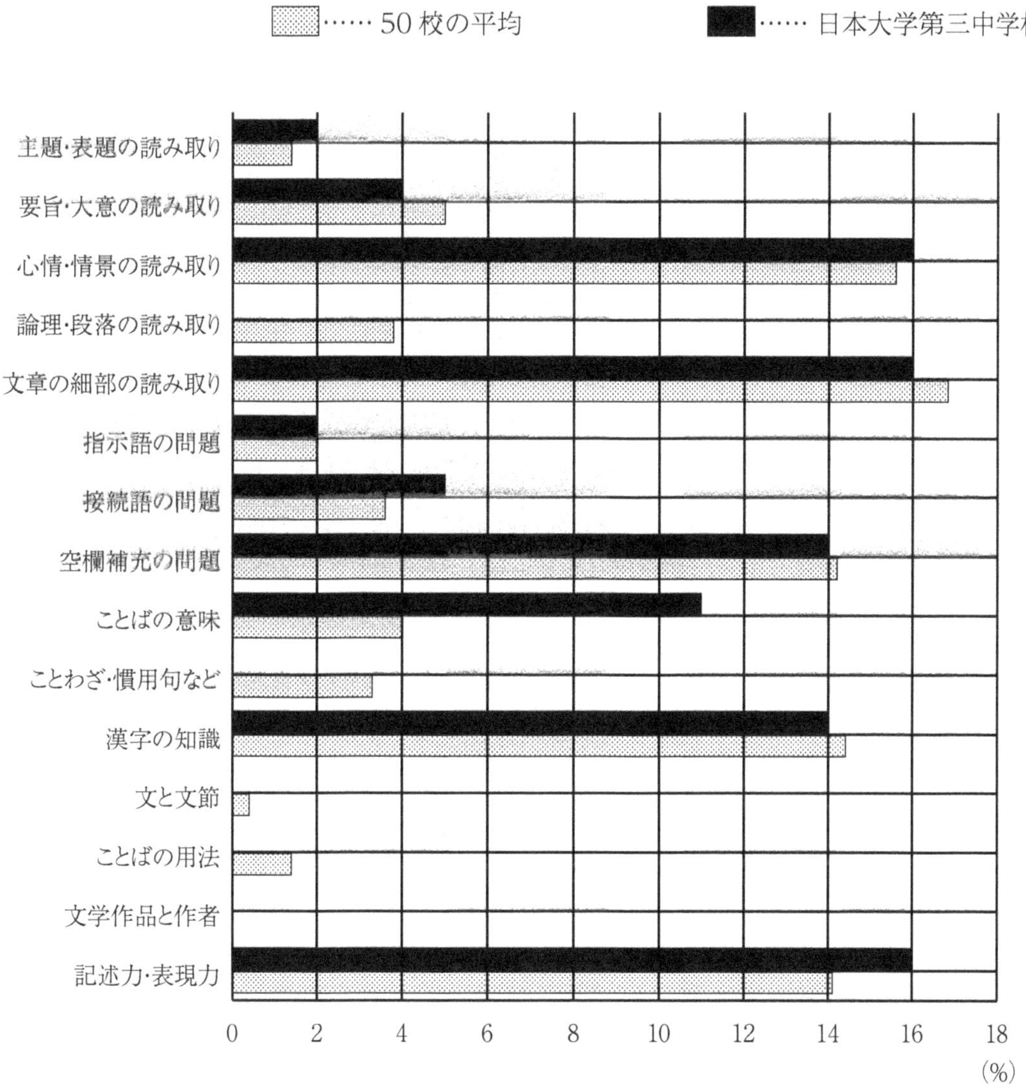

……50校の平均　　……日本大学第三中学校

主題·表題の読み取り
要旨·大意の読み取り
心情·情景の読み取り
論理·段落の読み取り
文章の細部の読み取り
指示語の問題
接続語の問題
空欄補充の問題
ことばの意味
ことわざ·慣用句など
漢字の知識
文と文節
ことばの用法
文学作品と作者
記述力·表現力

0　2　4　6　8　10　12　14　16　18
(%)

	論説文 説明文	物語·小説 伝記	随筆·紀行 文·日記	詩 (その解説)	短歌·俳句 (その解説)
日本大学 第三中学校	50%	50%	0%	0%	0%
50校の平均	47.0%	45.0%	8.0%	0%	0%

2024年度　合否の鍵はこの問題だ!!

算　数　3

与えられたグラフから道のりを求める問題。弟の歩く速さ，歩いた時間，走る速さ，走った時間から弟が兄に追いついた地点がわかるので，兄の歩く速さもわかる。(2)は少し戸惑うかもしれないが，「図書館まで戻り，また駅まで向かう」とはどういうことかを考えると，解きやすいかもしれない。弟は追いついた地点から図書館までの距離を往復分多く歩いていることになる。あとは解説に記載の通り，追いついた地点から駅までの距離，追いついてから駅に着くまで歩いた時間(本を返した時間を除く)が分かればその差分を求めて，(往復だから) 2で割れば追いついた地点から図書館までの距離が出る。

他の解き方として，弟が図書館から駅まで向かうときに，兄に追いついた地点を通過する時間を求めてから，図書館から追いついた地点まで歩いた時間を求める方法もある。駅についた時間は兄と同じであり8時35分。その前に追いついた地点を通過するのは2400－1600＝800mを分速80mで歩くので800÷80＝10分前の8時25分。8時16分に兄に追いつき，その後図書館に向かい，2分で本を返し，また追いついた地点に戻るので，歩いた時間は8時25分－8時16分－2分＝7分。つまり追いついた地点と図書館を7分で往復したことになるので，片道は7÷2＝3.5分かかったことになる。弟は3.5分で80×3.5＝280m歩くので，家から図書館までの距離は1600－280＝1320m

解き方は異なるものの，弟の図書館までの往復を距離で考えるか，時間で考えるかの違いであり，本質は同じである。グラフのどの部分が図書館に向かっている部分か，図書館から追いついた地点まで戻っている部分かを落ち着いて読み取ることで正解にたどり着くことができる(下グラフ太線部)。

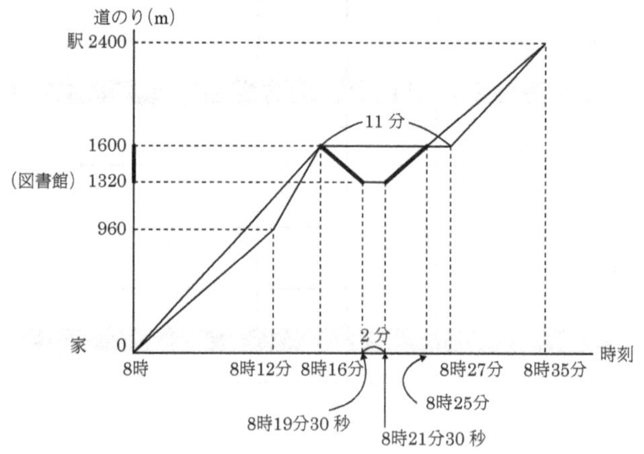

理 科 [3]

ロケットが飛ぶ原理を先生と生徒の会話文の内容をしっかり読んで法則を把握して解く出題である。会話文の中で,「重さのあるものを後ろにぶん投げて反動で進んでいる」という原理から撃ち出し速度とロケットの重さ・燃料の重さとロケットの速さ・燃料の速さの関係を会話文の内容にそって理解していく。

(2)では撃ち出し速度をロケットの重さ：燃料の重さの比とロケットの速さ：燃料の速さの比が逆比になることを本文の会話から理解し計算する問題で,(3)ではさらに打ち出し速度が秒速5mの場合の計算問題になっていて,撃ち出し速度を重さの比の逆に比例配分する事を理解していれば正解できる。

(4)で今までの解いてきた知識から得られることを選択肢から選び,(5)はその結果を利用した計算問題である。会話文や問題の問いかけで正解へのヒントを出しながら,考えさせる問題なので,1つ1つの問題をしっかり解いていくことが重要である。

社 会 [3] 問1

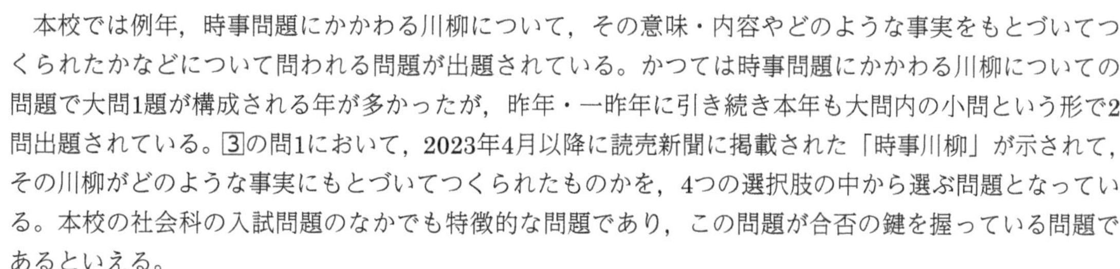

本校では例年,時事問題にかかわる川柳について,その意味・内容やどのような事実をもとづいてつくられたかなどについて問われる問題が出題されている。かつては時事問題にかかわる川柳についての問題で大問1題が構成される年が多かったが,昨年・一昨年に引き続き本年も大問内の小問という形で2問出題されている。[3]の問1において,2023年4月以降に読売新聞に掲載された「時事川柳」が示されて,その川柳がどのような事実にもとづいてつくられたものかを,4つの選択肢の中から選ぶ問題となっている。本校の社会科の入試問題のなかでも特徴的な問題であり,この問題が合否の鍵を握っている問題であるといえる。

(1)は,『「ねえ,プーチンこっち向かないで」と加盟する』という川柳がどのような事実にもとづいてつくられたかを問うものである。「プーチン」「加盟する」から,ロシアのウクライナ侵攻によってNATOに加盟したフィンランドについて述べていると考えられる。フィンランドは長年にわたって中立を国の基本的な外交方針としていたが,ロシアのウクライナ侵攻をきっかけにNATO(北大西洋条約機構)加盟へと動き,2023年4月にフィンランドはNATOに正式加盟を果たしたので,アが適切。なお,イのアイルランドとウのニュージーランドは2024年2月時点ではNATOに加盟しておらず,エのポーランドは1999年にNATOに加盟している。

(2)は,『列島にクーリングタイム設けてよ』という川柳がどのような事実にもとづいてつくられたかを問うものである。2023年の7・8月は猛暑日が続いた。夏の全国高校野球選手権大会では,2023年から暑さ対策として「クーリングタイム」が導入されたので,エが適切。

国語 〔二〕 問九，〔三〕 問十一

説明文でも，物語でも，本文にはどのようなことが書かれているかをつかむことが大切だ。説明文であれば要旨・結論を，物語では主題をとらえるということである。細部の読み取りとは違って，文章全体をとらえなければならないという点で，差がつく設問でもある。ここでしっかり得点することが合否の鍵になる。

説明文の〔二〕の問九は，キーワードである「普通」について筆者がどう説明しているかをとらえることが鍵になる。そのうえで「他者」と「自分」という対比もつかむ。そして，筆者が強調しているのは，自分で決断して，自分の好きなことをやることが大切だということをつかむ。問われているのは，「自分らしく生きるために必要なのはどのようなことか」ということなので，何が必要で，何が大切かというポイントで解答をまとめる。

物語の〔三〕の問十一は，「星野くんや早緑とのやり取りを通して」とあるので，このポイントから本文の内容をまとめることが鍵になる。そこで，星野くんや早緑との会話文に注目して，六花が気づいたこと，気づいてどのように行動しているかを本文中から拾っていけばよい。

記述問題の解答は問い方に合った形で答えないと得点には結びつかない。何を問われているのか，どう答えればいいのかを意識して問題に取り組もう。

2024年度
★★★★★★★★★★★★★★★★★★★★★★★★
入　試　問　題

2024年度

日本大学第三中学校入試問題

【算　数】（50分）〈満点：100点〉

【注意】（1）　定規，コンパスの使用を認めます。

（2）　円周率は3.14とします。

1. 次の各問いに答えなさい。

（1）　$40-\{(1\div 6+11\div 6)\times 111\div 6\}$　を計算しなさい。

（2）　$1.35\div 3-\left(\dfrac{4}{5}-\dfrac{3}{4}\right)\div\left\{\left(\dfrac{4}{3}-\dfrac{5}{4}\right)\times\dfrac{4}{3}\right\}$　を計算しなさい。

（3）　$4+\{(1+2\times\square)\times 12\div 6-15\}=11$　の$\square$に当てはまる数を答えなさい。

2. 次の各問いに答えなさい。

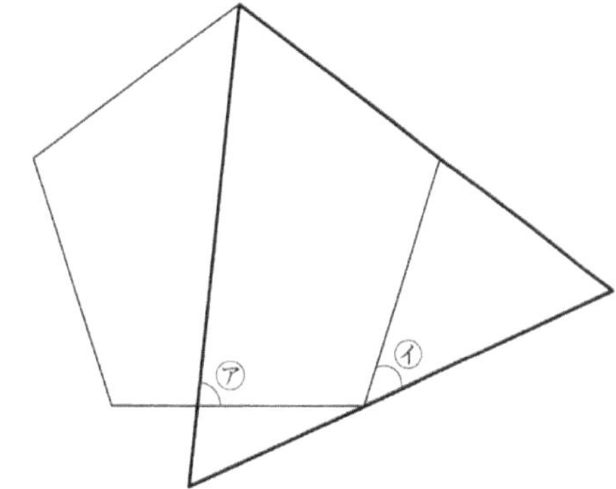

（1）　右の図は正五角形と正三角形を重ねたものです。㋐と㋑の角度を求めなさい。

（2）　縦100mm，横120mmの長方形があります。この長方形の縦と横の長さをそれぞれ$\dfrac{3}{4}$倍した長方形の面積は何cm^2ですか。

（3）　ある道路で車の速さを測ったところ，25台の平均の速さが時速57kmでした。その中の1台は緊急（きんきゅう）車両で他の車よりも速く走っていたため，それ以外の24台の平均の速さは時速56kmでした。緊急車両は時速何kmで走っていましたか。

（4）　底面の半径が5cm，高さが10cmの円柱の形をした容器の中に粘土（ねんど）がいっぱいに入っています。この粘土を使って，1辺が4cmの立方体をできるだけ多く作るとき，立方体は全部で何個作ることができますか。

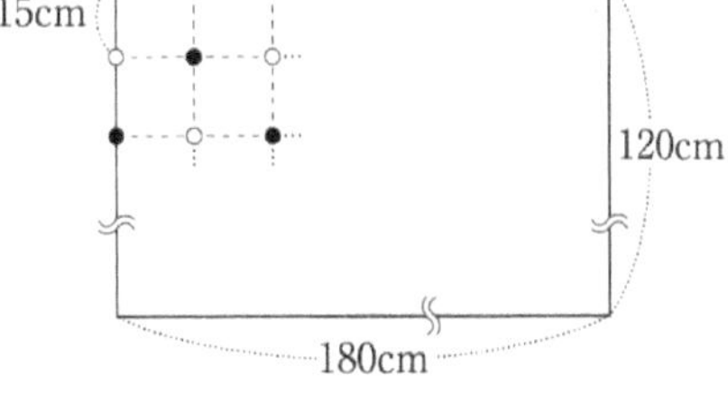

（5）　右の図のように，縦120cm，横180cmの土地に，赤い花と白い花を，縦も横も色が交互（こうご）になるように15cm間隔（かんかく）で植えます。左上の角に赤い花を植えるとき，赤い花は全部で何本植えることができますか。

（6）　8％の食塩水300gと5％の食塩水を混ぜ合わせて，水をすべて蒸発させると32gの食塩が残りました。5％の食塩水は何gでしたか。

（7）　リンゴを袋（ふくろ）に分けます。1袋に6個ずつ入れると4個余り，1袋に8個ずつ入れると2袋は使わず，最後の1袋にもちょうど8個入りました。リンゴは全部で何個ありますか。

（8）　原価200円の商品を160個仕入れ，2割の利益を見込（みこ）んで定価をつけたところ120個が売れました。残りの40個は定価の20％引きで売ったところ，完売しました。仕入れ値に対する利益はいくらですか。

3. 兄と弟は午前8時に同時に家を出発し，弟は分速80mで歩き，兄は弟よりも速く歩いて家から2400m離れた駅に向かいました。弟は家を出てから12分後に道に落ちている兄の携帯電話を見つけたため，分速160mで走って追いかけました。弟は午前8時16分に兄に携帯電話を届けたあと，通過してしまった図書館まではじめの速さで歩いて戻り，2分間で借りていた本を返してから同じ速さで歩いて駅まで向かいました。兄は弟から携帯電話を受け取ると，その場で11分間電話をし，もとの速さで駅まで歩いたところ，弟と同時に駅に到着しました。下の図は，兄と弟の移動の様子をグラフに表したものです。このとき，次の問いに答えなさい。

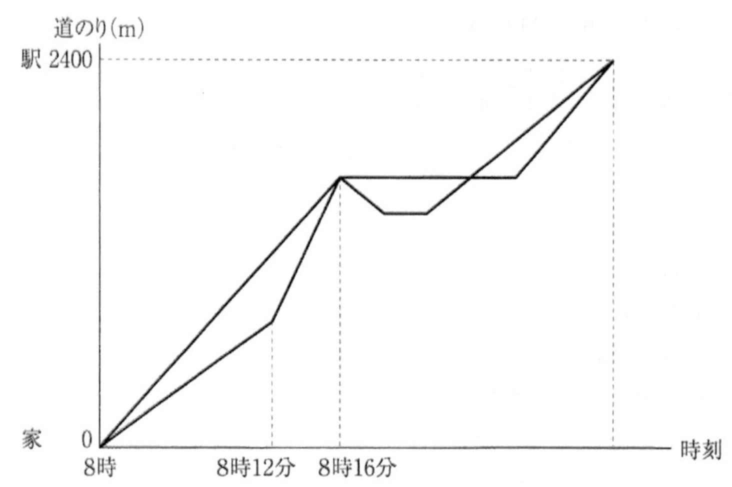

（1） 兄は分速何mで歩きましたか。

（2） 図書館は家から何mの地点にありますか。

4. 太郎さんと花子さんが次の問題について話をしています。

> **問題**
> 右の図のあからけに1から9までの異なる数字を1個ずつ入れ，縦，横の足し算を完成させなさい。

あ	+	い	+	う	=	9
+		+		+		
え	+	お	+	か	=	23
+		+		+		
き	+	く	+	け	=	13
‖		‖		‖		
15		9		21		

太郎さん：適当に当てはめるのは難しいね。

花子さん：縦の足し算を左からA，B，C，横の足し算を上からD，E，Fとして考えやすくしてみようか。

太郎さん：Aに注目してみると，和が15になる数字の組は，(1，5，9)，(2，5，8)，(2，4，9)，(3，4，8)など複数あるから，どの足し算に注目してよいかわからないね。

	A		B		C		
D	あ	+	い	+	う	=	9
	+		+		+		
E	え	+	お	+	か	=	23
	+		+		+		
F	き	+	く	+	け	=	13
	‖		‖		‖		
	15		9		21		

花子さん：和が大きいまたは小さい足し算に注目してみようか。

太郎さん：あっ！①3つの数字を足して23になる数字の組はただ1組しかないよ！

太郎さん：そうすると，おに入る数字が決まるね！

花子さん：次に和が大きいCの足し算に注目すると，Dの足し算から，けに入る数字が決まるね！

太郎さん：これで，う，え，お，か，けまで決まったね。

花子さん：次は，和が小さい足し算に注目してみようか。

太郎さん：ここまで来たらあと一歩だね！

このとき，次の問いに答えなさい。

（1） 下線部①の数字の組を答えなさい。

（2） けに当てはまる数字を答えなさい。

（3） きに当てはまる数字を答えなさい。

【理　科】（社会と合わせて60分）〈満点：50点〉

1　以下のやりとりはMさんとBさん(以下M，B)の会話です。これについて，あとの問いに答えなさい。

M：うちのお母さんが植物に特徴(とくちょう)的なはたらきで思い出せないことがあるんだって。
B：どんなことか，まったくわからないの？じゃあ，一緒に考えてあげるから，お母さんが言ってた何かヒントみたいなものを教えてよ。
M：なんだか，日中に盛んにおこなうことらしいんだけど。
B：それ，1光合成じゃないの？すぐにわかるじゃない。他にないと思うけど。
M：私も，そう思ったんだけど，そのはたらきではでんぷんはつくられないらしいの。
B：じゃあ，光合成とは違うかな。もう少しくわしく教えてくれる？
M：んー，気孔と気体が関係しているんだって。
B：やっぱり，光合成じゃないの？
M：でも，二酸化炭素は直接関係ないらしいの。
B：じゃあ，光合成ではないね。他には何かないの？
M：どうも葉を全部取ってしまうとほとんど起こらないらしいの。まったくなくなるわけじゃないらしいけど。
B：やっぱり，光合成しかないと思うけど。
M：でも，2葉に日中，袋をかぶせて実験してみると，何か特別なことをしなくても，そのはたらきがおこなわれたことが目で見てよくわかるらしいんだよね。
B：じゃあ，光合成とは違うね。何か他には言ってなかった？
M：あー，3根から吸い上げた水が関係しているらしいって言ってたわ。
B：えー，やっぱり，光合成じゃないの？
M：でも最初からお母さんは光合成ではないって言っているのよ。
B：それを早く言ってよ。無駄な想像たくさんしちゃったじゃん。
M：ごめんごめん。それで，お父さんが言うにはそれは呼吸じゃないのかっていうんだけどね。
B：それ，動物もやってるじゃん！色々疲れてきたから，もうええわ。

（1）　下線部1について，ジャガイモを使って日光と葉のでんぷんの関係を調べる実験をおこないました。

［手順および結果］

❶　夕方ごろ，ジャガイモの葉の一部分をアルミニウムはくで包む。これを3枚(㋐㋑㋒)用意する。

❷　次の日の朝，アルミニウムはくを外した㋐を用いて，でんぷんがあるかどうかを調べたところ，ないことがわかった。

❸　❷と同じ日の朝から，アルミニウムはくを外した㋑に5時間十分な日光を当てて，でんぷんがあるかどうかを調べたところ，あることがわかった。

❹　❷と同じ日の朝から，アルミニウムはくをそのままにした㋒に5時間十分な日光を当てて，でんぷんがあるかどうかを調べたところ，ないことがわかった。

① ❷の下線部で使う薬品の名前を答えなさい。

② この[実験]についての次の文のうち，正しいものはいくつありますか。また，いずれも正しくない場合には「ない」と答えなさい。

・❷の手順は時間がない場合は省略しても大きな問題はない。

・❸の結果だけからでんぷんができるには日光が必要であると証明できる。

・❷と❸の結果からでんぷんができるには日光が必要であると証明できる。

・❷と❹の結果からでんぷんができるのに日光は関係ないと証明できる。

（2） 下線部2について，よく晴れた日の昼間にジャガイモの葉に2か所，透明なポリエチレンのふくろAとふくろBをかぶせ，ふくろAには息をふきこみ，ふくろBには息をふきこまず，それぞれ1時間そのままにしたあと観察しました。

① ふくろA内にふくまれる気体を調べるために，気体検知管を使いました。息を吹き込んだ直後の気体検知管(酸素・二酸化炭素のどちらかを示している)が下図のようであったとすると，1時間後の酸素を表しているものを1つ記号で選びなさい。

息を吹き込んだ直後の気体検知管

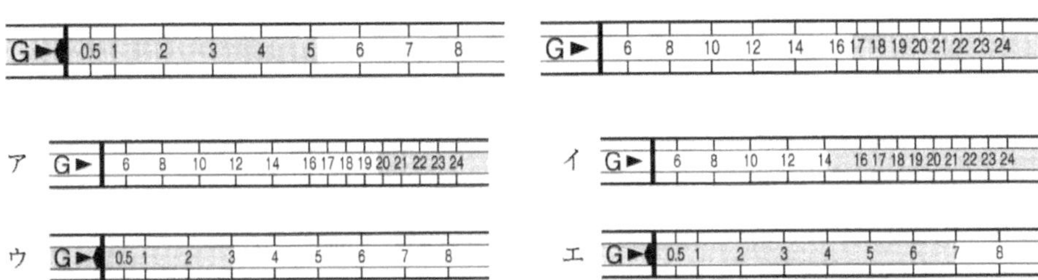

② 1時間後にふくろの内側表面にあるものがついていました。あるものとは何ですか。3字以内で答えなさい。また，この現象がみられるのは【ア．ふくろAのみ　イ．ふくろBのみ　ウ．ふくろAとBの両方】のいずれか，記号で選びなさい。

（3） 下線部3について，この通り道を調べるために，根がついたままのホウセンカを用意し，色をつけた水に根をつけ，茎の断面を顕微鏡で観察しました。

① 色をつけた水を吸い上げたあとの，ホウセンカの茎の断面図として正しいものを1つ記号で選びなさい。なお，灰色の部分は色のついたところを表しています。

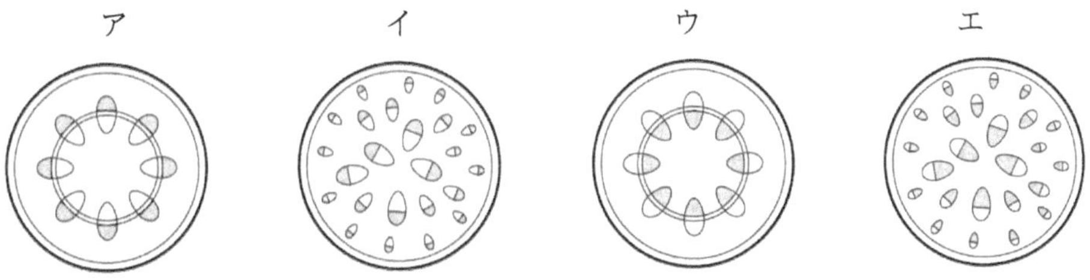

② ホウセンカの花および種子の特徴として正しいものを，2つ記号で選びなさい。

ア．花びらが1枚1枚はなれている。　イ．花びらが互いにくっついている。

ウ．おしべだけの花がある。　エ．種子は動物に食べられて遠くに運ばれる。

オ．種子は成長した実がはじけて周囲に飛び散る。

（4） お母さんが思い出せなかった，植物に特徴的なはたらきは何であると考えられますか。漢字で答えなさい。

2　水の温度による，ものの溶け方の違いについて，あとの問いに答えなさい。

水に最大の量まで，ものを溶かした状態を“飽和(ほうわ)”といいます。次の表は，さまざまな温度の水100gに，硝酸カリウムと食塩を飽和するまで溶かした量を調べたものです。

溶かす固体＼水の温度(℃)	0	20	40	60	80
硝酸カリウム(g)	14	32	61	106	167
食塩(g)	36	36	36	37	38

（1）　この表からわかることを，2つ記号で選びなさい。

ア．水の温度の変化により，溶かすことができる量の変化がより大きいのは硝酸カリウムである。

イ．一定の量の水の温度と，溶かすことができる量は，比例している。

ウ．さまざまな温度の水に対して，溶かすことができる量の増え方は，固体の種類によって違う。

エ．同じ量の水に溶かすことができる硝酸カリウムの量は，温度にかかわらず，いつでも食塩より多い。

オ．40℃の水に36gの食塩を溶かして飽和させたとき，その水溶液に含まれる水は64gである。

（2）　60℃の水100gに硝酸カリウムを飽和するまで溶かすと，その水溶液は何gになりますか。

（3）　74gの食塩を60℃の水に溶かすには，何gの水が必要ですか。

（4）　80℃の飽和している硝酸カリウム水溶液267gを20℃まで冷やすと，溶けきれなくなった硝酸カリウムは何g出てきますか。

海水にはさまざまなものが溶け込んでおり，その量は約3.4%を占めます。溶け込んでいるもののうち，約78%が食塩です。その濃さは，地域によって少しの差があるものの，海洋全体ではほぼ等しいです。その理由の1つとして，右図にあるように，海水は，とても長い年月をかけて循環(じゅんかん)していることがあげられます。

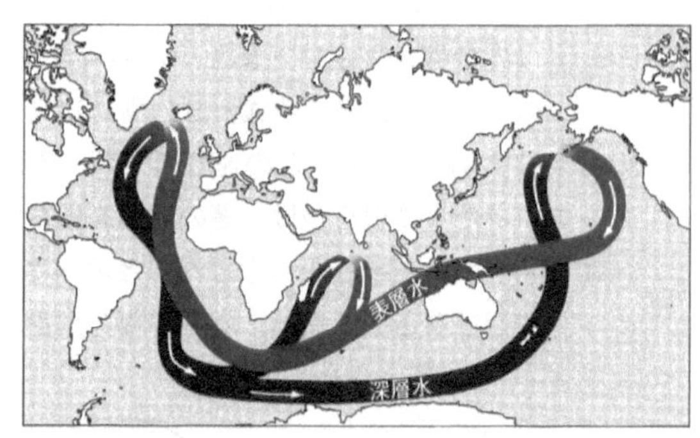

（5）　世界の海水温度の平均は20℃ほどです。

①　20℃の海水100gに溶けている食塩の量として，もっとも近いものを記号で選びなさい。

ア．約0.13g　　イ．約1.3g　　ウ．約13g　　エ．約0.27g

オ．約2.7g　　カ．約27g

②　20℃の海水100gは食塩で飽和しているでしょうか。飽和している場合は「○」，飽和していない場合は「×」と答えなさい。

（6）　下線部の理由の1つは，北大西洋で発生した水蒸気が，赤道に向かって1年中吹き続けている貿易風とよばれる風により北太平洋に運ばれ，雨を降らせることにあります。北大西洋と北太平洋とでは，どちらの海水が濃いと考えられますか。

（７） 水100gあたりに食塩を20g溶かした水溶液aと，水100gあたりに硝酸カリウムを20g溶かした水溶液bを用いて実験をします。
右図のように，水溶液aまたはbを入れた大きな水槽（すいそう）を，電熱器とドライアイスの上に置きました。電熱器に当たる部分は40℃，ドライアイスに当たる部分は0℃を保つものとします。この実験について正しく述べたものをすべて記号で選びなさい。

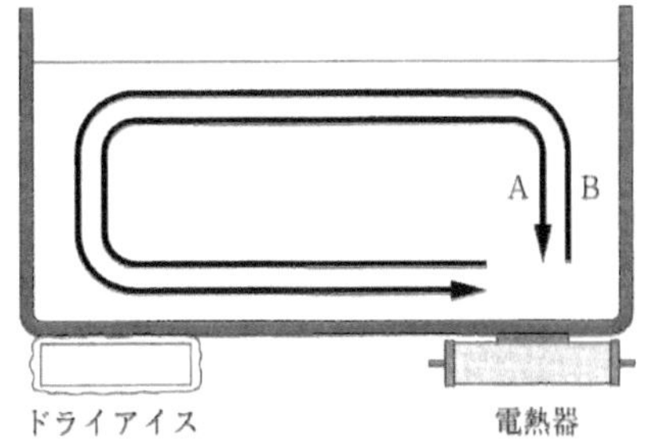

ア．水溶液はAのように循環する。
イ．水溶液aを用いると，電熱器の上あたりに結晶ができはじめる。
ウ．水溶液aを用いると，ドライアイスの上あたりに結晶ができはじめる。
エ．水溶液aを用いると，濃さは常に一定に保たれる。
オ．水溶液bを用いると，電熱器の上あたりに結晶ができはじめる。
カ．水溶液bを用いると，ドライアイスの上あたりに結晶ができはじめる。
キ．水溶液bを用いると，濃さは常に一定に保たれる。

3 三太くんは，宇宙ロケットに興味をもち，そのしくみを先生に質問してみました。会話文を読み，あとの問いに答えなさい。

三：先生，ロケットはどうやって飛んでいるのか，しくみを教えてください。

先：ロケットでは燃料を直接後ろに噴射してその反動で前に進んでいるんだ。テレビで映るのは打ち上げのときがほとんどだから，燃料を下向きに噴射して上に進むことになるね。原理としては，重さのあるものを後ろにぶん投げて反動で進んでいるだけで，いたってシンプルなんだよ。

三：反動で進む…ちょっと難しいかもしれません。

先：よし，実際にやってみよう。学校のスケートリンクを借りて，ソリを置いてその上に立つ。ツルツルすべるから気をつけて。君は野球が得意だったね。ボールを後ろに向かって投げてごらん。

三：えいっ！　あ～，はい，ほんの少しだけ前に進んだような…。これが，ロケット……(図1)？

先：あははは，もちろん，原理だからね。勢いよく動くにはボールが軽すぎるし，スピードも遅すぎる。人力じゃ難しいね。大谷選手でもそうそう動かないと思うよ。

三：もうちょっと動くようすが見たいです。

先：よし，じゃあ特別に…『もっと重いものを決まったスピードで撃ち出すマシーン！！』このマシーンを使って次の実験をしてみよう。君とマシーンが乗ったソリを「ロケット」，マシーンによって後ろに撃ち出す物体を「燃料」と呼ぶよ。ロケットには他にもおもりを乗せて90kgに調整しよう。燃料は10kgでやってみようか。マシーンに撃ち出し速度を入力する。まずは秒速1mかな。さあ三太くん，スイッチを押すんだ。

図1

三：はい！ おお!! 今度はハッキリと動きましたね(図2)。

先：発射後のロケットの速さと燃料の速さも測定したよ。ロケットの速さは秒速0.1m，燃料の速さは秒速0.9mだったよ。

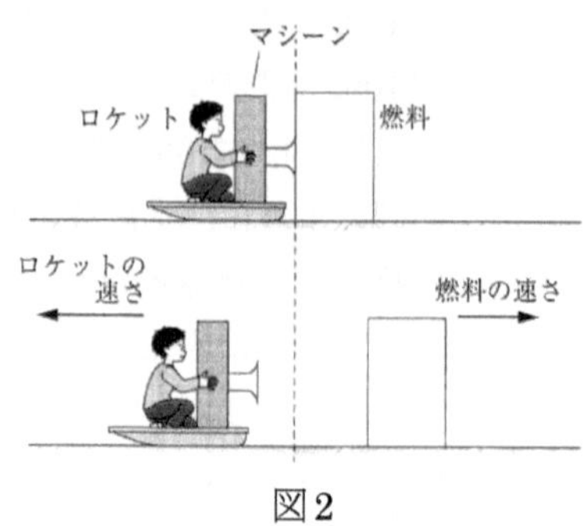

図2

三：あれ，秒速1mで撃ち出したのに燃料はそれより遅いんですか？

先：ロケットが反動で動くぶん，燃料の速さは減ることになる。撃ち出し速度を変えながら，くり返し実験をしてみよう。

三：結果を表にまとめました。秒速ナントカmというときの単位はm／秒(メートル毎秒)ですよね(表1)。

表1
ロケット90kg 燃料10kg

撃ち出し	ロケット	燃料
1	0.1	0.9
2	0.2	1.8
3	0.3	2.7
4	0.4	3.6
5	0.5	4.5

(すべてm／秒)

先：よく知っていたね。表を見てどんなことに気づくかな。

三：えっと，ロケットの速さも燃料の速さも撃ち出し速度に【①ア．比例 イ．反比例】しています。ロケットと燃料の速さの【②ウ．和 エ．差】は撃ち出し速度と同じです。

先：そうだね。いいところに気づいているよ。それでは，ロケットのおもりを10kg減らして，燃料は10kg増やして同じ実験をしてみよう。

………さあ，いいデータがとれたね(表2)。表1と比べてみてどうかな？

表2
ロケット80kg 燃料20kg

撃ち出し	ロケット	燃料
1	0.2	0.8
2	0.4	1.6
3	0.6	2.4
4	0.8	3.2
5	1.0	4.0

(すべてm／秒)

三：ロケットと燃料の速さの比は，ロケットと燃料の重さの比と【③オ．同じ カ．反対】になっていることがわかりました。

先：では，さらにロケットのおもりを10kg減らして，燃料を10kg増やしてみよう。

三：待ってください！もう法則性はつかみましたよ。実験をしなくても④表3の内容は予測できます。

先：すばらしいね。さらに続く⑤表4や表5があったとしても予測できる？

三：もちろんです。しかし先生，この実験ではロケットの速さは空を飛ぶほどには上がりませんね。

先：そうだね。ロケットの速さを上げるためにはどうすればいいかな。

三：［ ⑥ ］ことと，［ ⑦ ］ことです。

先：そういうことになるね。実際のロケットでは，燃料の比率がロケット全体の95%にもなるものがあるそうだよ。三太くんのロケットで考えると，ロケットは三太くんが乗っている以上どう軽くしても50kgが限界だろうから，燃料が950kgということになるね。ちなみに理論上，ロケットが地上を離れて宇宙に行くには，秒速約8000mの速さが必要だと言われている。

三：えええ，1秒で約8kmですか！？

先：すごい速さだよね。実際には噴射は一瞬ではなくしばらく続くわけだし，何段階かにわけてロケットを切りはなしたりしながら加速するし，最後には地球の自転の力を借りたりもするからね。この実験のように一瞬でそこまで速くなる必要はないんだ。

三：すごい話ですね…。先生，実験までしていただいてありがとうございました。

先：どういたしまして。がんばってね。

（日大三中にスケートリンクはありません）

（1） ①～③にあてはまるものをそれぞれ1つ記号で選びなさい。

（2） 下線部④について，表3のAとBにあてはまる数値を書きなさい。

表3

ロケット70kg　燃料30kg

撃ち出し	ロケット	燃料
1		
2	A	
3		
4		B
5		

（すべてm／秒）

（3） 下線部⑤について，表5の内容を予測したとき，撃ち出し速度が秒速5mのときのロケットの速さは何m/秒ですか。

（4） ⑥と⑦にあてはまるものを，2つ記号で選びなさい。順番は気にしなくてかまいません。

ア．撃ち出し速度を上げる

イ．撃ち出し速度を下げる

ウ．ロケットと燃料を重くする

エ．ロケットと燃料を軽くする

オ．燃料を含むロケット全体の重さに対する燃料の重さの比率を上げる

カ．燃料を含むロケット全体の重さに対する燃料の重さの比率を下げる

（5） ロケット50kg，燃料950kgでこの実験をしたとします。

❶ ロケットの速さと燃料の速さの比は□：1になります。□にあてはまる整数を書きなさい。

❷ ロケットの速さが秒速8000mになるときのマシーンの撃ち出し速度は何m／秒ですか。もっとも適するものを記号で選びなさい。

ア．400　　イ．7600　　ウ．8400　　エ．10000　　オ．16000

4　三太くんのレポートについて，あとの問いに答えなさい。

噴火VS地震　予測できるのはどちらだ!?

中学1年A組　日大三太

日本には111もの活火山がある。また，2022年には日本で338回の地震があった。火山災害・地震災害を防ぐために，予測ができるのはどちらか考えてみた。

1．火山と震源の関係!!

図1は日本の火山と震源（地震の起きた場所）の分布図である。この図から，日本には火山と震源が集中していることに気づいた。

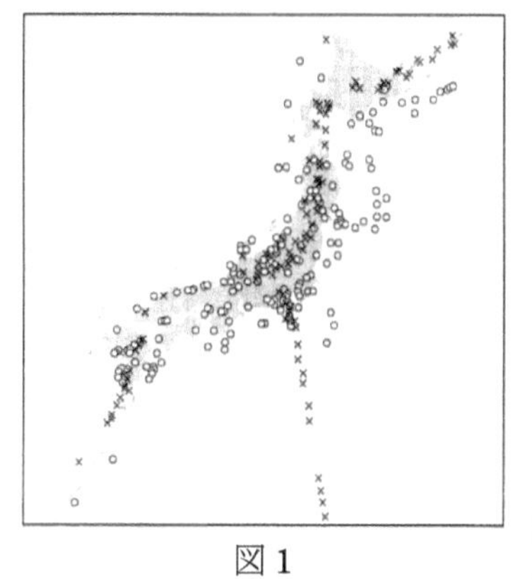

図1

2. 過去(地層)を知れば将来がわかる!?

地層(図2)を調べることで，将来の噴火や地震の予測につながることもある。図2には，大地に大きな力が加わってできた地層のずれである(X)が見られ，これが地震の跡(あと)である。

また，図2の(Y)と(Z)の層からは，角ばった細かい粒(図3)が観察できる。これが噴火の跡である。

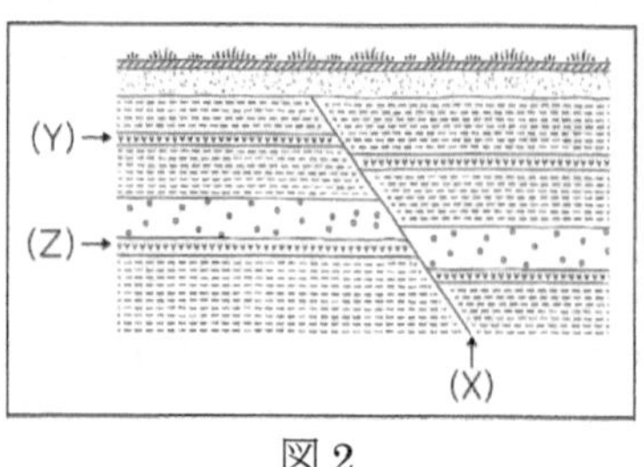

図2

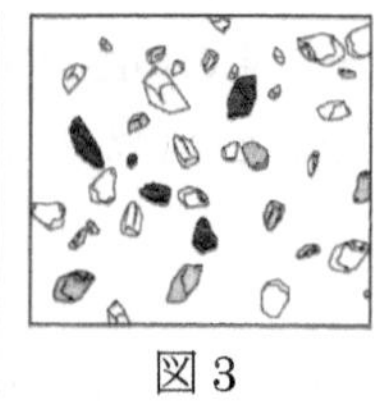
図3

このような地層のずれや重なりの順番とその年代を知ることで，噴火や地震の周期がわかることに気づいた。

3. ※GPSによる火山観測で噴火の予測!!

火山は噴火する前，地下で発生したマグマがマグマだまりに蓄えられる。すると，火山自体が大きくなる。その後，噴火によりマグマが放出されると，火山自体が小さくなる。図4のように火山にGPSを設置し，その変化を観測することで，いつ噴火するのかをおおまかに予測できることを知った。

※ GPS…人工衛星を利用して現在位置を測定するシステム。

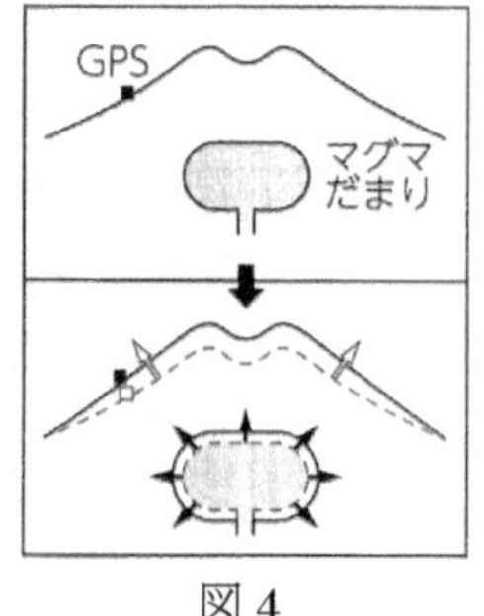

図4

4. GPSで地震も予測!!

※プレートの境界で起こる地震も，火山と同様にGPSでの観測により予測することができる。海のプレートが陸のプレートの下に沈み込むとき，陸のプレートは海のプレートに引っ張られて沈む。陸のプレートが元の位置に戻ろうとしてはね上がることにより，地震が発生する。図5のようにプレートの境界近くの岬(みさき)にGPSを設置し，この変化を観測することで，いつ地震が起きるのかをおおまかに予測できることを知った。

※プレート…厚さ100kmほどの岩石の層。
地球の表面は十数枚のプレートでおおわれている。

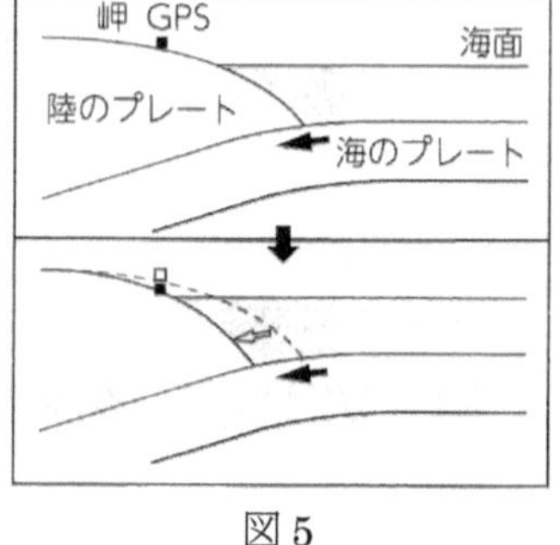

図5

5. まとめ

地層を調べることで過去の噴火・地震をひも解き，現在の地形の観測を続けることで噴火と地震の周期のどちらも予測できることがわかった。しかし，発生する正確な日時まで予測することは難しい…。だからこそ，防災への意識を高め，日頃から災害に備えることが大切だということを実感した。

（1） レポートの1について，図1において火山を示しているのは○と×のどちらですか。

（2） レポートの2について，次の問いに答えなさい。

① 図2の(X)を何といいますか。

② 下線部のことを何といいますか。

③ 図2の地層からわかる過去の出来事として適切なものを，次から1つ記号で選びなさい。

ア．噴火が4回起こってから，しばらくして地震が1回起こった。

イ．地震が1回起こってから，期間をあけて2回の噴火が起こった。

ウ．期間のあいた2回の地震のあと，しばらくして噴火が1回起こった。

エ．期間のあいた2回の噴火のあと，しばらくして地震が1回起こった。

（3） レポートの3について，火山噴火のタイミングとGPSでの観測の結果としてもっとも適当なものを1つ記号で選びなさい。

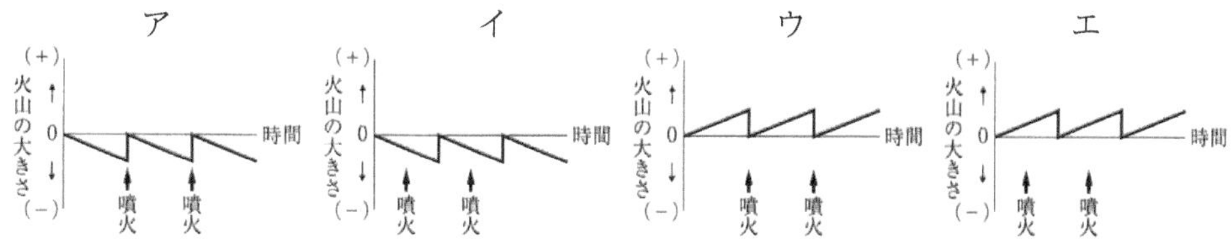

（4） レポートの4について，地震発生のタイミングとGPSでの観測の結果としてもっとも適当なものを1つ記号で選びなさい。

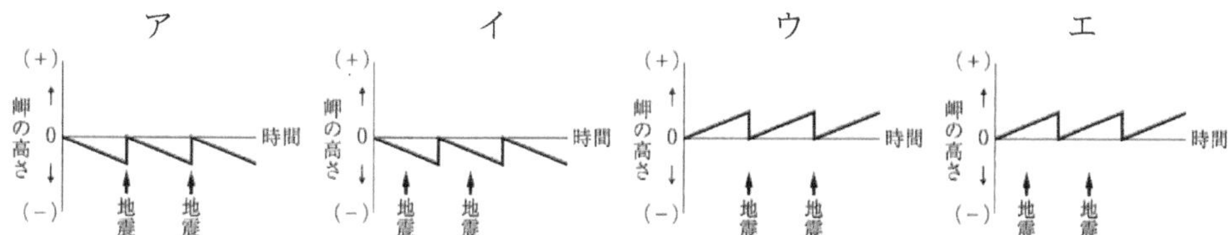

（5） レポートの5について述べた次の文中の（　P　）と（　Q　）にあてはまる語句をそれぞれ答えなさい。また，【　A　】～【　D　】にあてはまるものをそれぞれ1つ記号で選びなさい。

> 過去の被害記録をもとに，地域ごとに（　P　）マップを作成することにより，その災害が発生した際に被害が及ぶ範囲をある程度知ることができる。
>
> 1923年に【A　ア．兵庫県南部　イ．大正関東】地震が発生したことから，9月1日は防災の日と定められており，定期的な防災意識の確認の機会となっている。
>
> 1707年以来，噴火していない【B　ウ．富士山　エ．桜島】は，約100年周期で噴火を繰り返していただけに，その活動は注目されている。
>
> 近年，もっとも心配されているのが（　Q　）トラフ地震である。静岡県から宮崎県にかけての一部では震度7となる可能性があるほか，関東地方から九州地方にかけての太平洋沿岸の広い地域に，大規模な【C　オ．台風　カ．津波】の発生が想定されている。この地域で前回地震が起こったのは1946年であり，プレート境界地震は約100年周期で発生していることから，この地震の発生が警戒されている。
>
> 日本全国の火山・地震活動を24時間体制で監視・観測している機関が【D　キ．気象庁　ク．復興庁】であり，必要な情報をわたしたちに提供してくれている。

（６） 防災や災害時の行動として**適切でないもの**を１つ記号で選びなさい。

ア．災害時の自宅から避難場所までの経路を確認しておく。

イ．避難シミュレーションの１つとして，非常食を食べるなどの体験をしておく。

ウ．電話回線の混乱時に家族と連絡をとる場合，災害用伝言ダイヤルを活用する。

エ．公共の交通機関が止まってしまった場合，多少の無理をしてでも徒歩で帰宅する。

【社　会】（理科と合わせて60分）〈満点：50点〉

1　次の関東地方の地図を参考にして，あとの各問に答えなさい。

問1　次の表1中のア～エは，地図中の関東地方のいずれかの都県を示している。栃木県を示しているものを，ア～エから1つ選び，記号で答えなさい。

表1　都県別山地面積・海岸線の長さ・内水域

都県名	山地面積(km²)	海岸線の長さ(km)	内水域※(km²)
群馬県	4,887	0	13
ア	3,388	0	13
イ	1,444	195	290
ウ	1,230	0	20
神奈川県	895	432	55
エ	848	763	246
千葉県	388	534	42

※内水域とは，領海より陸地側の水域のことであり，河川，湖沼（こしょう），運河，湾（わん）の内部などが含（ふく）まれる。

問2　地図中のA・Bの▬▬▬▬は，東京駅を起点とする新幹線である。それぞれの新幹線を示すものとして正しいものを，ア～カから選び，記号で答えなさい。

ア　東北新幹線　　イ　上越（じょうえつ）新幹線　　ウ　北陸新幹線
エ　東海道新幹線　　オ　山陽新幹線　　カ　九州新幹線

問3　地図中のCは，流域面積が日本最大の河川である。この河川の名前を解答らんに合うように漢字で答えなさい。

問4　地図中の銚子港は，日本最大の水揚げ量※を誇る(2021年)。

※水揚げ量とは，漁業や養殖漁業で獲られた水産物を，漁港で測った重量のことである。

（1）銚子港の水揚げ量が最多となる要因として最も適しているものを，次のア～エから1つ選び，記号で答えなさい。

ア　年間を通して涼しい気候で，鮮度を保ちやすいため。

イ　沿岸部はリアス海岸であり，水深が深いため。

ウ　周辺海域は暖流と寒流がぶつかる潮目であるため。

エ　6～8月に涼しい やませ が吹くため。

（2）次の図1は，日本の漁業種類別生産量と漁業輸入量の推移を示したものである。図1に関することがらとして下線部が**まちがっているもの**を，あとのア～エから1つ選び，記号で答えなさい。

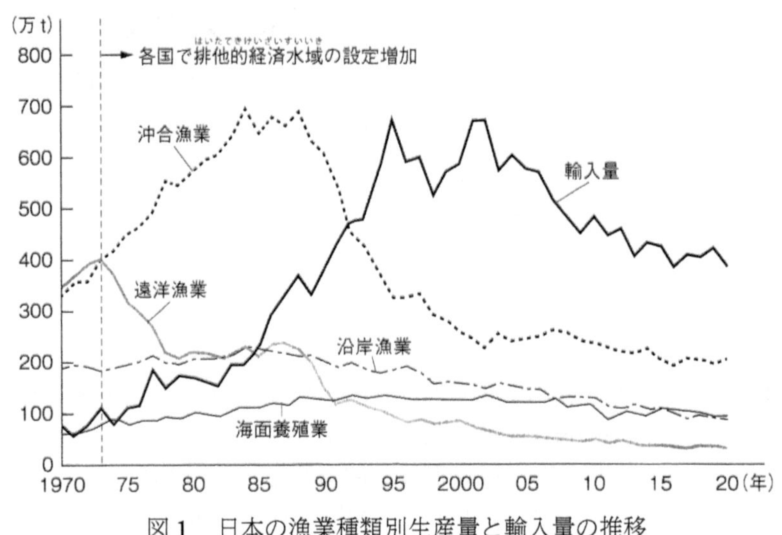

図1　日本の漁業種類別生産量と輸入量の推移

ア　遠洋漁業での漁獲量は，<u>排他的経済水域の設定による影響で，1970年代半ばから減少した</u>。

イ　総漁獲量の減少に合わせて，1990年から2005年にかけて<u>海面養殖業の漁獲量が倍増した</u>。

ウ　総漁獲量の減少に合わせて，1990年から1995年にかけて<u>輸入量が増加傾向であった</u>。

エ　1990年から2020年の間の漁業種類別生産量は，<u>常に沖合漁業が最も多い</u>。

問５　次の図２は，地図中のD～Fの３地点における月別平均気温と月別総降水量を示している。Dの地点のものとして正しいものを，ア～ウから1つ選び，記号で答えなさい。

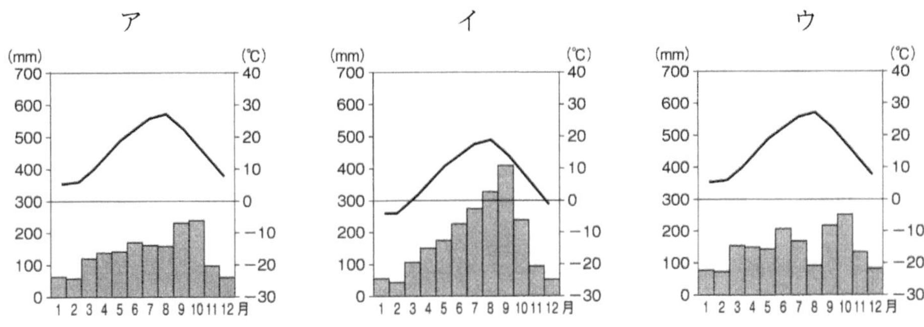

図２　３地点の月別平均気温・月別総降水量

問６　地図中の神栖（かみす）市は，ピーマンの収穫量（しゅうかくりょう）が多く，全国各地に出荷している大産地である。次の表２はピーマンの旬（しゅん）の時期と神栖市の収穫期を示している。神栖市の収穫期間が長い理由として適しているものを，あとのア～エから1つ選び，記号で答えなさい。

表２　ピーマンの旬と神栖市の収穫期

月	1	2	3	4	5	6	7	8	9	10	11	12
ピーマンの旬						←	―	―	→			
神栖市	■	■		■	■	■			■	■	■	

■ 収穫期

ア　一般的な地域よりも，栽培（さいばい）時期を早める促成（そくせい）栽培，遅（おく）らせる抑制（よくせい）栽培ともに行うため。

イ　一般的な地域よりも，降水量が少ない夏季を避（さ）けているため。

ウ　一般的な地域よりも，高齢化（こうれいか）が進み，暑い時期の収穫が困難なため。

エ　一般的な地域よりも，風が強く吹く期間が長いため。

問７　次の表３は，地図中の成田国際空港，東京国際空港（羽田空港），百里（ひゃくり）飛行場（茨城空港），調布飛行場の国内線および国際線の利用者数を示したものである。成田国際空港を示すものとして正しいものを，ア～エから1つ選び，記号で答えなさい。

表３　関東地方の空港別利用者数

	国内線（千人）	国際線（千人）
ア	64,884	16,824
イ	7,461	32,080
ウ	635	141
エ	95	0

2019年

問８　次の表４は，神奈川県，茨城県，群馬県，東京都の輸送用機械，化学工業，鉄鋼業の各工業の製造品出荷額を示している。また，表中のXおよびYは，1980年もしくは2019年を示している。表中のXの年と②の県名の組み合わせとして正しいものを，先生と生徒の会話を参考に，あとのア～カから1つ選び，記号で答えなさい。

表４　1980年と2019年の工業品目別製造品出荷額

品目・年 / 都県名	輸送用機械(自動車など)		化学工業		鉄鋼業	
	X	Y	X	Y	X	Y
①	9,462	2,620	15,809	5,073	7,892	6,790
②	32,965	9,444	7,614	1,207	2,318	1,467
③	36,361	44,709	18,540	21,143	5,889	10,265
東京都	11,764	13,252	3,375	7,868	1,224	4,638

単位：億円

先生：関東地方をはじめ，日本の多くの地域では経済の発展にともない，工業などの第二次産業で働く人が減少し，サービス業などの第三次産業で働く人が増えていて，これが製造品出荷額にも影響しているよね。

生徒：だから，東京都ではこのような数字になっているんですね。

先生：ただ，必ずしもすべての県に当てはまるわけではないですよ。

生徒：本当だ。③は東京都と同じような動きをしているけど，①と②は違(ちが)いますね。

先生：①と②は地価が安いことで工場の進出が増え，表４のように製造品出荷額が増加しました。

生徒：なるほど。でも表を見ると，品目ごとに特徴(とくちょう)がありますね。

先生：化学工業のうち，石油化学工業は工場の立地に特徴があるので，①の製造品出荷額が高くなっています。

ア　X：1980年　②：茨城県　　イ　X：2019年　②：茨城県

ウ　X：1980年　②：神奈川県　　エ　X：2019年　②：神奈川県

オ　X：1980年　②：群馬県　　カ　X：2019年　②：群馬県

問９　次のページの図３は，地図中の**G**の地域における地形図(1/25000)である。図３から読み取れる内容として**まちがっているもの**を，次のア～オから**2つ**選び，記号で答えなさい。

ア　関東学院大の南側の斜面(しゃめん)には，果樹園が広がっている。

イ　小田原城跡(おだわらじょうあと)の南側には博物館と図書館，東側には交番と市役所がある。

ウ　小田原駅の西側には寺院が多く立地している。

エ　小田原厚木道路を荻窪(おぎくぼ)ICから北上すると，左側は斜面になっている。

オ　競輪場の北側の道路を西に進むと，道路沿いに発電所がある。

※編集の都合で80%に縮小しています。

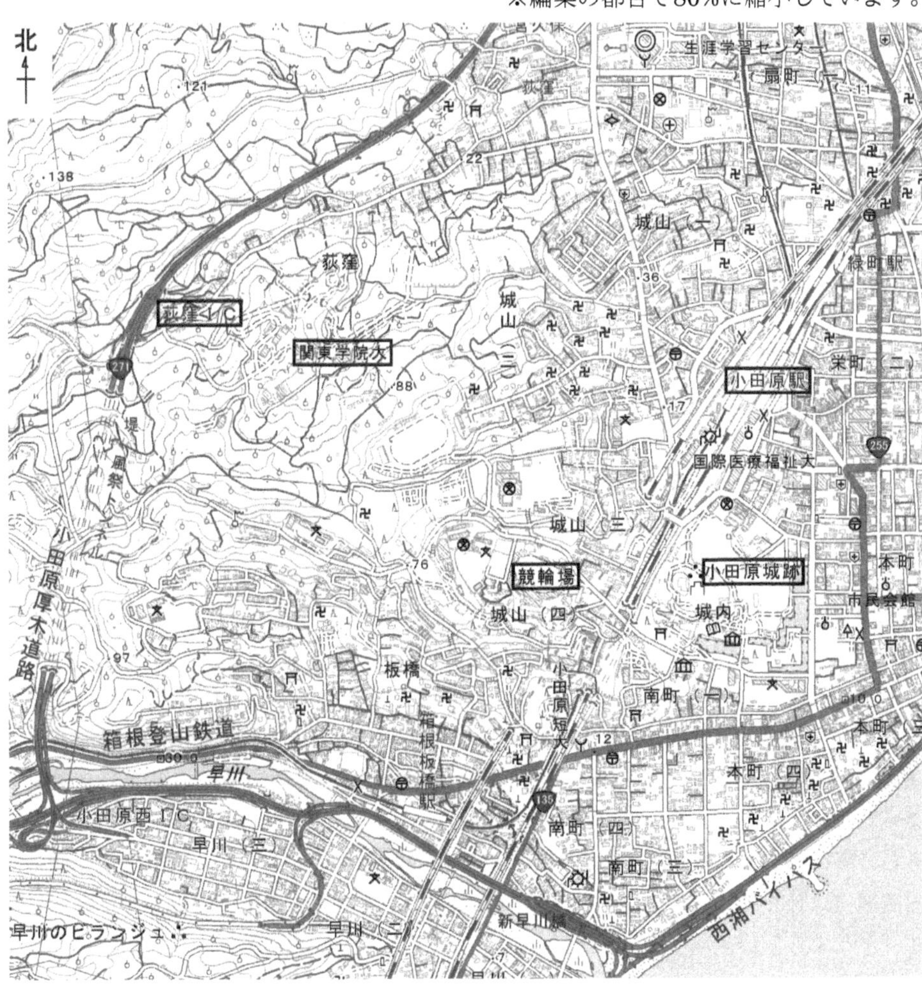

図３　G地域の電子地形図（1/25000）

2　次の文章を読んで，後の問に答えなさい。

徳川家康は，確かに「どうする？」という言葉が似合う武将かもしれない。織田と今川にはさまれている時，桶狭間（おけはざま）の時，三河（みかわ）の一向一揆（いっこういっき）の時，武田信玄（たけだしんげん）と対決する時…。まさに「どうする？」の連続だった。そんな家康が江戸（えど）に幕府をひらいた。この江戸とはどういう場所なのか，ちょっと調べてみようと思う。

「江戸」という名前の由来はいろいろあるのだが，「江の門戸」，つまりは「東京湾（とうきょうわん）の入り口」というのが有力だ。①平安時代の書物には，②湯島（ゆしま），桜田（さくらだ），御田（みた）という地名はあるのだが，「江戸」の名前はまだ無い。「江戸」という字が最初に登場するのは，鎌倉幕府の日記『吾妻鏡（あずまかがみ）』の③1180年8月の記録に，「江戸太郎重長（えどたろうしげなが）」の名前が登場する。この江戸氏はのちに頼朝にしたがって御家人（ごけにん）となり，その子孫は江戸の周辺を支配した。

④室町時代になると，太田道灌（おおたどうかん）が江戸城をつくったことで，江戸の名前は広く知られるようになっ

た。当時は城下に かやぶき の民家が100軒あるかないかだった。

江戸の発展が決定的になったのは，やはり徳川家康によるところが大きい。⑤家康が将軍に任命されると，幕府は全国の諸大名に工事の手伝いをさせ，東京湾の大規模なうめ立てを行って土地を広げ，大名屋敷や市街地，寺社地をつくっていった。1636年ころ，江戸城の建設が完了するとともに江戸の街づくりも一応の終わりをむかえたようだ。

江戸の人口については，⑥1721年以降は人口調査が行われており，最も多いのは天保年間の58万7458人である。これに武家や僧侶と神官，えた・ひにんなどを加えて，江戸の総人口は110万人～130万人くらいだったと想像され，これは当時のヨーロッパの大都市にくらべても，世界最大の都市のひとつであった。

⑦1868年4月，江戸城は新政府軍に明けわたされた。7月には江戸を東京と改め，明治国家の首都となった。⑧1871年の廃藩置県によって東京府がうまれると，同時に新しい行政区画が整備された。のちに東側の税収入が多い地域が東京市としてまとまると，⑨日露戦争後は軽工業から重工業に産業の中心がうつり，徐々に京浜工業地帯が形成され始めたことも手伝って，東京市の人口は急激に増えていった。⑩第一次世界大戦後は好景気になり，ますます人口は増えた。

そのような中，1923年に関東大震災がおこり，東京下町は壊滅した。世界的な不景気にもみまわれる中で復興が行われ，最終的には⑪1932年の行政改革で区の再編を行ったことで東京市はもちなおしたという。

しかし，この時すでに戦時体制下にあり，⑫日中戦争から太平洋戦争に進んでいった1943年，権力集中のため，東京市と東京府が統合され東京都が生まれる。敗戦を迎えた1947年，焼け野原となった東京は22の特別区として再編成され，その後，板橋区から練馬区が独立して，現在と同じ23区制となった。

江戸そして東京。昔も今も政治の中心であることはかわらない。しかし，人口過密や政治の一極集中による問題点は残っている。1人ひとりが自分の頭で考え，解決策を発信していく時代になってきた。さて「どうする？」

問１　下線部①について，

（１）　平安時代について述べた文Ａ・Ｂの正誤の組み合わせとして正しいものを，あとのア～エから選び，記号で答えなさい。

Ａ：最澄は唐にわたって修行し，比叡山に金剛峯寺を建てて天台宗を広めた。

Ｂ：征夷大将軍となった坂上田村麻呂は，反乱をおさえ，胆沢城をつくった。

ア　Ａ：正　Ｂ：正	イ　Ａ：正　Ｂ：誤
ウ　Ａ：誤　Ｂ：正	エ　Ａ：誤　Ｂ：誤

（２）　次のうち，平安時代につくられたものとして**まちがっているもの**を，ア～エから１つ選び，記号で答えなさい。

ア

©写真：アフロ

イ

©写真：アフロ

ウ

エ

問2　下線部②について，湯島にある湯島天満宮は雄略天皇の命令で建てられたという。雄略天皇とはワカタケル大王のことであるが，その時代を説明した文として，正しいものを次のア～エから1つ選び，記号で答えなさい。

ア　100ほどあった小さな くに が統合をくり返し，30ほどになっていた。これらは卑弥呼によってまとめられていた。

イ　熊本県と埼玉県の古墳から見つかった鉄刀や鉄剣に，同じ大王の名前が刻まれ，大和政権の勢力が広い範囲におよんでいた。

ウ　朝鮮半島から仏像と経典がとどき，日本に仏教がつたえられた。仏教の受け入れをめぐっては，豪族たちの間に対立があった。

エ　貧富の差がない平等な社会で，土偶を使って豊作を願ったり，病気やけがをしないためのまじないをしたりしていた。

問3　下線部③について，この年，源頼朝は平氏打倒の兵をあげた。

（1）　将軍の一人として平氏と戦った頼朝の弟で，その後，頼朝と対立し，平泉で命を落とすことになる人物の名前を漢字で答えなさい。

（2）　次のア～ウを年代の古い順に並べ，記号で答えなさい。

ア　屋島の戦い　　イ　一の谷の戦い　　ウ　壇の浦の戦い

問4　下線部④について，室町時代に起こった一揆と，関連の深い語句の組み合わせとして正しいものを，次のア～エから1つ選び，記号で答えなさい。

ア　正長の土一揆　－　足　軽　　イ　正長の土一揆　－　馬　借

ウ　加賀の一向一揆　－　浄土宗　　エ　加賀の一向一揆　－　日蓮宗

問5　下線部⑤について，江戸幕府は直接支配する領地以外を大名にあたえ，将軍と大名が領地と民衆をそれぞれ統治する体制をとった。この支配体制を何と呼ぶか，**漢字4字**で答えなさい。

問6　下線部⑥について，このときには享保の改革が行われていた。享保の改革を説明した文として

まちがっているものを，次のア～エから1つ選び，記号で答えなさい。

ア　小石川養生所をつくり，庶民でも病気の時に治療を受けることができるようになった。

イ　大名の江戸滞在の期間を半分にする代わりに，石高1万石につき100石の米を幕府に納めさせた。

ウ　年貢を五公五民とし，税率はその年の出来具合ではなく，過去の平均で決める方法を採用した。

エ　ききん対策のために町や村に倉庫を作り，米をたくわえさせる制度をつくった。

問7　下線部⑦について，1868年の出来事として**まちがっているもの**を，次のア～エから1つ選び，記号で答えなさい。

ア　五箇条の御誓文が発布された。

イ　鳥羽・伏見の戦いが起こった。

ウ　薩長同盟が結ばれた。

エ　年号が「明治」に改められた。

問8　下線部⑧について，このころの明治政府の政策を説明した文として**まちがっているもの**を，次のア～エから1つ選び，記号で答えなさい。

ア　地租改正を行い，土地の価格の５％を税として，土地所有者に現金で納めさせた。

イ　学制を定め，６歳以上のすべての男女に教育を受けさせることにした。

ウ　徴兵令を出し，満20歳以上の男子が３年間の兵役につくことになった。

エ　官営模範工場として富岡製糸場をつくり，全国から子女を集めて技術を広めるようにした。

問9　下線部⑨について，日露戦争後の1911年に不平等条約の改正が達成された。この時に外務大臣だった人物と，回復した権利の組み合わせとして正しいものを，次のア～エから選び，記号で答えなさい。

ア　陸奥宗光　－　領事裁判権　　イ　陸奥宗光　－　関税自主権

ウ　小村寿太郎　－　領事裁判権　　エ　小村寿太郎　－　関税自主権

問10　下線部⑩について，第一次世界大戦に関係する文として**まちがっているもの**を，次のア～エから1つ選び，記号で答えなさい。

ア　大戦による日本の好景気は物価を引き上げ，シベリア出兵の影響もあって，米騒動が起こった。

イ　中国への進出をねらっていた日本は，二十一か条の要求を出し，ドイツの権利を横取りしようとした。

ウ　大戦後，アメリカ大統領ローズベルトの提案によって世界平和を目的とした国際連盟が設立され，日本は常任理事国となった。

エ　飛行機や戦車といった新兵器が登場して長期化したため，各国が国力をすべて投入する総力戦となった。

問11　下線部⑪について，この年に満州国の建国が宣言されたが，当時の首相はこれに反対し，海軍の軍人らに暗殺された。この首相の名前を漢字で答えなさい。

問12　下線部⑫について，

（１）　日中戦争のきっかけとなった事件を，次のア～エから選び，記号で答えなさい。

ア　柳条湖事件　　イ　二・二六事件　　ウ　大逆事件　　エ　盧溝橋事件

（2）　次の太平洋戦争後の出来事ア～エを年代の古い順に並べたとき，**3番目**にあたるものは何か記号で答えなさい。

ア　日ソ共同宣言の調印　　イ　サンフランシスコ平和条約の締結

ウ　日本国憲法の制定　　エ　日中平和友好条約の締結

3　次の各問に答えなさい。

問1　次の川柳は昨年4月以降の読売新聞に掲載された「時事川柳」である。どのような事実にもとづいてつくられた川柳か，ア～エからもっとも適切なものを1つ選び，記号で答えなさい。

（1）　**「ねえ，プーチンこっち向かないで」と加盟する**

ア　中立を国の基本的な外交方針としていたフィンランドは，ロシアのウクライナ侵攻をきっかけにNATO加盟へと動いた。

イ　中立を国の基本的な外交方針としていたアイルランドは，ロシアのウクライナ侵攻をきっかけにNATO加盟へと動いた。

ウ　中立を国の基本的な外交方針としていたニュージーランドは，ロシアのウクライナ侵攻をきっかけにNATO加盟へと動いた。

エ　中立を国の基本的な外交方針としていたポーランドは，ロシアのウクライナ侵攻をきっかけにNATO加盟へと動いた。

（2）　**列島にクーリングタイム設けてよ**

ア　国は企業に対して，ストレス緩和のため，労働者に短時間の仮眠を取らせることを義務付けた。

イ　首相は地球温暖化対策のために，全国の商店街に昼の時間帯に打ち水を行うよう通達した。

ウ　猛暑日には，全国の小学校で給食にアイスクリームを提供することになった。

エ　7・8月は高校野球にならって，暑さに「休けい」が欲しいほど猛暑日が続いた。

問2　次の（1）～（3）の文A・Bは，それぞれ日本の政治制度を説明している。A・Bの正誤の組み合わせとして正しいものを，あとのア～エからそれぞれ1つ選び，記号で答えなさい。

（1）　A：法律や予算を決めることは，国会の仕事である。

B：参議院議員の任期は8年であり，4年ごとに半分ずつ議員が入れかわる。

（2）　A：内閣総理大臣は国民投票で辞めさせることができる。

B：国務大臣の過半数は国会議員でなければならない。

（3）　A：裁判には，犯罪行為を裁く「民事裁判」と，個人や会社の権利に関するトラブルを裁く「刑事裁判」がある。

B：裁判は三審制が採用されており，すべての事件で必ず3回の裁判が行われることになっている。

ア　A：正　B：正	イ　A：正　B：誤
ウ　A：誤　B：正	エ　A：誤　B：誤

問3　次の<語群A>の語句と関連性の高い語句を<語群B>から選んだ場合，その組み合わせとして正しいものを，あとのア～カから選び，記号で答えなさい。

<語群A>　①：ふるさと納税　②：カーボンニュートラル　③：ヘイトスピーチ

<語群B>　あ：人権問題　い：実質ゼロ　う：返礼品

ア　①－あ　②－い　③－う　　イ　①－あ　②－う　③－い

ウ　①－い　②－あ　③－う　　エ　①－い　②－う　③－あ

オ　①－う　②－あ　③－い　　カ　①－う　②－い　③－あ

問4　下の図は国税庁が公表している令和5年度の国の予算の歳入(収入)と歳出(支出)の内訳である。この図を参考にし，財政についての説明として正しいものを，あとのア～エから1つ選び，記号で答えなさい。

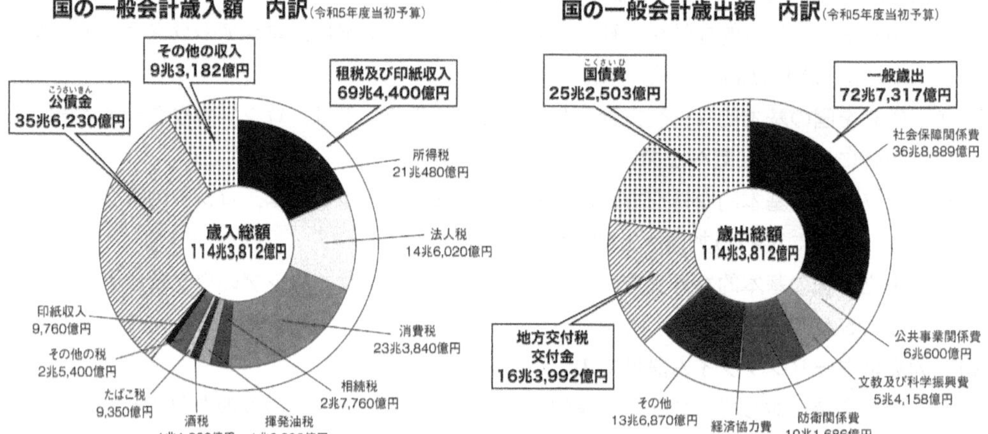

資料：国税庁HP税の学習コーナー「財政のしくみと役割」より作成

ア　公債金による歳入は，所得税・法人税・消費税による歳入の合計額よりも大きい。

イ　歳出に占める社会保障関係費の割合は，4割を超えている。

ウ　地方交付税交付金は，空港を整備するために国から地方公共団体に交付される。

エ　この年度の予算では，過去に借りたお金を返す額よりも新たに借りた額の方が多い。

問5　近年，ジェンダー平等を実現することが求められている。その取り組みとして**まちがっているもの**を，ア～エから1つ選び，記号で答えなさい。

ア　国会や地方議会において，女性の議員の割合を増やす。

イ　民間企業において，女性の社長・部長などの役職者を増やす。

ウ　家事・育児を妻だけに任せず，夫も積極的に参加する。

エ　看護師の仕事内容をふまえて，女性が免許を取りやすくする。

問6　2014年に安倍内閣は，従来の憲法解釈を変更して，集団的自衛権の行使を容認することを閣議決定した。集団的自衛権を表したイラストとしてもっとも適切なものを，次のページのア～エから1つ選び，記号で答えなさい。

問 7　私たちの日常生活と政府の仕事とのつながりについて，次の①～③を担当する省として正しいものを，あとのア～エからそれぞれ1つ選び，記号で答えなさい。

① 道路の整備

② 小学校の教育内容

③ おばあちゃんの年金

ア　厚生労働省　　イ　文部科学省　　ウ　経済産業省　　エ　国土交通省

オ　自分だけがつらいと思っていたが、知らず知らずのうちに早緑のことをきずつけていたと気づいたから。

問十　――線(8)「今のあたしがあるのは、六花のおかげ」とありますが、それはどのようなことですか。次の中から最も適当なものを選んで、記号で答えなさい。

ア　努力家の六花に振り向いてもらおうと意識することで、自分の能力を超える結果を残すことができたということ。

イ　六花にきびしい言葉をかけられたことで、見返してやろうとふるい立つことができたということ。

ウ　六花とはなれたことで自分自身を見直し、自分の本当の気持ちに気づくことができたということ。

エ　熱心に絵を描く六花に見合う自分になりたいと努力することで、自分に自信が持てたということ。

オ　六花が早緑を応援し続けてくれたことで、嫌いだった陸上を好きになることができたということ。

問十一　黒野くんや早緑とのやり取りを通して、六花はどのようなことに気づきましたか。本文全体をふまえて、わかりやすく説明しなさい。

発している。

イ　黒野くんと話をしていて、友だちがいない自分をあわれだと感じている。

ウ　黒野くんの問いかけによって、早緑のことを改めて大切な友人だと感じている。

エ　早緑が大事だと感じていることを黒野くんに見ぬかれ、はずかしさを感じている。

オ　親友の早緑を自分がきずつけてしまったと黒野くんに気づかされ、反省している。

問五　――線(4)「ショックだった」とありますが、それはどうしてですか。次の［　］にあてはまる言葉を本文中からぬき出して、Xは十二文字、Yは十三文字でそれぞれ答えなさい。

部活の話をきいて、早緑が［X］だろうと思っていたのに、［Y］から。

問六　――線(5)「しぼりだした声はかすれていた」とありますが、このときの六花の様子を説明したものとして最も適当なものを次の中から選んで、記号で答えなさい。

ア　不安を感じながらも、勇気を出して早緑に向き合おうとしている。

イ　どうしてもなかなおりの仕方がわからず、なげやりになっている。

ウ　これ以上苦しい思いをしたくないので、早く解決したいと思っている。

エ　早緑に拒絶（きょぜつ）されることをおそれつつも、あやまらなくてはと心に決めている。

オ　早緑に対するいらだちを感じてはいるが、冷静になろうと自分に言い聞かせている。

問七　本文中の［A］・［B］にあてはまる言葉の組み合わせとして最も適当なものを次の中から選んで、記号で答えなさい。

ア　A　しくしく・B　はきはき

イ　A　だらだら・B　せかせか

ウ　A　ぽろぽろ・B　いやいや

エ　A　のそのそ・B　すごすご

オ　A　めそめそ・B　おずおず

問八　――線(6)「責められてるような、そんな気がしちゃったんだよ」とありますが、それはどうしてですか。簡単に説明しなさい。

問九　――線(7)「息をするのもつらかった」とありますが、それはどうしてですか。次の中から最も適当なものを選んで、記号で答えなさい。

ア　早緑をずっと苦しめてきたことがわかって、もうなかなおりすることはできないと痛感したから。

イ　親友だと思っていた早緑が、自分に悩みを相談してくれなかったということに深く動揺（どうよう）したから。

ウ　早緑は陸上に対して熱心に打ちこんでいるのに、自分は絵を描くことをおろそかにしていたから。

エ　陸上部で苦しんでいる早緑の話をきいて、美術部での自分の姿が重なり、強いショックを受けたから。

「見せたかった絵が、たくさんあるの」

私はそう言って笑う。早緑の肩ごしに、夕日を浴びた山の木々が見えた。

春なんて、とっくに通りすぎていた。

雪解けも、若葉の芽吹きも、すっかり過ぎて、季節はかがやくばかりの初夏だ。

（村上　雅郁『君の話を聞かせてくれよ』）

問一　＝＝線(a)「なれなれしい」・(b)「うとまれている」の意味として最も適当なものを次の中から選んで、それぞれ記号で答えなさい。

(a)「なれなれしい」

ア　ぶっきらぼうだ
イ　堂々としている
ウ　えんりょがない
エ　ほほえましい
オ　だらしない

(b)「うとまれている」

ア　落ちこぼれている
イ　いやがられている
ウ　からかわれている
エ　心配されている
オ　だまされている

問二　――線(1)「苦笑する黒野くん」とありますが、「苦笑」したのはどうしてですか。次の中から最も適当なものを選んで、記号で答えなさい。

ア　絵に対する六花の思いが子どもっぽいと感じているから。
イ　熱心とはいえない美術部の雰囲気を思い浮かべたから。
ウ　美術部にいるのにシロクマの絵ばかり描いているから。
エ　クラスでは無口な六花が突然話しだしたから。
オ　「その子」がだれだかわからずに困ったから。

問三　――線(2)「白岡六花にとってのシロクマ」とありますが、それは何をたとえた表現ですか。次の中から最も適当なものを選んで、記号で答えなさい。

ア　クラスの人たちに心配をかけないように、部活でのいじめをじっとがまんしていること。
イ　周りの白い目にくじけず、コンクールに向けていい作品をつくっていこうとすること。
ウ　黒野くんの言葉やしぐさにひかれてしまい、自分自身の恋心をおさえられないこと。
エ　これまで自分を支えてきてくれた友人に関して、ずっと心にひっかかっていること。
オ　美術部の人たちに対して、凶暴な気持ちを抱いてしまっていること。

問四　――線(3)「私の鉛筆を持つ手が止まる」とありますが、このときの六花の気持ちを説明したものとして最も適当なものを次の中から選んで、記号で答えなさい。

ア　黒野くんが正しいとわかっていながら、無責任な発言に反とき、ほんとにつらかった。大好きだった友だちに、自分のことを否定されているような、気持ちがしてさ。だから、あんなこと言っちゃった。六花に、ひどい言い方、しちゃった。ほんとうに……」

そう言って、［B］こちらを見た早緑の顔が、固まる。

「六花？」

「……ごめん」

「え、いや、ごめんごめん。泣かないで。ちょっと……あ、ハンカチ」

あわあわとポケットをさぐる早緑。私はふるえていた。

景色がにじんで、ぼろぼろとこぼれて、(7)<u>息をするのもつらかった</u>。

なにが、「わかりあえない」だ。

わかろうとしなかったのは、私のほうだった。

自分のことでいっぱいいっぱいで、早緑の気持ち、考えたこともなかった。

さんざん被害者のような顔をしてたくせに、ほんとうに悪いのは私だった。

私、早緑のこと、きずつけてたんだ。

「ほら、ちょっと眼鏡外して。あ、鼻もたれてるよ、もう……」

私はハンカチを顔に押しつけてくる早緑の手をぎゅっとにぎった。

「……もっと、もっとはやく言ってよ」

うらみがましく、私はつぶやく。そんなことを言う資格、ひとつもないのに。

私のせいなのに。

「言おうと思ったよ。だけど、あたしは思ったの」

夕日の光を浴びて、早緑は言った。

「あたしには、まだ六花に話しかける資格がないや、って。そのときの自分は、六花に誇れるような自分じゃなかったから。だから、がんばろう、って。次に六花と話すときは、胸を張れるような自分でいたかったから。そうなりたいと思えたから」

早緑は笑った。きらきらと、かがやくような顔で、笑った。

「それから、すこしずつ、あたし、陸上が好きになった。走ることが、っていうか、走ることに打ちこむ自分のことが、好きになっていた」

涙ですっかり塩っ辛い顔になった私に、早緑は言った。

「だから、(8)<u>今のあたしがあるのは、六花のおかげ</u>」

私は早緑の目をまっすぐ見た。

あの日からずっと、私の心は寒々とした冬の中にあって、だけど、それは私だけじゃなかった。自分の痛みにとらわれて、ひとりぼっちでかなしみに酔っていた私には、だれよりも大切な人の気持ちが見えずにいた。

ずっとあなたに気づいてほしかった。ほんとうは、私が気づくべきだったのに。

ずっとあなたのことを考えていた。そのくせ、なにもわかっていなかった。

もうやめよう、そういうの。

絵を描くのに大事なのは、よく見ること。

きっと、だれかといっしょにいる未来を描くために、大事なことだって、おなじ。

私はどうして、絵を描いているんだっけ……。
「あれ……?」
そんな声がして、私は顔をあげた。心臓が止まるかと思った。
思わず、声がもれた。
「早緑……?」
「六花」
沈黙があった。
早緑は気まずそうだった。そうだろうな、と私は思う。私だって気まずい。
「スケッチしてたの?」
「……しようと思ったけど、気分が乗らなくて」
私の言葉に、早緑は眉間にきゅっとしわをよせる。それから、すたすたと歩いてきて、となりにすわった。
「六花、やっぱりまだ、部室で絵を描かないんだね」
私はだまっていた。なんて言ったらいいのか、ひとつも思いつかなかった。
しばらくして、早緑は口を開いた。
「あのね、六花。あたしさ、ずっと言いたかったことがあって」
その真剣な声に、覚悟を決めたような表情に、さっと心が冷えるのを感じた。無意識に体がぎゅっと縮こまって、ようするに私はこわがっているらしい。
わかったからだ。早緑が、あの日の続きを話そうとしているって。
逃げだそうかと、一瞬思った。
このまま立ちあがって、ふり返らずに立ち去ってしまおうか、と。
だけど……。
――じゃ、なかなおりのチャンスが来たら、逃すんじゃないぞ。
(5)「……なに?」
しぼりだした声はかすれていた。
早緑はためらいがちに言った。
「あたしさ……ほんとのこと言うと、毎日泣いてたんだ。あのころ」
泣いてた?
「陸上部の練習が、いやでいやで。みんな、あたしよりずっと足が速くてさ。練習もきつくて、ぜんぜんついていけなかった。ほんと、毎日毎日、つらくてしょうがなくて。家で[A]泣いてたの」
私はとなりを見た。なつかしい、早緑の横顔。遠くを見つめる黒い瞳。
「でも、六花には言えなかった。はずかしかったから。一生懸命、絵を描いて、努力を楽しむことができる六花に、そんなこと、言えなかった。あたしは六花のことが、ずっとまぶしかった……だからさ、あの日。あたし、(6)責められてるような、そんな気がしちゃったんだよ」
――ばかみたい。まじめにやらないなら、やめたらいいのに。
あの日、自分が放った言葉が、どこか遠くで響いた。
早緑はちいさく笑った。ぽつぽつ、抱えていた気持ちをこぼすように、言葉をつむぐ。
「あたしもさ、意地になっちゃって。あたしのことじゃないのに。六花がきずついていたの、わかっていたのに。でも、あたしもさ、あの大事な人——その言葉に、(3)私の鉛筆を持つ手が止まる。

しばらくして、私はちいさくうなずく。

黒野くんはやわらかくほほえんだ。

「じゃ、なかなおりのチャンスが来たら、逃(のが)すんじゃないぞ」

私はちいさく笑った。

去年の二学期。十月の半ばのことだ。

きっかけは、部活のぐち——ほんとうに、ささいなこと。

いやなことがあって。それを友だちに聞いてもらって。そうして、なんとなくすっきりする。そんなの、だれだってしていること。とくにめずらしくもない、ふつうのこと。

なにも特別じゃない。日常のひとコマ。

ずっとがまんして、のみこんで、黒々とした澱(おり)の様にたまっていた感情。私はそれを、早緑に聞いてほしかった。

あの子なら、いっしょにおこってくれると、そう思ったから。

「……どうしてみんな、ちゃんと絵を描かないんだろう」

私は美術部でのことを話して、最後にこう言った。

「ばかみたい。まじめにやらないなら、やめたらいいのに」

それ、ほんとひどい——そう言ってくれると思った。

六花は悪くないって。なにもまちがってないって。

なぐさめてくれるって、励(はげ)ましてくれるって、信じていた。

だけど、そうじゃなかった。早緑はいやそうな顔で、吐(は)きすてるみたいに言った。

そんなの、しょうがないよって。

「だって、六花みたいに、才能がある子ばっかりじゃないでしょ?」

「だれだってさあ、どうしても勝てない人を見たら、やる気もなくなっちゃうよ」

そう言って、早緑は美術部の子たちの肩を持った。私の味方じゃなくて、あの子たちの味方をした。あの子たちがまじめにやっていないのは、私のせいみたいな、そんな言い方をして、私のことを責めた。

(4)ショックだった。それから、怒(いか)りがわいてきた。

でも、何度説明しても、早緑はわかってくれなくて。

それどころか、どんどんふきげんになっていって。

「いいよね、白岡画伯(がはく)は」

最後に、早緑は言った。

「好きなことがちゃんとあって。得意なことがちゃんとあって。幸せじゃん、それ」

早緑のその言葉で、そのときの表情で。

私にはわかった。わかりたくなかったけれど。

私たちは、おたがいにわかりあえないんだってことが、わかってしまった。

帰り道のとちゅう、私はコンビニの向かいにある公園に立ちよった。

スケッチブックを広げて、でも、鉛筆をにぎる手に力が入らなかった。

目をつぶって、ちいさく息を吐く。

そもそも、どうして絵を描くのが幸せだって、思ったんだっけ。

黒野くんが言うとおり、私は美術部で浮いている。クラスでもひとりぼっちだけど、部活ではそれどころではない。はっきり言って、(b)うとまれている。

なぜなら、まじめに絵を描いているから。

美術部に入ったとき、私は正直、がっかりした。みんな、あまりまじめな部員とは言えなかったから。お菓子を持ちこんで、おしゃべりしながらスマホをいじって。ときどきイラストも描いていたけど、それだけ。私の求めていた部活動ではなかった。

空気読んでよ。場ちがいなんだよ。ここはそういう場所じゃないの。

明らかに歓迎されていないオーラが立ちこめて、さすがに息苦しくなった。そして、私は部室で絵を描くのをやめた。

私はなにも言わない。気持ちはぜんぶのみこんで、沈黙をつらぬいた。

その代わり、私はただひとり、心をゆるしていた友人に、そのことを話した。

だけど——。

「だいじょうぶか？」

黒野くんの声で、我に返った。なにか聞かれるかな、と身構えたけれど、ぜんぜん関係ないことを言いだした。

「『シロクマ効果』って、知ってるか？」

初耳だった。首を横にふると、黒野くんはほほえんだ。

「『これから十分間、シロクマのことだけは考えないでください』って言われたら、逆に考えちゃうだろ？　そういう話だ」

私はだまっていた。よくわからなかった。

シロクマ効果のことじゃなくて、どうして黒野くんがそんな話をしたのか、が。

「……それが？」

私がたずねると、黒野くんはうなずいた。

「考えることから、人間は逃げられないって話。悩みから目をそらそうとしても、なかなかそううまくいかない。生きるってむずかしいよな」

そう言って、いたずらっぽい目で私を見る。

「それで？　聞かせてくれよ。(2)白岡六花にとってのシロクマはなんだ？」

なにもかも見透かしたような目つきで、からかうように黒野くんはたずねた。

私はだまって、スケッチブックに目を落とす。しばらくして、私は言った。

「私、友だちいないから。なかなおりのやりかたも、よくわからなくって」

「なかなおりのやりかたね……そもそもどうしてけんかになったんだ？」

私はちいさくため息をついた。

「……意見の不一致」

「そっかそっか。でも、大事な人なんだろ？」

問九　自分らしく生きるために必要なのはどのようなことですか。本文全体をふまえて、わかりやすく説明しなさい。

〔三〕　次の文章を読んで、後の問いに答えなさい。

帰りのホームルームが終わる。カバンを肩にかけて、私は二年三組の教室を横切る。早緑とすれちがったとき、ちらりと目があった気がした。でも、なにも考えないことにする。

廊下を早歩きで通りすぎ、階段を下りて美術室に向かう。

荷物だけ置いて、スケッチブックを手に取った。４Ｂの鉛筆。練り消しゴム。筆箱の中身を確認すると、そそくさと部室を出る。

「白岡六花じゃん」

黒野良輔くん。おなじクラスの男子生徒。

放課後、こうして校舎の中をうろうろして、友だちとおしゃべりするのが趣味なんだそうだ。

「絵、描きに行くのか？　ついていってもかまわないかな。ひましてるんだ」

なんだか、(a)ひどくなれなれしい。

「どこで絵を描くか、まだ決めてない」

「ふうん？　そっか。だったら、いいところを教えてやろう」

私たちは屋上に出た。

スケッチブックを開いて、町をざっくりとスケッチしていく。鉛筆を走らせていると、黒野くんは足をなげだして、すわり、文庫本を読みだした。

川のむこうの線路を電車が走っている。鳥の羽ばたき。校庭から聞こえる、サッカー部のかけ声。黒野くんはふわあとあくびをすると、ページをめくって言った。

「そういえば、白岡六花。シロクマになにか思い入れでもあるのか？」

黒野くんの言葉に、鉛筆が止まった。

「どうして？」

「しょっちゅう描いてるだろ。ほら、去年の秋、コンクールで賞をとったやつも、シロクマの絵だった。あの絵、おれは好きだよ」

「……むかし、自由帳に描いたシロクマの絵を、ほめてくれた子がいたの」

「そっか。思い出があるんだ」

私はうなずいて、スケッチを再開する。それ以上言うつもりはなかったのだけど、黒野くんのあいづちが思ったよりやさしかったせいか、だまっているのが苦しくなった。炭酸飲料の泡みたいに、言葉が胸のおくではじけ、ふつふつとのぼってくる。

「絵を描くこと自体は、ずっと好きだったけれど、美術部に入ろうと思ったのは、その子が絵をほめてくれたから。もっとうまくなりたいって思ったのは、そのためにがんばりたいって思ったのは、その子のおかげ」

(1)苦笑する黒野くん。

「なるほどな。だけど……それじゃあ、あの部じゃ浮くよな」

「……うん」

ウ　友だちから変だと言われないように、ひたすら本心を隠そうとする気持ち。

エ　一人ぼっちだと思われるのが嫌で、仕方なく誰かと一緒に行動しようとする気持ち。

オ　友だちに悪口を言われたくないので、無理にその場のノリに合わせようとする気持ち。

問四　――線(2)「一人でいるのは、よくないことではありません」とありますが、それはどうしてですか。次の［　］にあてはまる言葉を本文中からぬき出して、Xは五文字、Yは十文字でそれぞれ答えなさい。

相手が［X］でも、ずっと一緒にいると疲れてしまうので、［Y］時間が必要だから。

問五　――線(3)「『普通』というのはいらない価値観なんです」とありますが、それはどうしてですか。次の中から最も適当なものを選んで、記号で答えなさい。

ア　時代や状況によって変化し、誰かの都合で作られることもあるので、必ずしもそれが正しいとは言いきれないから。

イ　「普通」が広まると自分自身で考えることをやめ、人々が無気力になってしまうから。

ウ　社会の伝統や基本的なルールを壊して、判断を間違った方向に導く可能性があるから。

エ　「普通」を気にしすぎると子どもらしさが失われ、自由な発想が得られなくなるから。

オ　急激に変化する社会情勢や地球環境に対して、何の役にも立たないものだから。

問六　――線(4)「隣の『普通』を見てみましょう」とありますが、どうしてこのようなことをすすめているのですか。三十五文字以内で答えなさい。

問七　――線(5)「10代というのは、子どもから大人になっていく過渡期です」とありますが、この時期の特徴を説明したものとして最も適当なものを次の中から選んで、記号で答えなさい。

ア　学校生活を充実させながら、少しずつ世の中の常識を学んでいる。

イ　自分自身の才能や将来への夢を強く信じ、期待に胸をふくらませている。

ウ　自分の強みや個性を理解し、それぞれの場所で存分に力を発揮している。

エ　まわりの人との交流を通して、ほかの人との違いや自分らしさが見えてくる。

オ　周囲の目が気になり、自分に足りないところや弱点ばかりに意識が向いてくる。

問八　本文中の［　］にあてはまる言葉として最も適当なものを次の中から選んで、記号で答えなさい。

ア　自分がやりたくないことには見向きもしない

イ　自分自身で何をするかを決めて行動する

ウ　他人からのアドバイスに耳を傾ける

エ　自分で自分の「普通」を選びとる

オ　相手との心地いいバランスをとる

誰かの言う通りにして生きていると、大きな失敗をしたときや、大好きなものをあきらめなくてはいけなくなったときに、ひどく後悔するものです。

それに対して、自分の好きなもの、やりたいことを大事にして、［　　］と、後悔が少なくなります。失敗すればもちろん後悔はしますが、人に言われてやったときとは、後悔の仕方が変わります。

人の言う通りにして失敗したときには、自分を情けないと思うだけでなく、人のことを信じられなくなったりもします。「あいつのせいだ」と相手を責める気持ちが頭から離れず、かといって自分の考えにも自信が持てなくなってしまうんです。一方、自分で決断したときには、後悔はあっても「次はどうしよう」と試行錯誤できるようになります。

そういう意味でも、みなさんには好きなもの、やりたいことを大事にしてほしいと思います。

「普通」を捨てるのは、何かをあきらめることに似ています。でもそれは、あなたが「本当に大切にしたいもの」を明らかにするための、前向きな行動です。

誰かが決めたルールにしばられて、自分のよさを消してしまわないように。みんなとの「違い」を見ながら、ゆっくりと自分らしさを見つけて、大切にしていきましょう。

（本田　秀夫『「みんなと違う」自分を大切にする方法』）

問一　本文中の［A］～［C］にあてはまる言葉として最も適当なものを次の中から選んで、それぞれ記号で答えなさい。ただし、同じ記号を二回使ってはいけません。

ア　でも　　イ　例えば　　ウ　さて
エ　つまり　　オ　一方で　　カ　なぜなら

問二　═══線(a)「切実な」・(b)「普遍的な」の意味として最も適当なものを次の中から選んで、それぞれ記号で答えなさい。

(a)「切実な」

ア　誰もが共感する
イ　幼く子どもじみた
ウ　ゆったり漂うような
エ　身に染みて強く感じる
オ　人間にとってかかせない

(b)「普遍的な」

ア　これまで存在しなかったような
イ　特に優れたところのないような
ウ　多くの場合にあてはまるような
エ　特定の場面で役立つような
オ　人々から恐れられるような

問三　――線(1)「そういう気持ち」とありますが、それはどのような気持ちですか。次の中から最も適当なものを選んで、記号で答えなさい。

ア　強い心を手に入れるために、無理して誰かと一緒にいようとする気持ち。
イ　意見の合わない友だちに無理に合わせないで、距離をとろうとする気持ち。

域の「普通」のなかで生活していくしかない。でも、隣の「普通」をちょっと見に行くことは、いますぐにでもできるのではないでしょうか。

「同級生以外と話してみようか」「違う部活動の子はどう考えるだろう」。そんなふうに、いままでと少し違うことを、試してみてほしいと思います。

学校や教室という一つの環境しか知らない人は、悩んだときに逃げ道が見つからなくて、困ってしまうことがあります。一方で、学校のなかに複数の居場所がある人、学校以外にも居場所がある人は、ある場所ではうまくいかないことがあっても、ほかの場所で生き生きと過ごすことができたりします。

みなさんにはそんなイメージを持って、いろいろな「普通」を見て、自分らしくいられるコミュニティを探してほしいと思います。いまいる環境になじもうとして自分らしさをすり減らすのではなく、自分を大事にしながら、少しだけ世界を広げてみてください。いくつかの居場所を持っておくと、自分らしくいられる時間が多くなります。

(5)10代というのは、子どもから大人になっていく過渡期です。それより前のまだ小さい頃は、多くの子が将来に無限の可能性を感じていて、「がんばれば、なんにだってなれる」と無邪気に考えていたりします。でも10代になると現実も見えてくる。自分には苦手なこともあって、ほかの人と同じようにはできないこともあるのだとわかってきます。

まわりを見て、いろいろなタイプの人がいることを理解しながら、自分らしさにも気づいていくんですね。その時期に自分だけうまくできないことが多いと、自分の落ち度のように思えてしまうこともあります。でもこの本では、みんなと違うのは悪いことではないとお伝えしてきました。

みんなと違う部分は20代、30代になると一つの個性になって、ほかの人にはない独特の持ち味になったりすることもあります。10代の時期にはそんな先のことはまだ想像がつかないかもしれませんが、そのことを頭の片隅に置いておいてほしいと思います。

「みんなと違う」と感じたとき、その違和感を打ち消すために「普通」になろうとするのではなく、みなさんにはむしろその「何かが違う感じ」を大事にしてほしいと思います。いまはただの「違和感」でも、それはいつかあなたの個性や長所、強みになるかもしれません。

みんながいいと思っているものを、それほどいいとは思えない。運動ができること、おしゃべりが上手なことに、自分は感動しない。それよりも、例えば本棚に大好きな本をきれいに並べることに心をひかれる。そういう人は、学校生活に違和感を持つこともあると思います。

その人の自分らしさは、10代の時期にはまわりの人にあまり評価されないかもしれません。気の合う友だちはなかなか見つからないかもしれない。［ C ］、自分が好きなことをずっと大事にしていると、これからの人生のどこかで、その「好き」に共感する人、その「好き」を評価する人に出会える可能性があります。その「好き」が生涯続く趣味になったり、将来の仕事にむすびついたりすることも、案外あったりするものです。違和感を大事にすることが、結果的に自分を大事にすることにもなるんです。

は、時代や環境によって変わることも多いものです。簡単に移ろう「普通」を気にして、自分の大切なエネルギーを使ったり、振り回されたりするのはちょっともったいないですよね。

多くの人に「普通はこう」と言われると、そちらが正しいような気になるかもしれません。でも、自分の考え方とは違っていて、それが正しいこと、望ましいことだと思えないのなら、そんな「普通」に従う必要はありません。

例えば極端な話になりますが、犯罪集団のなかにいれば、誰かをだましてお金を巻き上げることが「普通」になってしまいます。でも、それは正しいことではないですよね。

このように、「普通」というワードは、誰かにとって都合のいい環境をつくるために使われることもあるもの。誰かに押し付けられた「普通」を無理に飲み込もうとしなくて大丈夫です。

はっきり言ってしまえば、(3)「普通」というのはいらない価値観なんです。私は、そんな価値観を気にする必要はないと思っています。

多くの人が言う「普通」を観察してみると、じつは多数派の意見やローカルルール、全体の平均値だったりします。ある程度参考にはなりますが、誰にでも通じる普遍的な真実ではないんですね。そんな価値観にしばられていたら、判断を誤ってしまうこともあります。

多くの人が「普通」と言っていることでも、「これはおかしいな」「自分には合わないな」と思ったら、その価値観は捨ててしまいましょう。それよりも自分自身が「これが大切だ」と思うことを大事にしてください。

自分らしさを大切にするのはいいのですが、だからと言って、自分と考え方が違う人の尊厳を否定してはいけません。

［B］「あの人の考え方は合わない」「見るのも嫌だ」と感じるような相手がいたとして、その人に対して「お前には生きている価値がない」「死んだほうがいい」などと言うこと。それは相手の尊厳を攻撃する発言であり、許されない行為です。自分もほかの人に「嫌な関わり方」をしないように、気をつけましょう。

自分の「自分らしさ」を大事にするためには、ほかの人の「自分らしさ」も尊重しなければいけません。相手に考えを合わせる必要はないのですが、相手の考えを認めて、リスペクトする必要はあります。そうすることで、自分もほかの人も、それぞれに自分らしくやっていけるわけです。

クラスの多くの子たちの「普通」になじめないと、「自分は変なのかも」と思うこともあるかもしれません。でも、これまでにも書いてきた通り、世の中にはいろいろな「普通」があります。

もしもいまいる場所、いまいるグループに居心地の悪さを感じたら、ちょっとだけ動いて、(4)隣の「普通」を見てみましょう。そこには、あなたにフィットする世界があるかもしれません。

大人になれば、世の中には多様な人がいるということを肌で感じて、自分だけが変なわけではないのだと理解できます。みなさんもその頃にはきっと、気持ちが楽になっていると思います。でも、みなさんが大人になるのはまだずいぶん先のことです。いまはそんなことは考えられないでしょう。

みなさんは、すぐに大人になることはできません。いまは学校や地いつも誰かと一緒にいるのはしんどい。でも一人ぼっちにはなりたくない。どちらも(a)切実な気持ちだと思います。

「友だちと一緒にいたい」と思いながら、「いつも一緒にいるのはしんどい」と感じるのは、おかしなことではありません。そのしんどさは、「ときには一人になりたい」ということなんですよね。それは人間の自然な感情です。

「一人ぼっちになりたくない」と思うのもわかりますが、その気持ちが強すぎると、「一人でいるのはよくないこと」と考えるようになり、「一人になりたい」と感じる自分を責めてしまうかもしれません。それでは、一人になって一息つくことが難しくなります。

心地(ここち)いいバランスは人によって違(ちが)います。自分はどんな友だちづき合いをすると楽になるのか、考えてみてください。

自分の友だちづき合いのバランスを考えるときには、食事の場面を思い浮(う)かべてみることをおすすめします。

食事のとき、一人でも全然平気という人もいます。そういう過ごし方が好きな人は、一人でいる時間をある程度つくったほうが、楽になるかもしれません。

[A]、食事のときはいつも誰かと一緒がいいという人もいます。そういう人は、友だちと一緒にいる時間を長くとったほうが、心地よく過ごせますよね。

みなさんは、自分がどちらのタイプだと思いますか？　食事の場面でイメージしにくければ、学校の休み時間や部活動の時間などで、自分が心地よく過ごせているときを思い出してみてください。

(2)一人でいるのは、よくないことではありません。ストレスをためこまないよう、自分が「一人でいたい時間」はどのくらいなのかを考えて、自分が楽に過ごせる友だちづき合いのバランスを整えていきましょう。

「普通ではない」ということは、必ずしも悪いことではありません。普通のやり方ではうまくできなかったとしても、ほかにいくらでもやりようはある。みなさんにはそのことを覚えておいてほしいと思います。

「普通はこうでしょ」「普通に考えればわかるでしょ」とまわりの人に口々に言われると、まるで自分には見えないルールに違反(いはん)しているかのような気持ちになって、不安に感じてしまうこともあるかもしれません。

でも「普通」というのは、そもそもとても不確かなもの。その基準は時代や環境(かんきょう)によってコロッと変わります。かつて日本では、女性は結婚(けっこん)したら仕事をやめて専業主婦になるのが普通でした。でもいまは、共働き世帯が専業主婦世帯の数を上回っています。

また、昔は真夏でも「運動中には水を飲まない」ということが普通でした。水を飲まずにがんばるのが、いい鍛錬(たんれん)になると言われたりしたんです。でもいまでは、熱中症(ねっちゅうしょう)を防ぐために水分補給をすることはあたりまえのことです。

時代の変化だけではなく、海外に行くだけで日本の「普通」とはまったく違う価値観があります。もちろん、海外から見た日本も同じように「普通」ではない部分がたくさんあるでしょう。

このように、(b)普遍的(ふへんてき)な考え方、倫理的(りんりてき)な価値観のように思えること

【国語】〈五〇分〉〈満点：一〇〇点〉

〔一〕次の――線のカタカナを漢字になおしなさい。「とめ・はね・はらい・文字のバランス」に気をつけて、ていねいに書きなさい。

1 雨がざあざあとフる。
2 妹とテンランカイへ行く。
3 底辺にスイチョクな線を引く。
4 コショウした自転車をなおす。
5 タンニンの先生に申し出る。
6 友だちの家をホウモンする。
7 クラスの物知りハカセと呼ばれている。
8 二人だけのヒミツを守る。
9 ウチュウ旅行にあこがれる。
10 もうすぐ海はマンチョウになる。

〔二〕次の文章を読んで、後の問いに答えなさい。

自分では普通にしているつもりなのに、友だちから「変だよ」「普通はこうでしょ」というようなことを言われたら、みなさんはどうしますか？

例えば、数人の友だちが「これ、かわいくない？」と話して盛り上がっているときに、同じテンションで入っていくことができず、雰囲気を壊してしまったら。素直に思ったことを伝えただけなのに、ちょっと険悪なムードが出てしまったら。

友だちと仲良くやっていくために、「正直、かわいいと思えない」と感じていても、話やノリを合わせますか？ それとも無理に合わせないで、その子たちと少し距離をとるようにするでしょうか。

クラスや部活動などで、その場のノリに合わせようと苦労している人のなかには、「一人ぼっちになりたくない」と感じる人もいると思います。本当は一人の時間もほしいけど、一人で過ごしていると、みんなに「友だちがいない人」だと思われてしまう。それは嫌だから、なるべく誰かと一緒にいようとする。心のどこかに(1)そういう気持ちがあって、友だちづき合いをしているという人もいるでしょう。

ただ、そうやっていつも誰かと一緒にいると、しんどくなってしまうこともあると思います。いつも誰かに少し気をつかっている。完全に気を抜いて、リラックスできる時間があまりない。それでは疲れてしまいますよね。

誰かと一緒にいるときには、それがどんなに仲のいい人でも、多少は気をつかうものです。そういう意味で、友だちづき合いというのは、多少のストレスは生まれるものだと思っておいた方がいいでしょう。

ほとんど気をつかわなくても一緒にいられるような相手が見つかれば、友だちづき合いがいまよりも楽になる可能性もあります。ただ、そういう相手でも、一緒にいればいろいろなことが起こります。友だちづき合いをしていれば、しんどくなることはどうしてもあるわけです。

大切なことはメモしておこうネ！

T.G

2024年度

解　答　と　解　説

《2024年度の配点は解答欄に掲載してあります。》

＜算数解答＞

1. (1)　3　　(2)　0　　(3)　5
2. (1)　㋐　84度　　㋑　48度　　(2)　67.5cm²　　(3)　時速81km　　(4)　12個
　(5)　59本　　(6)　160g　　(7)　64個　　(8)　4480円
3. (1)　分速100m　　(2)　1320m
4. (1)　(6, 8, 9)　　(2)　7　　(3)　4

○推定配点○

1～2, 4　各6点×15　　3　各5点×2　　計100点

＜算数解説＞

基本 1. (四則計算)

(1)　$40-(2\times111\div6)=40-37=3$

(2)　$0.45-(0.8-0.75)\div\left(\frac{1}{12}\times\frac{4}{3}\right)=0.45-0.05\div\frac{1}{9}=0.45-0.45=0$

(3)　$(1+2\times\square)\times12\div6-15=7$　　$(1+2\times\square)\times12\div6=22$　　$1+2\times\square=11$　　$\square=5$

基本 2. (角度, 面積, 平均算, 体積, 植木算, 食塩水, 過不足算, 損益)

(1)　右図の通り各頂点に記号を付ける。正三角形の一つの内角は60°, 正五角形の一つの内角は108°なので, 四角形ADEFにおいて, 角DAF＝60°, 角ADE＝角DEF＝108°より, ㋐＝360－60－108－108＝84°　　三角形DEBにおいて, 角BDE＝180－108＝72°, 角DBE＝60°より, ㋑＝180－72－60＝48°

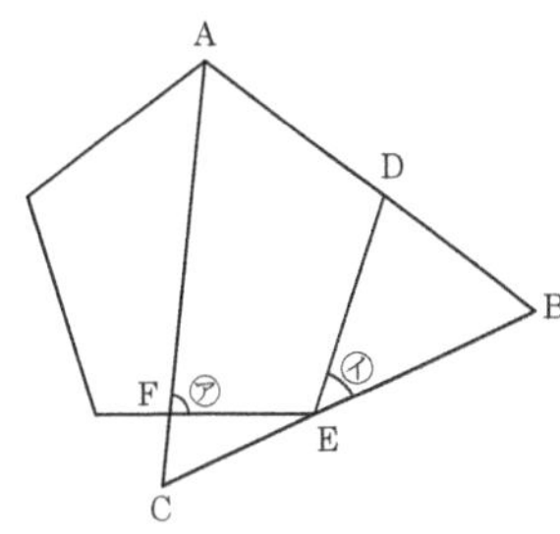

(2)　縦100mm＝10cm, 横120mm＝12cmをそれぞれ$\frac{3}{4}$倍すると, 縦は$10\times\frac{3}{4}=7.5$cm, 横は$12\times\frac{3}{4}=9$cmの長方形になるので, 面積は$7.5\times9=67.5$(cm²)

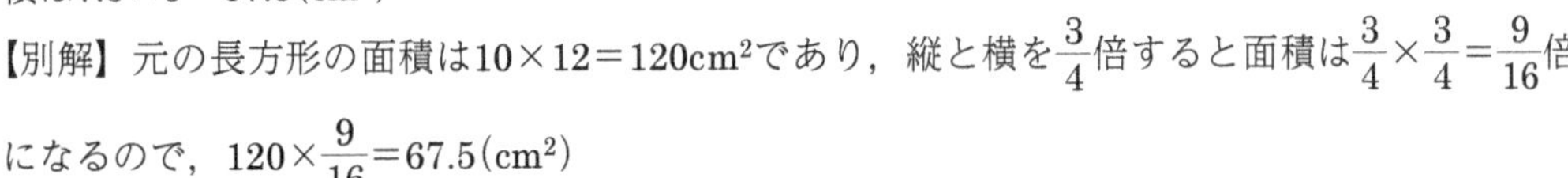
【別解】元の長方形の面積は$10\times12=120$cm²であり, 縦と横を$\frac{3}{4}$倍すると面積は$\frac{3}{4}\times\frac{3}{4}=\frac{9}{16}$倍になるので, $120\times\frac{9}{16}=67.5$(cm²)

(3)　25台の平均の速さが時速57kmなので, 25台の速さの合計は時速$57\times25=1425$km　　24台の平均の速さが時速56kmなので, 24台の速さの合計は時速$56\times24=1344$km　　したがって, 緊急車両の速さは時速$1425-1344=81$(km)

(4)　円柱の体積は$5\times5\times3.14\times10=785$cm³　　1辺が4cmの立方体の体積は$4\times4\times4=64$cm³　容器いっぱいの粘土を用いて立方体を作成するとき, $785\div64=12\cdots17$なので, 出来る立方体は12(個)

重要 (5)　右図の通り列数を考えると，120÷15＝8より，8＋1＝9列できる。横には180÷15＝12より，赤い花と白い花を合わせて12＋1＝13本の花を植えることができる(両端も植えるので1を足すことに注意)。両端に赤い花を植えるときは13本のうち(13＋1)÷2＝7本植えることとなり，両端に白い花を植えるときは13本のうち(13−1)÷2＝6本赤い花を植えることになる。左上に赤い花を植えるので，9列のうち，両端に赤い花を植えるのは(9＋1)÷2＝5列，両端に白い花を植えるのは(9−1)÷2＝4列なので，赤い花は7×5＋6×4＝59(本)

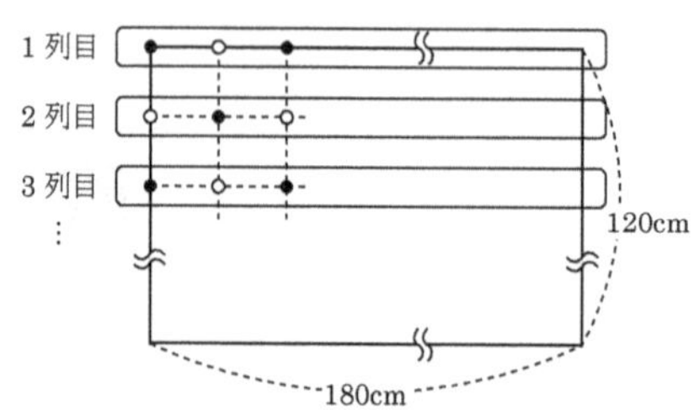

(6)　8％の食塩水300gに食塩は300×8％＝24g含まれているので，5％の食塩水には食塩が32−24＝8g含まれていることになる。8gの食塩が含まれる5％の食塩水の重さは8÷5％＝160(g)

(7)　8個ずつ入れると2袋使わないので，全部の袋に入れるのにリンゴは8×2＝16個足りないことになる。6個ずつ入れた場合と8個ずつ入れた場合で必要なリンゴの差は4＋16＝20個なので，袋の数は20÷(8−6)＝10袋　　したがって，リンゴは全部で6×10＋4＝64(個)

(8)　仕入れ値合計は200×160＝32000円　　定価は200×(1＋0.2)＝240円，定価の20%引きの値段は240×(1−0.2)＝192円　　したがって，仕入れ値に対する利益は240×120＋192×40−32000＝4480(円)

重要 3.　(旅人算)

(1)　弟が兄に追いつくまでに分速80mで12分歩き，分速160mで4分走ったので，追いついたのは家から80×12＋160×4＝1600mの地点である。兄は弟に追いつかれるまで16分同じ速度で歩いているので，兄の歩く速さは分速1600÷16＝100(m)

(2)　弟が兄に追いついた地点から駅までの距離は2400−1600＝800m　　兄は11分電話した後，800mの距離を800÷100＝8分で歩くので，駅に着く時間は8時35分　　弟は兄に追いついてから，図書館で本を返していた2分間を除いて分速80mで歩いていたので，歩いた距離は{(8時35分−8時16分)−2分}×80＝1360m　　追いついた地点から駅までの距離800mとの差は追いついた地点から図書館の往復分なので，追いついた地点から図書館までの距離は(1360−800)÷2＝280m　　したがって，家から図書館までの距離は1600−280＝1320(m)

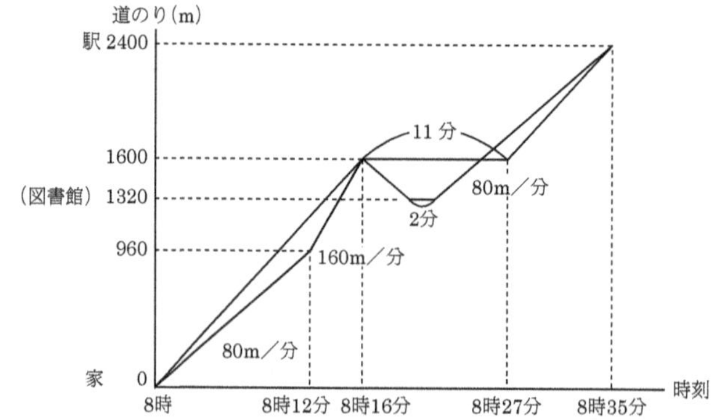

やや難 4.　(方陣算)

(1)　1から9までの異なる3つの数字で足して23になる組み合わせは(6，8，9)

(2)　Bの3つの数字の合計が9になることからBの3つの数字は6以下とわかる(一つに7が入る場合，残りの2つの異なる数字の組み合わせがなくなる。8，9のときも同様)。(1)よりEの3つの数字は(6，8，9)なので，BとEに共通する[お]は6であり，8，9が[え]もしくは[か]に入ることがわかる。

次に合計が大きくなるCについて，21になる組み合わせは(6，7，8)，(5，7，9)，(4，8，9)の3通り考えられるが，6は[お]に入るので(6，7，8)は適さず，8，9が[え]もしくは[か]に入るので，8，9両方ともCに入る(4，8，9)も適さない。したがって，Cの3つの数字は(5，7，9)であり，CとEに共通する[か]は9　Dの3つの数字の合計が9となることからDの3つの数字は6以下であり，[う]は5，[け]は7。

(3)　BとDの合計が9，[う]が5，[お]が6なので，[あ]と[い]の合計は4，[い]と[く]の合計は3　[あ]と[い]の組み合わせは(1，2)，[い]と[く]の組み合わせは(1，3)であり，共通する[い]は1，[あ]は3，[く]は2
したがって，[き]＝15－[あ]－[え]＝13－[く]－[け]＝4

[3]	＋	[1]	＋	[5]	＝	9
＋		＋		＋		
[8]	＋	[6]	＋	[9]	＝	23
＋		＋		＋		
[4]	＋	[2]	＋	[7]	＝	13
‖		‖		‖		
15		9		21		

★ワンポイントアドバイス★

4．の方陣算は1～10までの数字を足してできる代表的な数字は覚えておくと便利。1＋2＋3＋…＋9＋10＝55，1＋2＋3＋4＝10，6＋7＋8＋9＋10＝40など。「4つの異なる数の合計が10のとき」など問題文に書いてあったらすぐに対応できるようにしておこう。

＜理科解答＞

[1]　(1)　①　ヨウ素液　②　ない　(2)　①　ア　②　水滴　(記号)　ウ
(3)　①　ウ　②　ア，オ　(4)　蒸散

[2]　(1)　ア，ウ　(2)　206g　(3)　200g　(4)　135g　(5)　①　オ　②　×
(6)　北大西洋　(7)　エ，カ

[3]　(1)　①　ア　②　ウ　③　カ　(2)　A　0.6　B　2.8　(3)　2.5m／秒
(4)　ア，オ　(5)　①　19　②　ウ

[4]　(1)　×　(2)　①　断層　②　火山灰　③　エ　(3)　ウ
(4)　ア　(5)　P　ハザード　Q　南海　A　イ　B　ウ　C　カ　D　キ
(6)　エ

○推定配点○

[1]　(2)①，②記号，(3)①　各1点×3　他　各2点×5((3)②完答)
[2]　(3)，(4)，(7)　各2点×3((7)完答)　他　各1点×5((1)完答)
[3]　(1)，(2)，(5)　各1点×7　他　各2点×2((4)完答)
[4]　(5)P，Q　各2点×2　他　各1点×11　計50点

＜理科解説＞

1 （生物－植物）

基本 (1) ① デンプンの有無を確認するのは「ヨウ素液」である。 ② 葉にデンプンがない状態から実験を始める必要があるので，②の手順は必要で，アルミニウムはくにない部分にもデンプンがないことを確認していないと③のデンプンが同じ日の朝からできたかどうか決められないので，正しいものはない。

(2) ① 酸素は呼吸で吸収され，光合成で放出される。1時間後の状態では通常空気中に含まれるわりあい程度で20％を示すと考えられる。 ② 袋の内側の表面につくのは呼吸により発生した水滴なので，AとBの両方で発生する。

(3) ① ホウセンカは双子葉類なので，輪のような形で水が通るのは内側の道管である。

② ホウセンカは離弁花で，種子は成長した実からはじけて飛び散る。

(4) はたらきは気孔から水蒸気を放出する「蒸散」である。

2 （物質と変化－ものの溶け方）

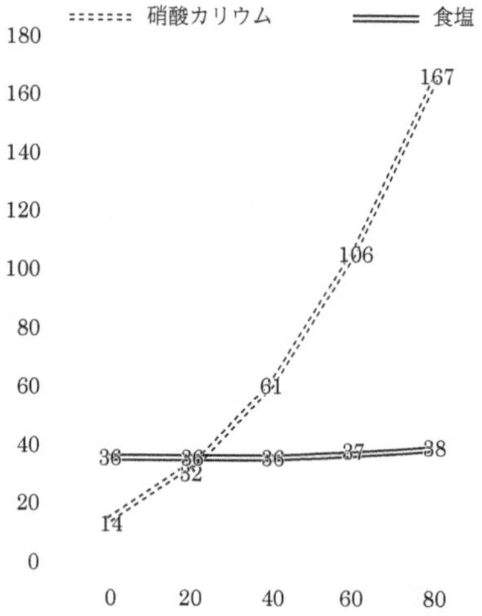

基本 (1) 表をグラフにすると右図のようになる。水温の変化により，溶かすことのできる量の変化が大きいのは硝酸カリウムで，食塩は40℃の水100gに36g溶ける。

(2) 硝酸カリウムは106g溶けるので100g＋106g＝206gとなる。

(3) 60℃の水100gに37g溶けるので74gの食塩を溶かすには$100\text{g}\times\frac{74\text{g}}{37\text{g}}$＝200g必要である。

(4) 80℃の水100gに硝酸カリウムは167g溶けている。20℃まで下げると32gしか溶けないので167g－32g＝135g出てくる。

(5) ① 海水100g×0.034×0.78＝2.652gよりオがもっとも近い。 ② 20℃の水100gに食塩は32g溶けるので，飽和していない。

硝酸カリウム　食塩
180
160
140
120
100
80
60
40
20
0
0　20　40　60　80
167
106
61
36　36　36　37　38
32
14

(6) 北太平洋の方が北大西洋より雨量が多いので海水が薄いと考えられるので，濃いのは北大西洋である。

(7) 水溶液はあたためられると膨張し密度が小さくなり，冷やされると密度が小さくなるのでBのように循環する。水100gあたりで，20gの食塩は0℃でも40℃でも全て溶けるが，20gの硝酸カリウムは40℃では溶けるが0℃ではとけ残りが出て結晶ができる。

3 （力のはたらき－物体の運動）

基本 (1) ① 撃ち出しの速度が2倍3倍…となるとロケットの速さも燃料の速さも2倍3倍…となっているので比例している。 ② ロケットの速さ＋燃料の速さ＝撃ち出しの速度となっている。

③ 撃ち出しの速度の大きさが変化してもロケットの重さと燃料の重さの比とロケットの速さと燃料の速さの比は反対になっている。

(2) 表3ではロケットの重さ：燃料の重さ＝7：3となっているので撃ち出しの速度が秒速1mのときロケットの速さ0.3m／秒，燃料の速さ0.7m／秒となり，撃ち出しの速度とロケットの速さと燃料の速さは比例するので，A＝0.3m／秒×2＝0.6m／秒，B=0.7m／秒×4＝2.8m／秒となる。

(3) 撃ち出しの速度が秒速1mのときロケットの速さ0.5m／秒となり，撃ち出しの速度が秒速5mのとき0.5m／秒×5＝2.5m／秒となる。

(4) ロケットの速さは撃ち出しの速度に比例し，$\frac{\text{ロケットの重さ}}{\text{燃料の重さ}}$に反比例するので，燃料を含むロケットの重さに対する燃料の重さの割合が大きいほどロケットの速さは速くなる。

(5) ① ロケットの重さ：燃料の重さ＝1：19となっているのでロケットの速さ：燃料の速さ＝19：1となる。 ② 8000m／秒×$\frac{20}{19}$＝8421.…m／秒よりウが適する。

4 **(天体・気象・地形－流水・地層・岩石)**

基本 (1) 北海道と四国の日本海側，山陰地方や能登半島に○があり，こちらが震源と考えられる。

(2) ① 地層が横からの力により地層が断ち切られたずれを断層という。 ② 角ばった細かい粒は火山灰でこの存在から火山の噴火があったことがわかる。 ③ 火山灰の地層が2か所あることから，火山の噴火は2回あり，その地層が断ち切られていることから，この後，層ができたことがわかる。

(3) 火山が噴火するときに土地の高さは高くなり，その後，元の高さにもどる。

(4) 地震が発生するまで陸のプレート上の土地は海洋のプレートに引かれ沈降し，発生後，元の高さにもどるのでアがあてはまる。

(5) P 自然災害による被害軽減や防災対策のため想定被災地域や避難場所・避難経路を示した地図であるハザードマップを作成した。 A 9月1日に発生した大正関東地震による被害を関東大震災と呼んでいる。 B 桜島は活火山で，富士山は休火山であり，宝永大噴火以来大規模な火山活動はない。 Q 近年，もっとも心配されているのは南海トラフ地震である。 C 地震の発生により想定されているいるのは津波である。 D 日本全国の火山・地震活動を24時間体制で監視・観測している機関は気象庁である。

(6) 避難場所・非常食・災害用の伝言ダイヤルの活用方法などを確認しておく必要があるが，公共の交通機関が止まってしまった場合無理して徒歩で帰るのは危険である。

★ワンポイントアドバイス★

本文をしっかり読んで解答する必要がある出題である。観察・実験の内容は，難しくはないが，短い試験時間で解答を導き出すことが要求されるので，25分を目標に過去問題演習をして時間感覚を身につけよう。

＜社会解答＞

1 問1 ア　問2 A エ　B ア　問3 利根(川)　問4 (1) ウ　(2) イ
問5 イ　問6 ア　問7 イ　問8 カ　問9 イ，オ

2 問1 (1) ウ　(2) ウ　問2 イ　問3 (1) 源義経　(2) イ(→)ア(→)ウ
問4 イ　問5 幕藩体制　問6 エ　問7 ウ　問8 ア　問9 エ　問10 ウ
問11 犬養毅　問12 (1) エ　(2) ア

3 問1 (1) ア　(2) エ　問2 (1) イ　(2) ウ　(3) エ　問3 カ
問4 エ　問5 エ　問6 イ　問7 ① エ　② イ　③ ア

○推定配点○

1 問6・問8・問9 各2点×3　他 各1点×8
2 問2・問6～問10 各2点×6　他 各1点×9
3 問2 各2点×3　他 各1点×9　計50点

<社会解説>

1 (日本の地理－関東地方，日本の国土と自然，農業，水産業，工業，地形図)

問1 栃木県は内陸に位置しているので，海岸線の長さは0kmとわかる。関東地方の都県のうち，内陸に位置しているのは群馬県，栃木県，埼玉県の3県なので，栃木県と埼玉県がアとウのいずれかと判断できる。栃木県と埼玉県を比べると，栃木県の方が山地面積は大きいと考えられるので，アが栃木県，ウが埼玉県となる。なお，イは茨城県，エは東京都となる。

問2 A 東京駅を起点とし，神奈川県を通っているのは，エの東海道新幹線である。 B 東京駅を起点とし，埼玉県や栃木県を通っているのは，アの東北新幹線である。

基本 問3 関東地方を流れる，流域面積が日本最大の河川は，利根川である。

問4 (1) 銚子港の周辺海域は暖流と寒流がぶつかる潮目であるため，銚子港の水揚げ量が多くなると考えられ，ウが適していると考えられる。銚子港は冬でも比較的温暖な気候であり，アは適当でない。銚子港周辺にはリアス海岸はみられないので，イは適当でない。やませは6～8月に東北地方の太平洋側に吹くが，銚子港は関東地方に位置しており，エは適当でない。

(2) 1990年から2005年にかけて海面養殖業の漁獲量は大きくは変化しておらず，倍増していないので，イがまちがっている。排他的経済水域の設定が1970年代半ばに増加した影響により，遠洋漁業での漁獲量は1970年代半ばから減少しており，アは正しい。1990年から1995年にかけて輸入量は増加傾向にあったので，ウは正しい。1990年から2020年の間の漁業種類別生産量は，常に沖合漁業が最も多いので，エは正しい。

問5 D地点は内陸の日光市付近に位置しており，冬の平均気温が低いと考えられることから，イと判断できる。なお，Eがア，Fがウである。

問6 表2からは，ピーマンの旬は6～9月となっているのに対して，神栖市では旬よりも早い時期や旬よりも遅い時期が収穫期となっていることから，栽培時期を早める促成栽培，栽培時期を遅らせる抑制栽培を，ともに行っていると考えられ，アが適している。イについて，表2からは，神栖市が夏季に降水量が少ないかどうかはわからない。ウについて，表2からは，神栖市で高齢化が進んでいるかどうかはわからない。エについて，表2からは神栖市で風が強く吹く期間が長いかどうかはわらかない。

問7 国際線の利用者数が最も多いイが成田国際空港を示している。国内線の利用者数が最も多いアは東京国際空港(羽田空港)，国内線の利用者数が最も少なく国際線の利用者数が0となっているエが小型機の離発着が行われている調布飛行場と考えられ，ウは百里飛行場(茨城空港)となる。

問8 会話には，①と②は「表4のように製造品出荷額が増加」とあり，①と②は輸送用機械(自動車など)，化学工業，鉄鋼業のいずれもXのほうがYよりも金額が大きいことから，Xが2019年，Yが1980年と判断できる。③は「東京都と同じような動きをしている」とあるので，東京都とともに京浜工業地帯を構成している神奈川県と考えられる。①は，「石油化学工業は工場の立地に特徴がある」などから，海に面しており鹿島臨海工業地域に石油化学コンビナートが立地している茨城県と考えられる。よって，②は群馬県となり，カの組み合わせが正しい。

重要 問9 地形図には特に方位記号は記されていないので，上が北となる。小田原城跡の南側には博物館(🏛)と図書館(🕮)，東側には交番(X)がみられるが，市役所(◎)はみられないので，イはあやまっている。競輪場の北側の道路を西に進むと，道路沿いに発電所(☼)はみられないので，オはあやまっている。関東学院大の南側の斜面には，果樹園(ó)が広がっているので，アは正しい。小田原駅の西側には寺院(卍)が多く立地しており，ウは正しい。小田原厚木道路を荻窪ICから北上すると，左側は斜面になっているので，エは正しい。

2 (日本の歴史－古代～現代)

問1 (1) Aについて，最澄は唐にわたって修行し，比叡山に延暦寺を建てて天台宗を広めたので，誤りとわかる。金剛峯寺は真言宗を広めた空海が高野山に建てた寺院である。Bについて，征夷大将軍となった坂上田村麻呂は，反乱をおさえ，胆沢城をつくったので，正しい。よって，ウの組み合わせが正しい。 (2) ウは奈良時代に造られた校倉造の正倉院であり，平安時代につくられたものとしてまちがっている。アは平安時代につくられた源氏物語絵巻，イは平安時代末期から鎌倉時代初期に描かれた鳥獣戯画，エは平安時代に藤原頼通が建立した平等院鳳凰堂である。

問2 ワカタケルの名前が刻まれた鉄剣や鉄刀が，熊本県と埼玉県の古墳から見つかっており，イがワカタケル大王の時代を説明した文として正しい。なお，雄略天皇は5世紀後半頃に在位したと考えられている。アの卑弥呼は弥生時代の邪馬台国の女王である。ウの日本に仏教が伝えられたのは6世紀半ばと考えられている。エは縄文時代について述べている。

問3 (1) 源頼朝の弟で，平氏と戦い，平氏滅亡後に頼朝と対立し，平泉で命を落としたのは，源義経である。 (2) ア～ウはいずれも源氏と平氏による一連の戦いである。源平の戦いは，源頼朝が挙兵後，東から西へ攻め，戦いも東から西へと順に起こっているので，現在の兵庫県に位置するイの一の谷の戦い，現在の香川県に位置するアの屋島の戦い，現在の山口県に位置するウの壇ノ浦の戦いの順になる。

問4 正長の土一揆は，近江の馬借が蜂起がきっかけであり，イが正しい。なお，加賀の一向一揆は，浄土真宗の信徒らが起こしている。

基本 問5 江戸時代の，将軍と大名が領地と民衆をそれぞれ統治する体制は，幕藩体制という。

問6 ききん対策のために町や村に倉庫を作り，米をたくわえさせる制度をつくったのは，享保の改革ではなく，老中松平定信が行った寛政の改革なので，エが享保の改革を説明した文としてまちがっている。

問7 薩長同盟は明治維新よりも前の1866年の出来事なので，ウがまちがっている。アの五箇条の御誓文が発布されたのも，イの鳥羽・伏見の戦いが起こったのも，エの年号が「明治」に改められたのも，1868年の出来事である。

問8 明治政府は地租改正を行い，土地の価格の3％を税として，土地所有者に現金で納めさせたので，アがまちがっている。

重要 問9 1911年に小村寿太郎外務大臣がアメリカとの間で関税自主権の回復に成功しているので，エの組み合わせが正しい。なお，陸奥宗光が外務大臣の1894年に，イギリスとの間で領事裁判権の撤廃に成功している。

問10 国際連盟は，アメリカ大統領ウィルソンの提案によって第一次世界大戦後に設立されたので，ウがまちがっている。日本は国際連盟において常任理事国となった。大戦による日本の好景気は物価を引き上げ，シベリア出兵の影響もあって，1918年には米騒動が起こったので，アは正しい。中国への進出をねらっていた日本は，1915年に中国に二十一か条の要求を出し，ドイツの権利を横取りしようとしたので，イは正しい。第一次世界大戦では，飛行機や戦車といった新兵器が登場して戦争が長期化したため，各国が国力をすべて投入する総力戦となったので，エは正しい。

問11 満州国の建国が宣言された当時の日本の首相は犬養毅である。犬養毅は，1932年の五・一五事件で海軍の軍人らに暗殺された。

問12 (1) 日中戦争のきっかけとなった事件は，1937年の盧溝橋事件である。アの柳条湖事件は満州事変の始まりとなる出来事。イの二・二六事件は1936年に陸軍の青年将校らが首相官邸などを襲撃した出来事。ウの大逆事件は1910年に天皇暗殺計画という理由で社会主義者らが起訴され，翌年に神徳秋水らが死刑となった出来事。　(2)　1946年11月3日に日本国憲法は交付され，1947年に施行された(ウ)。1951年にはサンフランシスコ平和条約が締結された(イ)が，ソ連は調印しなかった。また，中国はサンフランシスコ講和会議に招かれなかった。1956年に日ソ共同宣言が調印され(ア)，日本とソ連は国交を回復した。1978年に日中平和友好条約が締結された(エ)。

3　(政治，時事問題－基本的人権，政治のしくみ，日本経済，国際政治)

問1　(1)　フィンランドは長年にわたって中立を国の基本的な外交方針としていたが，ロシアのウクライナ侵攻をきっかけにNATO(北大西洋条約機構)加盟へと動き，2023年4月にフィンランドはNATOに正式加盟を果たしたので，アが適切。なお，アイルランドとニュージーランドは2024年2月時点ではNATOに加盟しておらず，ポーランドは1999年にNATOに加盟している。

(2)　2023年の7・8月は猛暑日が続いた。夏の全国高校野球選手権大会では，2023年から暑さ対策として「クーリングタイム」が導入されたので，エが適切。

問2　(1)　法律や予算を決めることは，国会の仕事なので，Aは正しい。参議院議員の任期は6年であり，3年ごとに半数が改選されるので，Bは誤り。よって，イとなる。　(2)　内閣総理大臣は国民投票で辞めさせることはできないので，Aは誤り。国務大臣の過半数は国会議員でなければならないので，Bは正しい。よって，ウとなる。　(3)　裁判には，犯罪行為を裁く「刑事裁判」と，個人や会社の権利に関するトラブルを裁く「民事裁判」があるので，Aは誤り。裁判は三審制が採用されており，第一審の判決に不服がある時は控訴して第二審を求めることができ，第二審の判決に不服がある場合は上告して第三審を求めることができるが，すべての事件で必ず3回の裁判が行われるわけではないので，Bは誤り。よって，エとなる。

やや難　問3　①のふるさと納税では，**う**の返礼品がある。②のカーボンニュートラルは，温室効果ガスの排出を全体としてゼロにするという考え方なので，**い**の実質ゼロが関連性が高い。③のヘイトスピーチは，特定の人種や出身国，民族，宗教などの人々を排斥する差別的な言動のことなので，**あ**の人権問題が関連性が高い。よって，カの組み合わせが正しい。

問4　公債金による歳入(35兆6230億円)は，所得税(21兆480億円)，法人税(14兆6020億円)，消費税(23兆3840億円)による歳入の合計額(59兆340億円)よりも少ないので，アは正しくない。歳出に占める社会保障関係費の割合は，約32%となっており，4割を超えていないので，イは正しくない。地方交付税交付金は地方公共団体間の財政格差を是正する目的で交付されるものなので，ウは正しくない。この年度では，過去に借りたお金を返す額である国債費(25兆2503億円)よりも新たに借りたお金である公債金(35兆円6230億円)の額の方が多いので，エが正しい。

やや難　問5　ジェンダー平等とは，性別にかかわらず，平等に責任や権利や機会を分かちあうことである。看護師は男女の割合は女性の方が多いため，女性が免許を取りやすくすることはジェンダー平等を実現するための取り組みとしては適当とはいえず，エがまちがっていると考えられる。アについて，国会や地方議会においては，女性の議員の割合が低いことから，女性の議員を増やす取り組みは，ジェンダー平等を実現するための取り組みとして適当と考えられる。イについて，民間企業において，女性の社長・部長などの役職者の割合が低いことから，女性の社長・部長などの役職者を増やす取り組みは，ジェンダー平等を実現するための取り組みとして適当と考えられる。ウについて，家事・育児を妻だけに任せることはジェンダー平等の観点からは適当ではなく，家事・育児に夫も積極的に参加することは，ジェンダー平等を実現するための取り組みとして適当と考えられる。

問6　集団的自衛権とは，自国と密接な関係にある外国に対する武力攻撃について，自国が直接攻撃されていない場合でも，実力をもって自国と密接な関係にある外国と共同でして阻止する権利のことである。イラストのうち，イは自国と密接な関係にある外国(イラストでは友だち)のB国がA国から攻撃されたので，日本がB国に協力してA国の行動を阻止しようとしているので，集団的自衛権の説明として適当と判断できる。アとエは日本がやられた場合や日本がやられそうになっている場合なので，集団的自衛権の説明としては適当でない。ウは国連が描かれていることなどから集団安全保障について描いているイラストである。

問7　①　道路の整備を担う中央省庁は，エの国土交通省である。　②　小学校の教育内容などを担当する中央省庁は，イの文部科学省である。　③　年金などについて担当する中央省庁は，アの厚生労働省である。

★ワンポイントアドバイス★

時事的な内容について，言葉の意味や出来事の背景についても理解しておこう。

<国語解答>

〔一〕　1　降(る)　2　展覧会　3　垂直　4　故障　5　担任　6　訪問
7　博士　8　秘密　9　宇宙　10　満潮

〔二〕　問一　A　オ　B　イ　C　ア　問二　(a)　エ　(b)　ウ　問三　エ
問四　X　仲のいい人　Y　一人になって一息つく　問五　ア　問六　(例)　いろいろな「普通」を見ることで，自分の世界を見つけることができるから。　問七　エ
問八　イ　問九　(例)　いろいろな「普通」があることを理解し，他者を尊重しつつも自分で決断して，好きなことややりたいことを大切にしていくこと。

〔三〕　問1　(a)　ウ　(b)　イ　問二　イ　問三　エ　問四　ウ　問五　X　いっしょにおこってくれる　Y　美術部の子たちの肩を持った　問六　ア　問七　オ
問八　(例)　当時の早緑は陸上部の練習についていけず，前向きな気持ちで取り組んでいなかったので，自分を否定された気分になったから。　問九　オ　問十　エ
問十一　(例)　自分のことをわかってくれないと決めつけるのではなく，相手をよく見て，勇気をもって正面から向き合うことが大切だということ。

○推定配点○

〔一〕　各2点×10
〔二〕　問一・問二　各2点×5　問六　5点　問九　8点　他　各3点×5(問四完答)
〔三〕　問一　各2点×2　問八　6点　問十一　8点　他　各3点×8(問五完答)
計100点

<国語解説>

〔一〕　(漢字の書き取り)

1　「降」の訓は「ふ－る・お－りる・お－ろす」。音は「コウ」。雨が降るという意味の熟語は「降雨」。「降参」「乗降」などの熟語がある。　2　「展覧会」は，ならべたりひろげたりして，大

勢の人に見せること。「展」を「点」と書く誤りが多いので気をつける。「覧」は形の似た「賢(ケン)」と区別する。「展」は「発展」「展開」,「覧」は「観覧」「回覧」などの熟語がある。　3 「垂直」は,水平面に直角である方向。「垂」は,縦棒と横棒のまじわりに注意する。訓は「たーれる・たーらす」。「直」の音は「チョク・ジキ」。訓は「ただーちに・なおーす・なおーる」。「直筆(ジキヒツ)」「率直」などの熟語がある。　4 「故」の訓は「ゆえ」。「故郷」「故意」などの熟語がある。「障」には「障害」「障壁」などの熟語がある。　5 「担任」は,学校の教員が学級や教科を受け持つこと。「担」には「担当」「負担」などの熟語がある。「任」の訓は「まかーせる・まかーす」。つくりは上の横棒が長く,下の横棒が短い。「任務」「辞任」などの熟語がある。　6 「訪問」は「訪門」とする誤りが多いので注意する。訪問は人をたずねるから「問う」と覚えておこう。「訪」の訓は「たずーねる・おとずーれる」。「来訪」「探訪」などの熟語がある。「問」の訓は「とーう・とーい・とん」。「問屋(とんや)」「問答」などの熟語がある。　7 「博士(ハカセ)」は熟字訓で通俗的な言い方。正式には「ハクシ」と読む。「博」は,右上の点を忘れないようにする。「博識」「博覧会」などの熟語がある。「士」には「紳士」「武士」などの熟語がある。　8 「秘密」は,他者に知らせないようにしていること。「秘」には「秘伝」「極秘」,「密」には「密室」「過密」などの熟語がある。　9 「宇」は,縦棒のはねを忘れないようにする。「宙」の下の部分は「由」。10 「満潮」は,潮が満ちて,海水面が一日のうちで最も高くなる状態。反対語は「干潮」。「満」の訓は「みーちる・みーたす」。「未満」「満面」などの熟語がある。「潮」の訓は「しお」。「風潮」「潮流」などの熟語がある。

〔二〕 (論説文－要旨・大意の読み取り,文章の細部の読み取り,指示語の問題,接続語の問題,空欄補充の問題,ことばの意味,記述力・表現力)

基本 問一　A　直前の段落は,一人の食事が平気な人についての説明。Aのあとは,誰かと一緒の食事がいいという人についての説明。「一方で」は,関連性のある二つのことがらを比べて挙げるときに「もう一つの側では,別の方面では」ということを示すときに使う言葉。逆接の「でも」があてはまりそうだが,Cには「一方で」はあてはまらないので,ここには「一方で」を使う。

B 「自分と考え方の違う人の尊厳を否定してはいけません」という内容を説明するために,Bのあとで具体例を挙げている。例示の「例えば」があてはまる。　C　直前では「気の合う友だちはなかなか見つからない」と述べ,あとでは「評価する人に出会える可能性があります」と述べている。前後が反対の内容なので,逆接の「でも」があてはまる。「一方で」は,ことがらを比べる場合に使うのであてはまらない。

やや難 問二　(a)「切実な」の言い切りは「切実だ」。身にしみて深く感じる様子。　(b)「普遍的」は,広い範囲のいたるところの物事にあてはまる様子。

問三　直前の文の「それ」が指すのは,「みんなに『友だちがいない人』だと思われてしまう」ことである。「そういう気持ち」とは,一人ぼっちだと思われるのが嫌で,誰かと一緒にいようとする気持ちである。

問四　X　どういう人でも「ずっと一緒にいると疲れてしまう」と,筆者は述べているのかと考える。すると,「誰かと一緒にいるときには,それがどんなに仲のいい人でも,多少は気をつかうものです」という文が見つかる。「気をつかう」というのは疲れることである。　Y　疲れてしまうから,どういう時間が必要なのかと考える。傍線部の直後に「ストレスをためこまないよう,自分が「ひとりでいたい時間」はどのくらいなのか」とある。「ひとりでいたい時間」とは,ストレスを解消する時間である。それを,筆者は「一人になって一息つく」と表現している。

問五　筆者が「普通」についてどのように説明しているかを読み取る。直後の段落では「誰にでも通じる普遍的な真実ではない」とあり,直前の段落には「誰かにとって都合のいい環境をつくるために使われることもあるもの」とある。「普遍的」に注目すると，「普遍的な考え方，倫理的な価値観のように思えることは，時代や環境によって変わることも多いものです。簡単に移ろう『普通』」とある。これらの説明に合うのは，ア。

重要 問六　直前の段落で筆者は，「世の中にはいろいろな『普通』がある」と述べている。そして，「隣の『普通』を見て」みることで「あなたにフィットする世界があるかもしれません」と述べている。この内容をまとめると，解答例のようになる。「どうして」と理由を問うているので，文末は「～から。」とする。

問七 「過渡期」は，ある状態から新しい状態に移り変わる途中の時期。同じ段落の最後に「自分には苦手なこともあって，ほかの人と同じようにはできないこともあるのだとわかってきます」とある。さらに次の段落の初めには「まわりを見て，いろいろなタイプの人がいることを理解しながら，自分らしさにも気づいていくんですね」とある。これらを説明しているのは，エ。

問八　空欄のある文の初めに「それに対して」とあるのに注目する。「それ」は，直前の段落で述べている「誰かの言う通りにして生きていると……ひどく後悔するもの」を指している。それと反対の生き方であるから，「自分の好きなもの，やりたいことを大事にして，自身で何をするか決めて行動する」と，後悔が少なくなるというのである。

重要 問九　問六でとらえたように，筆者は「世の中にはいろいろな『普通』がある」ことを強調している。そして，普通という価値観は捨てて，自分らしさを大切にしようと述べている。さらに，「自分の『自分らしさ』を大事にするためには，ほかの人(＝他者)の『自分らしさ』も尊重しなければいけません」と述べている。そして，問八でとらえたように「自分の好きなもの，やりたいことを大事にして，自身で何をするか決めて行動する」ことが大切だというのである。

〔三〕 (小説－主題・表題の読み取り，心情・情景の読み取り，文章の細部の読み取り，空欄補充の問題，ことばの意味，記述力・表現力)

基本 問一　(a)「なれなれしい」は，失礼だと感じられるほどえんりょがない様子。　(b)「うとむ」は，きらって遠ざけるの意味。「うとまれる」は，いやがられているということ。

問二 「苦笑」は，心の中ではいやな気持ちを感じながら，それをかくすために，むりに笑うこと。「絵がうまくなるために美術部でがんばりたい」という六花の返事を聞いて星野くんは苦笑し，「それじゃあ，あの部じゃ浮くよな」と言ったのは，熱心とはいえない美術部の雰囲気を思い浮かべ，六花の状態を思い，いやな気持ちになったのをかくすためである。

問三 「シロクマ効果」について，星野くんは「考えることから，人間は逃げられないって話」と説明している。「シロクマ」とは，気になって逃げられないもの・ことをたとえた表現である。六花は，自分のシロクマの絵をほめてくれた友人の言葉でもっと絵がうまくなりたいと思ったと言っている。しかし，一方でそのような六花の思いは美術部では受け入れられないのである。「白岡六花にとってのシロクマ」とは，友人に関して心にひっかかかっていることで，具体的には美術部のことについて相談をしたことで，自分を理解してくれていると思っていた早緑との関係がぎくしゃくしていることを指す。

問四　問三と関連させて考える。星野くんの「白岡六花にとってのシロクマはなんだ？」という問いかけによって早緑のことを考え，さらに「大事な人なんだろ？」と重ねて問いかけられて，「早緑のことを改めて大切な友人だと感じて」いるのである。早緑のことを考えて意識がそちらに向かったので，鉛筆を持つ手が止まったのである。

問五　ショックだったのは，早緑の言い方が自分が期待していたものと違ったからである。六花は早緑について，自分の部活の話を聞いたなら「あの子なら，いっしょにおこってくれると，そう思った」(X)のである。しかし，実際は「早緑は美術部の子たちの肩を持った」(Y)のである。

問六　早緑の「ずっと言いたかったことがあって」という言葉に，六花は「私はこわがっているらしい」と感じ,「立ち去ってしまおうか」と思っている。しかし，星野くんの「なかなおりのチャンスが来たら，逃すんじゃないぞ」という言葉がよみがえってきて，「……なに？」と早緑の言葉を聞こうとしている。不安を感じながらも，勇気を出して早緑に向き合おうとしている。

やや難　問七　Aの泣く様子に合うものは，ア・ウ・オである。Bは，すまない気持ちで相手を見る様子であるから，こわがり，ためらいながら物事をする様子を表す「おずおず」しかあてはまらない。したがって，オ。

重要　問八　六花の言葉は「まじめにやらないなら，やめたらいいのに」というものである。この言葉を，陸上部の練習についていけずに泣いていた当時の早緑は「自分のことを否定されているような，気持ちがして」と感じたのである。それは，早緑には当時の六花が「一生懸命，絵を描いて，努力を楽しむことができる」と見えていたからであり，まぶしく見える六花に自分の状態を言えなかったからである。そして，陸上部の練習に前向きな気持ちで取り組めていない自分を責められていると感じてしまったのである。

問九　直後に，このときの六花が思ったことが描かれている。「わかろうとしなかったのは，私のほうだった。自分のことでいっぱいいっぱいで，早緑の気持ち，考えたこともなかった」「私，早緑のこと，きずつけてたんだ」とある。この思いを説明しているのは，オ。

問十　直前に「だから」とあるから，傍線部のように早緑が考えた理由は，前の部分に描かれている。「自分は，六花に誇れるような自分じゃなかった」「次に六花と話すときは，胸を張れるような自分でいたかった」「走ることに打ち込む自分のことが，好きになっていた」とある。このような早緑の様子を説明しているのは，エ。

重要　問十一　問五でとらえたように，早緑にわかってもらえなかったというショックから六花は「おたがいにわかりあえないんだってことが，わかってしまった」ととらえている。しかし，問六でとらえたように，星野くんの「なかなおりのチャンスが来たら，逃すんじゃないぞ」という言葉によって，勇気を出して早緑に向き合おうとしている。そして，早緑とわかりあえたのである。最後の場面で，早緑とわかりあえたことを絵を描くことになぞらえて「絵を描くのに大事なのは，よく見ること。きっと，だれかといっしょにいる未来を描くために大事なことだって，おなじ」と六花は気づいている。「六花はどのようなことに気づきましたか」という問い方に合う形で解答をまとめる。

★ワンポイントアドバイス★

論説文は，話題をとらえ，話題についての筆者の考え方をとらえよう。具体例やキーワードに注目して，どう説明しているか，なぜそう考えるかをつかむことが大切。小説は，会話文などから場面に描かれていることをとらえて，心情や思い，考えの違いを読み取る。たとえの意味にも注意しよう。

2023年度

★★★★★★★★★★★★★★★★★★★★★★★★

入　試　問　題

2023年度

日本大学第三中学校入試問題

【算　数】（50分）　　＜満点：100点＞

【注意】 (1) 定規，コンパスの使用を認めます。

(2) 円周率は3.14とします。

1. 次の各問いに答えなさい。

(1) 12×３－(20÷２) を計算しなさい。

(2) $6.75-3.5\times\left(\frac{4}{5}\times1.25+\frac{5}{7}\right)-\frac{2}{3}$ を計算しなさい。

(3) $\left\{\left(\frac{1}{3}+\frac{1}{4}\right)\times\frac{6}{5}\right\}\div\left\{\frac{9}{7}\div\left(\frac{9}{7}\times\frac{9}{7}\right)-\frac{2}{9}\right\}-0.26$ を計算しなさい。

(4) ある容器の$\frac{2}{5}$だけジュースが入っています。このジュースの$\frac{2}{3}$を飲むと640mL残りました。この容器の容積は何Ｌですか。

2. 次の各問いに答えなさい。

(1) 右の図は円と三角形を重ねたものです。㋐と㋑の角度を求めなさい。ただし，●印は円の中心を表すものとします。

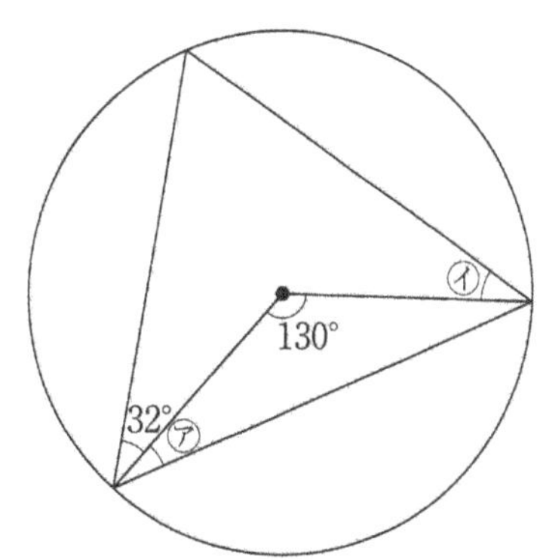

(2) プリン，ゼリー，ヨーグルト，アイスクリームの中から２種類を選ぶとき，選び方は全部で何通りありますか。

(3) 算数のテストでＡさん，Ｂさん，Ｃさん，Ｄさんの４人の点数は下の表のようになりました。Ｅさんの点数が４人の平均点よりも２点高かったとき，５人の平均点は何点ですか。

Ａさん	Ｂさん	Ｃさん	Ｄさん
58	74	63	65

（単位　点）

(4) 下のように，数がある規則に従って並んでいます。先頭から数えて86番目までに３は全部で何個ありますか。

１，１，２，１，２，３，１，２，３，４，１，２，３，４，５，１，…

(5) 折り紙を子どもたちに配ります。１人に10枚ずつ配ると48枚余り，１人に13枚ずつ配っても12

枚余りました。折り紙は全部で何枚ありますか。

(6) 右の図のように，半径４cmの半円に辺ACと辺BCの長さが等しい二等辺三角形がぴったりと重なっています。斜線部分の面積の合計は何cm²ですか。

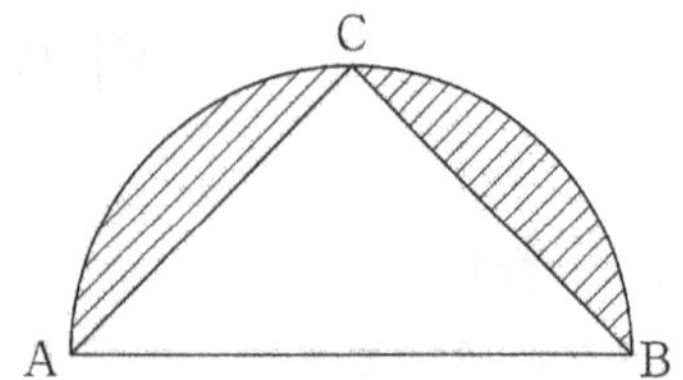

(7) ある中学校の剣道部で，１年生は全体の40％で，そのうち男子の人数と女子の人数の比は５：１です。１年生の女子が３人であるとき，剣道部全体の人数は何人ですか。

(8) 全長２kmの一本道の端から端まで赤と青の旗を25m間隔で色が交互になるように立てました。端から200mの地点に赤の旗を立てたとき，赤の旗は全部で何本立てましたか。

(9) ７％の食塩水200ｇと４％の食塩水を混ぜ合わせて，水をすべて蒸発させると23ｇの食塩が残りました。４％の食塩水は何ｇでしたか。

(10) あるお花屋さんで原価250円の花を12本仕入れ，１本あたり300円の定価をつけて売ります。プレゼント用に花束を作ると，１本あたりの値段が定価より20％上がります。12本で花束を作って売れたとき，仕入れ値に対する利益はいくらでしたか。

3. ある段ボールで１辺２ｍの正方形を１つ切り取り，重さを量ったところ640ｇでした。この段ボールの重さを x ｇ，面積を y m²として，次の問いに答えなさい。

(1) x と y の関係を式で表しなさい。

(2) 同じ段ボールで星形を１つ切り取り，重さを量ったところ400ｇでした。切り取った星形の面積は何m²ですか。

4. 明さんと正さんは９時にそれぞれの家を出発し，公園に向かいました。明さんは自転車に乗り分速200mで公園に向かいました。正さんは家から公園まで分速80mで歩き，忘れ物に気が付いたので，同じ速さで歩いて家に向かいました。正さんは家に到着してから３分後に自転車に乗って家を出発し，分速240mで公園に向かいました。正さんは，明さんが公園に到着してから５分後の９時17分に公園に到着しました。下のグラフは道のりと時刻の関係を表したものです。このとき，次のページの問いに答えなさい。

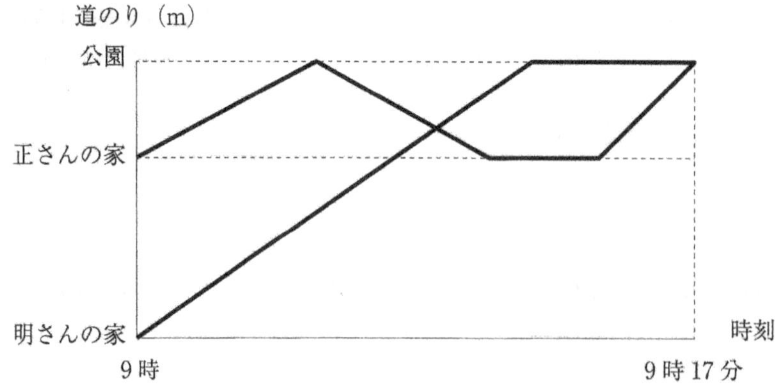

(1) 明さんの家から公園までの道のりは何mですか。

(2) 正さんの家から公園までの道のりは何mですか。

5. ある中学校の体育大会で赤組，白組，青組が競走を全部で20回行いました。１回の競走につき，各組から１人ずつ計３人が走り，１位が７点，２位が５点，３位が３点を得られるものとします。太郎さんと花子さんは下の表のように，それぞれの順位になった回数と，すべての競走の合計点をまとめていましたが，お茶をこぼしてしまい，一部が汚(よご)れて見えなくなってしまいました。

	1位	2位	3位	合計点
赤組		5回		
白組		5回		94点
青組			6回	

この表について，太郎さんと花子さんが会話をしています。

太郎さん：どうしよう。表が完成できないと先生に注意されちゃうよー。

花子さん：大丈夫だよ。順番に考えてみよう。まず，青組の２位と１位の回数がわかるから，青組の合計点が [ア] 点であることがわかるね。

太郎さん：でも，これだけでは他のところがわからないよ。

花子さん：そんなことないよ。１回の競走につき，全組合わせて $7+5+3=15$（点）が加わるから，20回競走をするときの３組の合計点の合計がわかるよ。

太郎さん：なるほど！そうすると，赤組の合計点は [イ] 点だね！

花子さん：あとは，赤組と白組の１位，３位の回数の合計と，各組の合計点から計算すれば表のすべてが埋(う)まるね！

太郎さん：そうか！赤組の１位は [ウ] 回，白組の３位は [エ] 回だね！

花子さん：うん！この回数以外はなさそうだね。これで先生に注意されないね。

太郎さん：よかったー。

このとき，次の問いに答えなさい。

(1) [ア] に当てはまる数を答えなさい。

(2) [イ] に当てはまる数を答えなさい。

(3) [ウ]，[エ] に当てはまる数を答えなさい。

【理　科】（社会と合わせて60分）　　＜満点：50点＞

1　次のようにスケジュールを立てて伊豆大島で観察をおこないました。あとの問いに答えなさい。

7：00　東京港集合→乗船手続き

8：00　出航→高速フェリーで伊豆大島へ

9：45　岡田港（伊豆大島）に着く→ガイドさんから1観察や記録のまとめ方の指導を受ける→車で移動

10：00　三原山入口に着く→2トイレ休憩→火口へ向けて歩きつつ，3登山道周辺の植物を観察

12：00　火口付近に着く→昼食→トイレ休憩→三原山入口まで戻る

14：00　三原山入口に着く→トイレ休憩→車で移動

14：45　波治加麻神社に着く→4神社周辺の植物を観察→車で移動

15：00　泉津の切通しに着く→観察後，車で移動

15：45　宿に着く

(1)　下線部1について，観察や記録のまとめ方として**まちがっているもの**を，1つ記号で選びなさい。

ア．目を痛めるので，絶対に虫めがねで太陽を見てはいけない。

イ．虫めがねを使うときは，目の近くで支え，見たいものを動かしてはっきり大きく見えるところで止める。

ウ．草丈などは「高かった」という書き方より，実際の大きさを測って記録するほうが望ましい。

エ．「見つけたこと」として記録するときは，形や色や大きさなど見てわかることは書くべきだが，手ざわりやにおいなど，見てわからないことは書くべきではない。

(2)　下線部2について，次の各問いに答えなさい。

(i)　トイレの入り口でミヤマクワガタ（オス）を発見しました。この説明として正しいものを，2つ記号で選びなさい。

ア．幼虫から成虫になる間に，さなぎの時期がある。

イ．目や口以外に触角をもっている。

ウ．ダンゴムシと同じく昆虫の仲間である。

エ．成虫になったあと，脱皮して大きくなる。

オ．クモと同じように，成虫の体は大きく「頭と胸の部分」・「腹の部分」の2つからできている。

カ．頭にあるはさみのような部分で，他の昆虫をとらえて食べる。

(ii)　トイレで排出される「尿」と「便」について正しい説明を2つ記号で選びなさい。

ア．口から入った食べ物は，食道→胃→肝臓→小腸→大腸の順に送られ，体に取り入れられなかったものが便として肛門から出ていく。

イ．便は体に一度も取り入れられなかった食べ物からつくられるが，尿は一度は体に取り入れられた食べ物や水からつくられる。

ウ．血液中の不要なものをもとに尿をつくる臓器は腎臓であり，呼吸で生じた二酸化炭素も尿中に多く溶け，炭酸として排出される。

エ．ヒトの便がつくられるとき，そのもとになる食べ物は胃を通るが，フナの場合，そもそもフナには胃がないので，胃は通らない。

オ．便はつくられた後，何日も排出しないと，ぼうこうでも一時的にためられるようになる。

(3) 下線部 3 について，次の表は三原山入口から火口付近への登山道周辺のようすをまとめたものです。表の内容から，適当であると考えられるものを，あとのア～カから 4 つ記号で選びなさい。

<table>
<tr><td></td><td colspan="2">三原山入口</td><td colspan="3">登山道</td><td>火口付近</td></tr>
<tr><td>火口からの距離</td><td colspan="2">遠い</td><td colspan="3">中間</td><td>近い</td></tr>
<tr><td>地面への光の当たりやすさ
スケッチ
土の有無と厚さ</td><td colspan="2">光はあまり当たらない
厚さ数cmの土がある</td><td colspan="3">光はよく当たる
厚さ数mmの非常に薄い土と溶岩のかけらがある</td><td>光は非常によく当たる
土はない（溶岩のかけらのみ）</td></tr>
<tr><td>主な植物</td><td colspan="2">イヌツゲ・イヌマキ・アオキ</td><td colspan="3">ススキ・イタドリ・ヤシャブシ</td><td>コケや地衣類</td></tr>
<tr><td rowspan="3">特徴的な種子や果実のスケッチ</td><td colspan="2">イヌツゲ</td><td>ススキ</td><td>イタドリ</td><td>ヤシャブシ</td><td rowspan="3">種子はないが，養分をほとんど含まない胞子をたくさんつくる。</td></tr>
<tr><td>種子</td><td>果実</td><td>種子</td><td>種子</td><td>種子</td></tr>
<tr><td></td><td></td><td></td><td></td><td></td></tr>
</table>

ア．土がない場所では，イタドリは育つことができるが，イヌツゲは育つことができない。

イ．地面に光があまり当たらない場所では，ヤシャブシよりアオキの方がよく育つ。

ウ．森ができていくとき，次第(しだい)に地面に光が当たらなくなるので，よく当たる環境を好むススキは弱い光でも育つことができるアオキに負けてしまい，育つことができなくなる。

エ．光が非常によく当たる環境でも土がない場所では，種子で子孫を残す植物が育つことは難しい。

オ．種子の形から考えて，土の厚い場所ほど，風や動物の毛につくことで運ばれる種子が多くなる。

カ．土が非常に薄い場所で育つ植物は，より育つのに適した，土のある他の場所に子孫を送ることに向いた形の種子をつくっている。

(4) 下線部 4 について，この森では地面に届く光がわずかであるにも関わらず，高さ何mにもなるスダジイが育っていました。図はスダジイと，その下の地面に見られたスダジイの種子をスケッチしたものです。次の文章がスダジイおよびこの森について正しい説明になるように①～⑤に適するものをそれぞれ 1 つ記号で選びなさい。

スダジイは多くの葉をつける高木であり，古くなった葉は枯れてたくさん地面に落ちます。このことからこれを食べる【①ア．リス　イ．カマキリ　ウ．ショウリョウバッタ　エ．ダンゴムシ】なども多く生きていると考えられます。また，この**種子の形から**スダジイは主として【②オ．この場所　カ．他の場所】で子孫を残そうとしていると考えられ，このことからスダジイの種子や幼い木は弱い光【③キ．では育つことができない　ク．でも育つことができる】と考えることができます。そしてこの種子にはでんぷんが多く含まれるため，【①ケ．リス　コ．カマキリ　サ．ショウリョウバッタ　シ．ダンゴムシ】が好

んで食べます。葉だけでなく，栄養豊富な種子をつけることから，この森の食物連鎖は火口付近より【⑤ス．単純　セ．複雑】であると考えられます。噴火などで植物が焼かれてなくなってしまった状態から，だんだんと植物が増え自然豊かな森ができるまでには，長い年月がかかります。火口から三原山入口への下山ルートをたどることで，生えている植物や土のつくられ具合の違いから，次第に森ができていく様子をたった１日だけの観察で知ることができるのです。

2　次の問いに答えなさい。

Ⅰ　図１のように，少量の水を入れた集気びんに，はりがねでつるしたわりばしを入れ，火をつけたあと，ガラスのふたをしました。

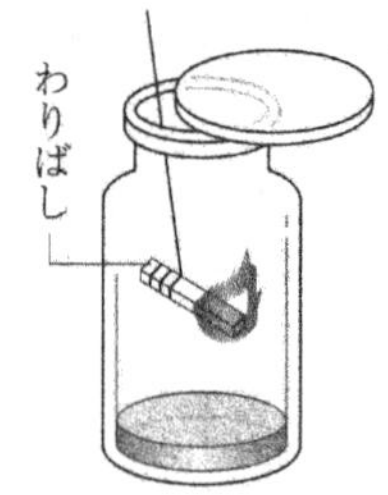

図１

⑴　ふたをしたあとの炎のようすとしてもっとも適するものを，１つ記号で選びなさい。

ア．ふたをしたと同時に消える。

イ．わりばしが燃え終わるまで，炎の大きさは変わらない。

ウ．だんだん炎の勢いが強くなり，水が気体になる。

エ．だんだん炎の勢いが弱くなり，消える。

⑵　わりばしを燃やしたとき気体Xが発生しました。実験後，ふたをしたまましばらく置き，集気びんの中の少量の水に気体Xを溶かし込みました。このときできた水溶液を，１つ記号で選びなさい。

ア．塩酸　　イ．炭酸水　　ウ．ホウ酸水　　エ．水酸化ナトリウム水溶液　　オ．食塩水

⑶　空気にはさまざまな気体がふくまれており，その割合は図２のようになっています。気体Xとして適するものを，１つ記号で選びなさい。

ア．気体Aである。

イ．気体Bである。

ウ．その他Cにふくまれる。

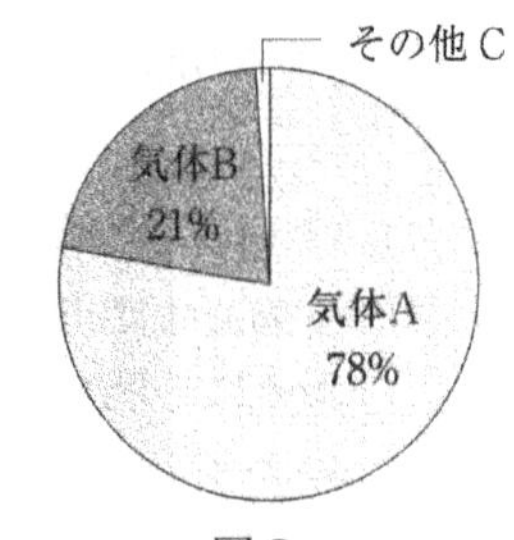

図２

Ⅱ　缶（かん）の中に洗って乾（かわ）かした使用済みのわりばしを入れ，火をつけて燃えるようすを観察しました。

⑷　火力を強めるために『缶に穴をあける』などの工夫をするとき，もっとも火力が強まるものを１つ記号で選びなさい。

ア．缶の上部に穴をあけ，すきまがないようにわりばしをつめる。

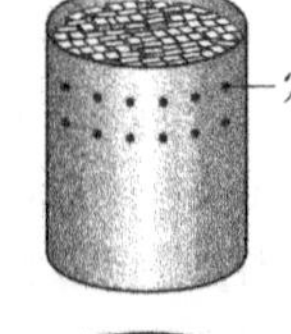

イ．缶の上部に穴をあけ，わりばしの間にすきまをあける。

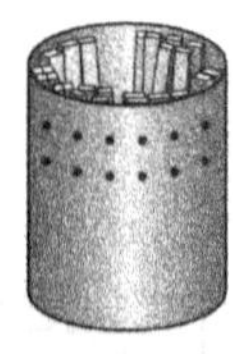

ウ．缶の下部に穴をあけ，すきまがないようにわりばしをつめる。

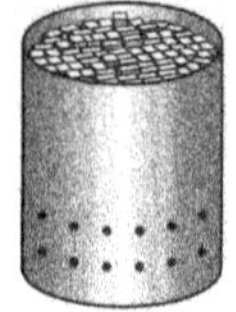

エ．缶の下部に穴をあけ，わりばしの間にすきまをあける。

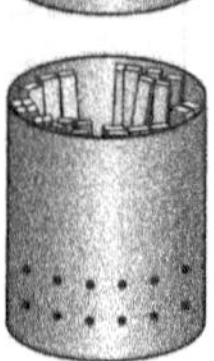

(5) (4)であけた穴から入った空気が缶から出てきたとき，量が減った気体があります。その気体として適するものを，(3)のア～ウから１つ記号で選びなさい。またその気体の名称を漢字で答えなさい。

(6) 図３のような装置をもちいて，うすい塩酸を固体に加えました。次の固体のうち気体Ｘが**発生しないもの**を１つ記号で選びなさい。

ア．サザエやカキの貝がら

イ．死んで白化したサンゴのかけら

ウ．アルミニウムはく

エ．石灰石

オ．重曹（じゅうそう）

図３

Ⅲ 大気中に存在する気体Ｘの割合が，年々増加しています。これは海洋の環境にも大きな影響（えいきょう）をおよぼしています。次の文は，気体Ｘの割合が増加すると海洋の生物にどう影響するかを述べたものです。

> 海水は（　あ　）性を示し，（あ）性が強まると，赤いリトマス紙を青色に変えます。気体Ｘは水に溶けて（　い　）性を示します。大気中の気体Ｘが多くなると，海水に溶け込む気体Ｘの量も増え，海水の（あ）性がだんだん（　う　）くなって（い）性に近づいていき，サザエやカキ，サンゴの生育に大きな影響をおよぼします。

(7) 気体Ｘの名称を，漢字で答えなさい。

(8) （あ）～（う）に入る語句をそれぞれ答えなさい。ただし（う）には，「強」もしくは「弱」のいずれかが入ります。

(9) 下線部について，気体Ｘの増加による影響として考えられるものを１つ記号で選びなさい。

ア．気温が上昇し，氷がとけて海水面が上昇するが，サザエやカキやサンゴの生息域に変化はない。

イ．気温が上昇し，海水が蒸発して海水面が低下するので，サザエやカキやサンゴが育たなくなる。

ウ．海水の性質の変化により，サザエやカキやサンゴの生息域が広がっていく。

エ．海水の性質の変化により，サザエやカキやサンゴが育ちにくくなる。

3 三太くんは，昨年の夏にハンディファンを買ってもらい，さまざまな場面で涼しく過ごすことができました。ハンディファンの内部のつくりに興味を持ったので，学校の授業で習ったことをもとに次のページのような実験をして，その構造を考えてみました。電流の流れる道すじのことを回路と呼び，使った器具はすべて同じものとします。

(1) 値を読み取るのにもっとも適した電流計①・②・③ａのマイナス端子をそれぞれ１つ記号で選びなさい。

ア．5A　　イ．500mA　　ウ．50mA

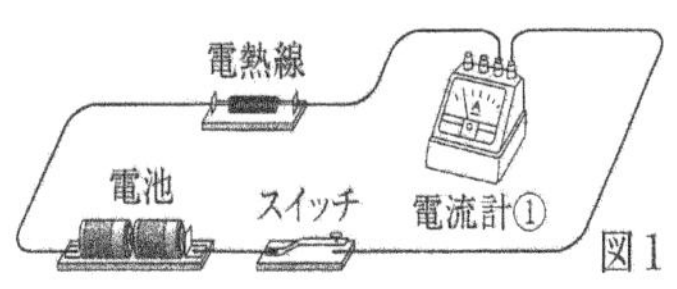

図１

実験	操作	結果
①	図1のような**基本**回路をつくり，スイッチを入れて電流計①の値を読み取った。	300 mA
②	図2のような**直列**回路をつくり，スイッチを入れて電流計②の値を読み取った。	150 mA
③	図3のような**並列**回路をつくり，スイッチを入れて電流計③の値をそれぞれ読み取った。	a 600 mA b 300 mA c 300 mA

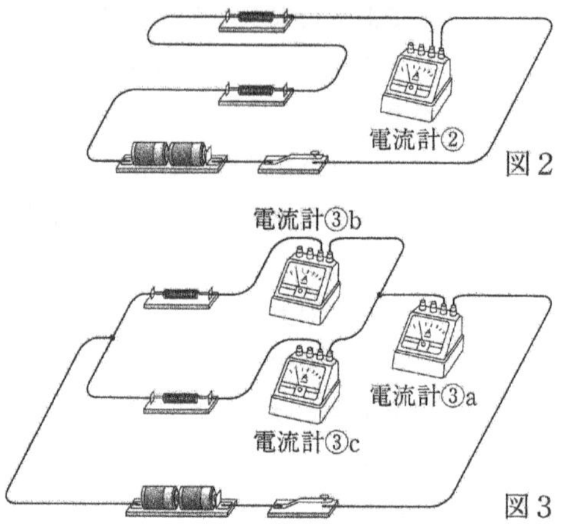

図2
図3

(2) 実験①～③の結果をまとめました。A～Cに適するものを，それぞれ1つ記号で選びなさい。

> 電熱線には，電流を流すと熱を発するはたらきのほかに，回路に流れる電流を調節するはたらきもあることがわかった。
> 実験①～③を比較してみると，もっとも電流が流れやすいのは【A　ア．基本　　イ．直列　　ウ．並列】回路であり，もっとも電流が流れにくいのは【B　エ．基本　　オ．直列　　カ．並列】回路といえる。ただし，並列回路については電流が分かれずに流れているところ（電流計③a）を測定しないと，【C　キ．基本　　ク．直列】回路と同じ流れやすさに見えてしまう。
> このはたらきを利用して，ハンディファンのつくりを説明できるかもしれない。

三太くんは，図4のような切りかえスイッチを見つけました。つまみを動かすことで，上側または下側と接続することができます。ハンディファンの回路に使えるかもしれないので，さっそく図5のような回路を考えて使ってみることにしました。

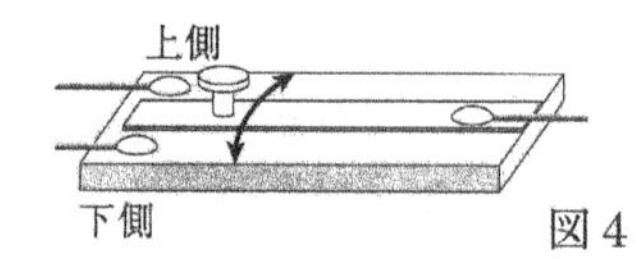

図4

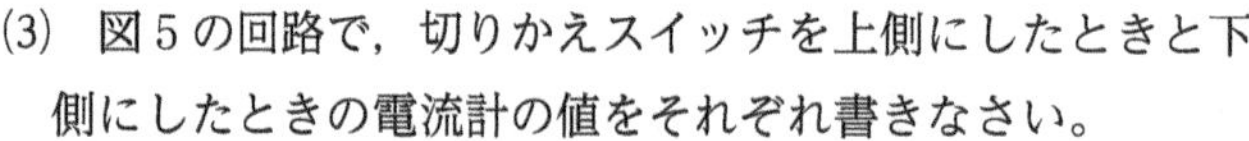

(3) 図5の回路で，切りかえスイッチを上側にしたときと下側にしたときの電流計の値をそれぞれ書きなさい。

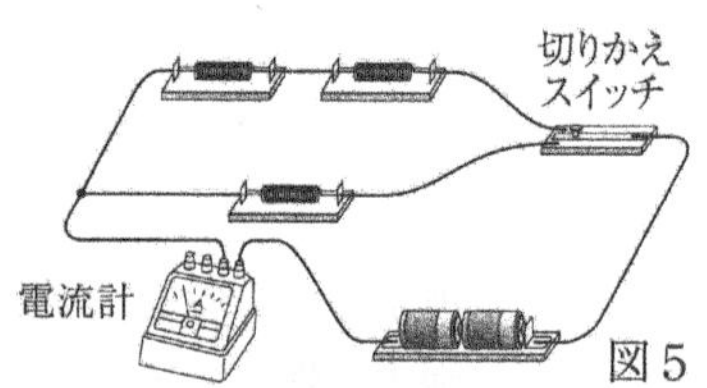

図5

三太くんのハンディファンは，図6のように2つのスイッチがついているものでした。電源スイッチを入れるとファンのついたモーターが回って風が出てきます。強弱スイッチを切りかえると風の強さが変わります。

三太くんは，実験①～③の結果をふまえて，プロペラ付きモーターと電池と電熱線，そしてスイッチ2つを使って同じように切りかえのできる回路を考え，簡単な図で表してみました。

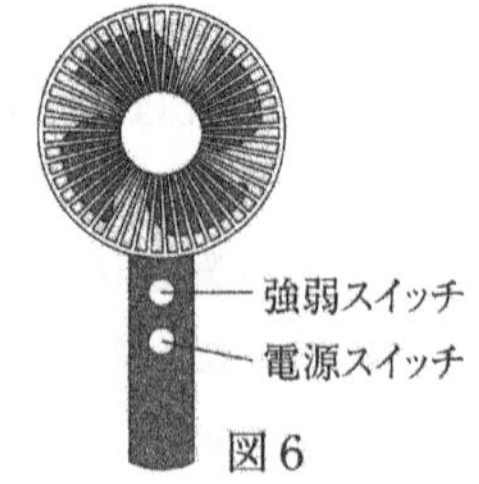

図6

(4) 次の条件を両方とも満たす回路を，次のページの図から2つ記号で選びなさい。
・電源スイッチを入れると，モーターに電流が流れて風が出る。
・強弱スイッチを切りかえると，風の強さが変化する。

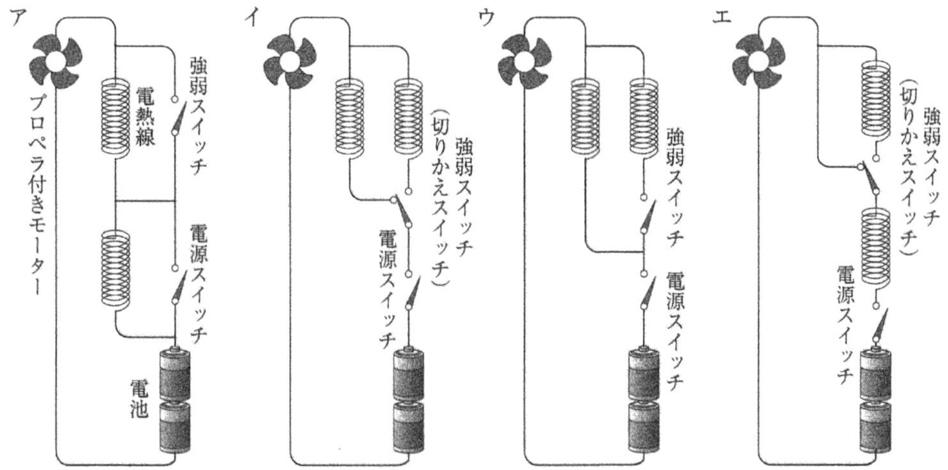

(5)　(4)で解答したもののうち，より強い風を出せる回路を(4)の図から記号で１つ選びなさい。

(6)　スイッチを２つ使う回路をおもしろく感じた三太くんは，次のⅠとⅡの回路を考えて，簡単な図で表してみました。適切な回路を，あとの図からそれぞれ１つ記号で選びなさい。

Ⅰ　２つのスイッチのどちらかを入れるとランプがつき，もう一方のスイッチでは止められない非常警報ランプ

Ⅱ　２つのスイッチのどちらでも，消えているときにはつけることができ，ついているときには消すことができる階段用ランプ

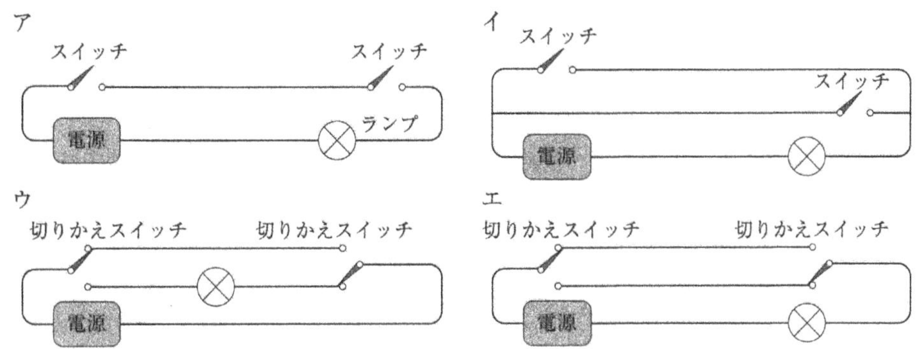

4　三太くんのレポートをもとに，あとの問いに答えなさい。

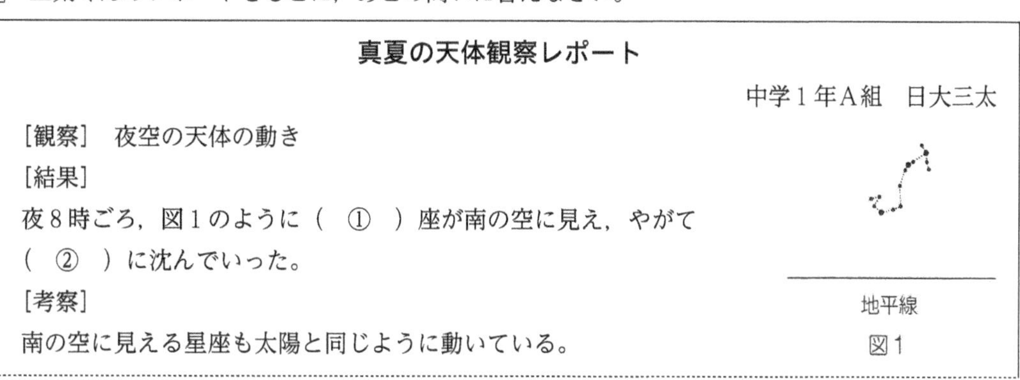

真夏の天体観察レポート

中学１年A組　日大三太

［観察］　夜空の天体の動き

［結果］

夜８時ごろ，図１のように（　①　）座が南の空に見え，やがて（　②　）に沈んでいった。

［考察］

南の空に見える星座も太陽と同じように動いている。

図１

太陽が動くようすも観察してみた！

［観察］　太陽の動き

準備するもの　透明半球（透明な半分のボール），サインペン，紙，方位磁針

方法　1．図２のように，紙の上に透明半球を設置する。（A～Dは東西南北のいずれかの方位を示している。）

2．１時間おきにサインペンのペン先の影が紙の中心Pに重なるよう透明半球に印をつける。

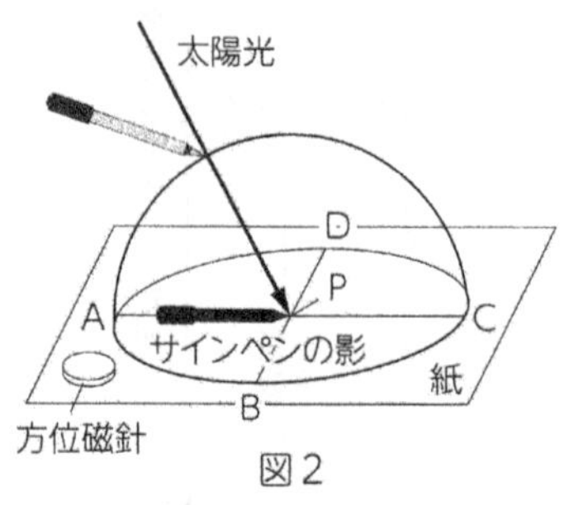

図２

［結果］

この日の天気は晴れ！　だったのに，うっかり寝坊してしまった…　そのため，午前９時～午後５時の１時間おきの結果を記録した。図３は透明半球の印をなめらかに結んだ線を，透明半球のふちまで伸ばしたもの。

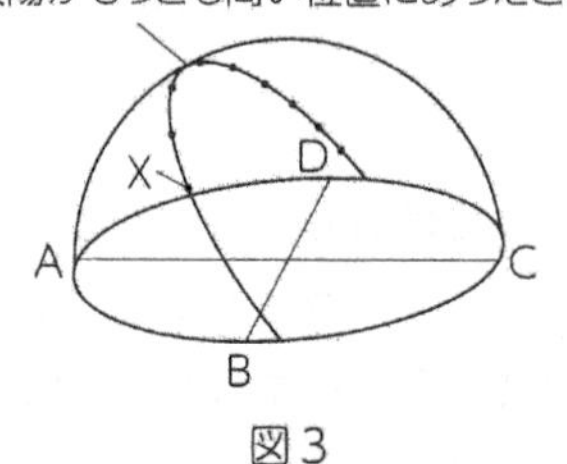

図３

［作業］

１時間おきに記録した透明半球上の印をひもに写し取り，印の間隔（かんかく）を調べた。

［結果］

図４のようになった。

8cm　2cm　2cm　2cm　2cm　2cm　2cm　2cm　2cm　2.5cm

日の出　X　日の入り

図４

［考察］

太陽が動く速さは（　③　）こと，太陽は（　④　）から昇り（　⑤　）へ沈むことがわかった。また，太陽がもっとも高い位置にあった時刻は，（　⑥　）ことがわかる。これは，観察した場所が兵庫県明石市より（　⑦　）にあるからだと考えられる。

寝坊をしたせいで，日の出の時刻を確かめることができなかった…ので，計算で求めてみよう！

(1)　（①）に適するものを答えなさい。また，（②）に適する方角を東・西・南・北のいずれかで答えなさい。

(2)　図１の星座が沈むときどのように見えますか。１つ記号で選びなさい。

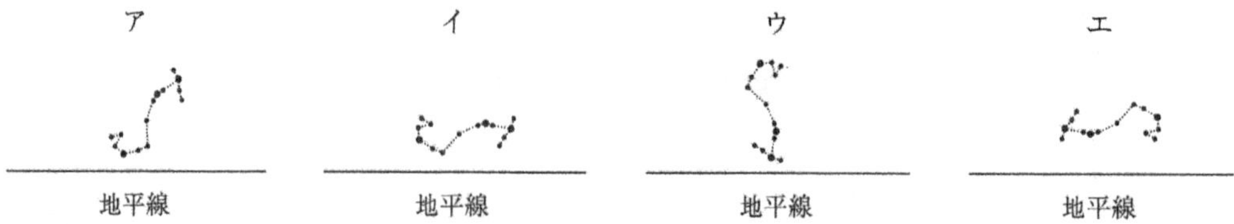

(3)　図２のA～Dのうち南はどれですか。

(4)　（③）～（⑥）に適するものをそれぞれ選択肢から１つ記号で選びなさい。また，（⑦）に適する方角を東・西・南・北のいずれかで答えなさい。

③の選択肢

ア．日の出と日の入り前後で速くなる　　イ．一定である　　ウ．日の出と日の入り前後で遅くなる

④・⑤の選択肢

エ．北寄りの東　　オ．北寄りの西　　カ．南寄りの東　　キ．南寄りの西

⑥の選択肢

ク．正午より早かった　　ケ．ちょうど正午だった　　コ．正午より遅かった

(5) 日の出の時刻は午前何時ごろだったと考えられますか。

(6) 三太くんは冬休みにも同じ方法で日の出から日の入りまでの太陽の動きを調べました。次の①～③に適するものをそれぞれ１つ記号で選びなさい。

［結果］

図５・６のようになった。

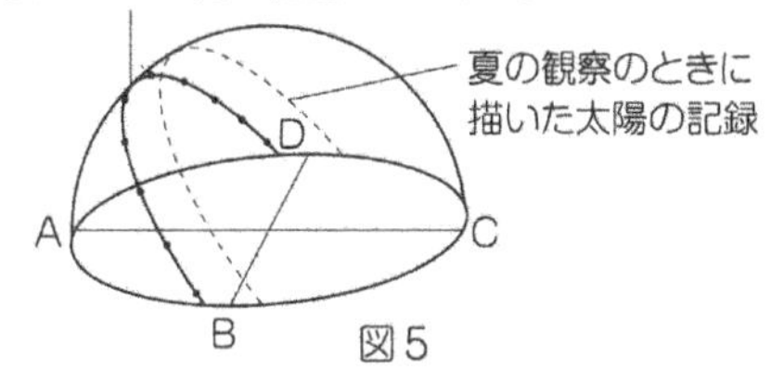

図5

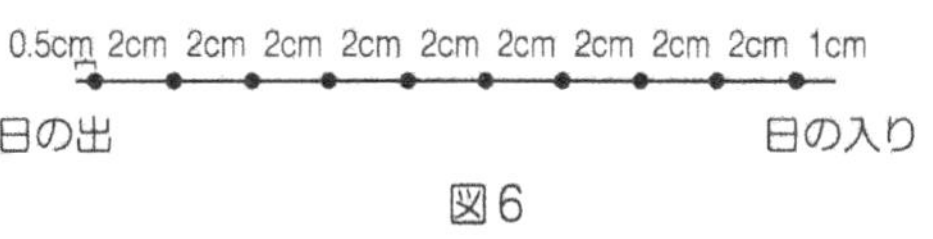

図6

［考察］

太陽が動く速さは【①ア．夏の方が速い　イ．冬の方が速い　ウ．夏と冬で同じ】ということがわかった。

また，日の出から日の入りまでのひもの長さは冬の方が【②エ．長い　オ．短い】ことから，太陽が出ている時間は冬の方が【③カ．長い　キ．短い】ことがわかった。

【社　会】（理科と合わせて60分）　＜満点：50点＞

1　次の文章を読み，地図を参考にして，あとの各問に答えなさい。

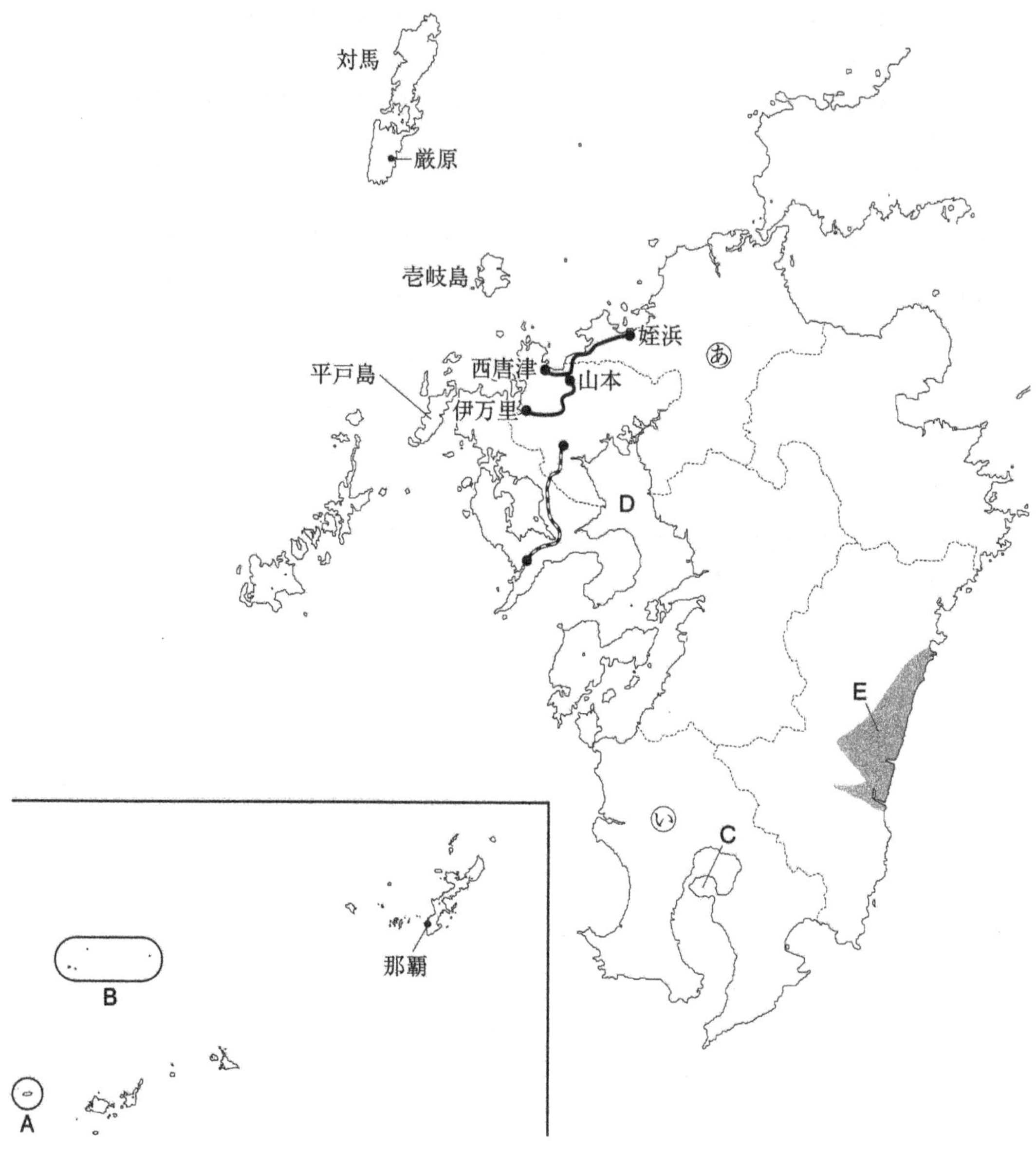

日大三高の修学旅行は中国・九州地方に出かけていたが，来年度より東北・北海道，沖縄，そしてシンガポールから自分の行先を選べるようになるという。また，令和４年は沖縄返還50周年の年ということもあって，前から行きたかった北九州の島めぐりと，沖縄旅行を合わせて計画してみた。

九州までは飛行機を使うつもりだ。羽田空港から福岡空港まではだいたい２時間といったところだろう。まず目指すのは壱岐と対馬だ。共に「国境の島」ともいわれ，歴史的にも重要な役割をはたしてきた。壱岐までは，博多ふ頭からフェリーで２時間20分。対馬までは壱岐からさらに２時間20分。このフェリーは壱岐を通って対馬までを結んでいるから便利だ。ちなみに博多湾の西には糸島市があり，ここは①聖徳太子の弟である来目皇子が，朝鮮へ出兵するためにやってきた場所だ。そんなことを思い出した。

壱岐には②弥生時代を代表する原の辻遺跡があって，前から行ってみたいと思っていた。この遺跡は中国の歴史書③『魏志倭人伝』にも登場する一大国の王都だったと考えられており，なんと④3重もの濠に囲まれた大集落だという。

対馬については，同じく『魏志倭人伝』に「海にかこまれて地形が険しく，深い木々におおわれている」と書かれている。韓国までたった50kmの距離にあるこの島は，古代から外国との玄関口であると同時に，国防の最前線であった。667年には金田城がつくられ，唐・新羅から国を守る基地となっていたし，時代をこえて1904年の⑤日露戦争の時には，東郷平八郎率いる連合艦隊がバルチック艦隊を撃破した日本海海戦の拠点ともなった。

対馬めぐりのスタート地点は南部の厳原港だ。厳原周辺には，⑥徳川家康の時代，⑦朝鮮との国交回復に活躍した宗氏の居城である金石城や，宗氏一族の墓がある万松院といった，定番の散策スポットがある。万松院の墓所は大変大きく，加賀藩の前田氏，萩藩の⑧毛利氏の墓所と並んで日本三大墓地のひとつとなっているそうだ。

さて，対馬から壱岐にもどって，フェリーで唐津東港へ向かう。最寄りの⑨西唐津駅からは，⑩1898年に操業を開始した唐津線に乗る。途中，山本駅で筑肥線に乗りかえるのだが，この筑肥線は，姪浜駅から唐津駅までと，山本駅から伊万里駅までの2区間に分断されており，唐津線がこの2区間をつなげているという，面白い路線である。伊万里駅から西九州線に乗ると，「たびら平戸口」という駅があって，そこから平戸島はすぐ目の前である。

平戸島は遣隋使や⑪遣唐使の寄港地として利用され，交通の要所であった。⑫鎌倉時代に平戸島と呼ばれるようになったようだが，室町時代には松浦党の拠点となり，⑬海ぞくも活発に活動した場所だ。松浦党とは平安時代から戦国時代に組織された⑭武士団であるが，彼らの祖先は，この地に領地をもらった嵯峨天皇の子孫であると，⑮平安時代の藤原氏の日記に書かれている。

平戸島はキリスト教徒のかかわりが深い場所だ。1549年，⑯キリスト教を伝えた宣教師フランシスコ＝ザビエルは，翌年に平戸島で布教をしている。鏡川町にある教会坂では，寺院と教会を同時に見ることができ，平戸島らしい風景だと評判である。そこから港の方をふり返ると海の向こうに平戸城が見えるという，ぜいたくな場所だ。

さて，沖縄へは福岡空港から⑰那覇空港へ飛ぼう。沖縄は本土4島（本州，北海道，九州，四国）と北方領土を除けば，日本の島の中で一番大きい島だ。令和4年は⑱沖縄返還50周年記念の年であり，さまざまなイベントが行われていた。

※本文の作成にあたり，以下の資料を引用・参考にしました。

古村靖徳『九州の島めぐり　58の空と海』海鳥社　2019年

問1　下線部①について，聖徳太子が活躍した時代の天皇と，政策の組み合わせとして正しいものを，次のア～エから1つ選び，記号で答えなさい。

ア　天智天皇－冠位十二階

イ　天智天皇－大化改新

ウ　推古天皇－冠位十二階

エ　推古天皇－大化改新

問２　下線部②について，弥生土器を次のア～ウから１つ選び，記号で答えなさい。

ア

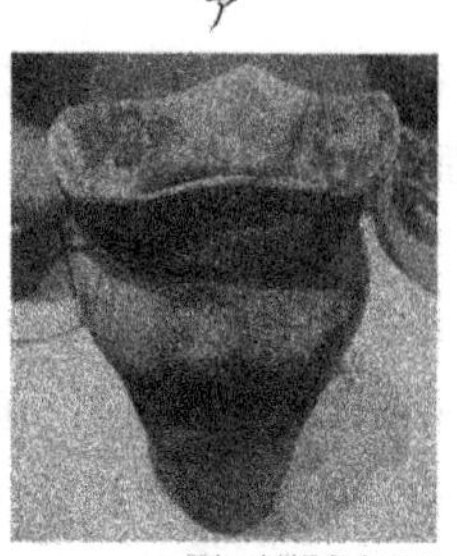

写真：吉川信之／アフロ

イ

写真：吉川信之／アフロ

ウ

写真：エムオーフォトス／アフロ

問３　下線部③について，『魏志倭人伝』には邪馬台国（やまたいこく）の様子が紹介（しょうかい）されている。『魏志倭人伝』に書かれている内容として**まちがっているもの**を，次のア～エから１つ選び，記号で答えなさい。

ア　女王の卑弥呼（ひみこ）は，まじないの力をもった人物だった。

イ　女王の卑弥呼は，中国の皇帝（こうてい）から漢委奴国王（かんのわのなのこくおう）の称号（しょうごう）をもらった。

ウ　宮殿には物見やぐらやさくがあり，兵士がまもっていた。

エ　女性は布の真ん中に穴をあけ，そこから頭を出す服を着ていた。

問４　下線部④について，弥生時代の集落はなぜ濠で囲まれているのか，その理由を簡単に説明しなさい。

問５　下線部⑤について，日露戦争よりあとのできごとを次のア～エから１つ選び，記号で答えなさい。

ア　日英同盟が結ばれる

イ　韓国併合（かんこくへいごう）がおこなわれる

ウ　三国干渉（さんごくかんしょう）がおこなわれる

エ　義和団事件が発生する

問６　下線部⑥について，江戸幕府の将軍と政策の組み合わせとして**まちがっているもの**を，次のア～エから１つ選び，記号で答えなさい。

ア　徳川家康－武家諸法度の制定

イ　徳川家光－参勤交代の制定

ウ　徳川綱吉（つなよし）－生類憐み（しょうるいあわれ）の令の発布

エ　徳川吉宗－享保（きょうほう）の改革の実施（じっし）

問７　下線部⑦について，江戸時代，将軍の代がわりごとに朝鮮からやってきた使節のことを**漢字５文字**で答えなさい。

問８　下線部⑧について，毛利氏といえば戦国大名として有名だが，戦国時代を説明した文として**まちがっているもの**を，次のア～エから１つ選び，記号で答えなさい。

ア　自分の国のみで通用する法律である分国法をつくって，領地の支配を固めた。

イ　立場の下の者が上の者を実力でたおす，下剋上（げこくじょう）の風潮があった。

ウ　戦国大名の多くは家来を自分の城の周りに住まわせたため，門前町が発達した。

エ　応仁の乱がきっかけとなって守護大名がおとろえ，戦国大名が現れた。

問９　下線部⑨について，西唐津駅があるのは何県か，12ページの地図中の路線図を参考にして漢字で答えなさい。

問10　下線部⑩について，この年に成立した大隈重信内閣は，政党内閣と言われるが，「本格的」な政党内閣の成立は，1918年の米騒動のあとのことだった。この時，内閣総理大臣になった，立憲政友会総裁の氏名を漢字で答えなさい。

問11　下線部⑪について，

(1)　日本からの招きによって，渡航に何度も失敗しながらも来日した僧侶で，寺院や僧の制度を整え，唐招提寺をひらいた人物の名前を漢字で答えなさい。

(2)　遣唐使が派遣されていたころの日本について説明した文として**まちがっているもの**を，次のア～エから１つ選び，記号で答えなさい。

ア　聖武天皇は国ごとに国分寺・国分尼寺を建立し，仏教の力で社会の不安をしずめようとした。

イ　墾田永年私財法が出されて，土地の私有が認められ，公地公民の原則がくずれた。

ウ　浄土教の教えに基づいて，藤原頼通が京都の宇治に平等院鳳凰堂を建立した。

エ　この時代に栄えた天平文化は，中国の影響を受けた国際色豊かな文化だった。

問12　下線部⑫について，次のア～エの鎌倉時代のできごとを，年代の古い順に並べた場合，３番目となるものを記号で答えなさい。

ア　承久の乱がおこる　　イ　御成敗式目の制定

ウ　永仁の徳政令を発布　　エ　弘安の役がおこる

問13　下線部⑬について，14世紀に北九州などを拠点にして，朝鮮半島や中国の沿岸部をあらした海ぞくのことを何というか，**漢字２文字**で答えなさい。

問14　下線部⑭について，

(1)　1156年，院政をめぐって上皇と天皇の対立が起こると，源氏と平氏は一族が上皇側と天皇側に分かれて戦うことになった。この戦いの名前を解答らんに合うように漢字で答えなさい。

(2)　平清盛は瀬戸内海のある神社を一族の守り神として敬った。この神社の鳥居は建立から140年が経ち，令和元年から大がかりな修理工事が始まった。この神社の名前を漢字で答えなさい。

問15　下線部⑮について，平安時代に発展した仏教の宗派とその宗派を始めた人物の組み合わせとして正しいものを，次のア～エから１つ選び，記号で答えなさい。

ア　浄土宗－法然　　イ　法華宗－空海　　ウ　天台宗－最澄　　エ　臨済宗－栄西

問16　下線部⑯について，日本のキリスト教に関するできごとについて説明した文として**まちがっているもの**を，次のア～エから１つ選び，記号で答えなさい。

ア　豊臣秀吉は長崎がイエズス会に寄付されていることを知って，バテレン追放令を出した。

イ　江戸幕府は禁教を進めていたが，天草四郎を中心に島原・天草一揆がおこったため，大軍を送ってこれをしずめた。

ウ　明治政府は五箇条の御誓文と同時に五榜の掲示を出し，キリスト教や一揆の禁止を命令した。

エ　織田信長は仏教を保護し，キリスト教を禁止したため，宣教師が教会や学校をつくることを許さなかった。

問17　下線部⑰について，那覇の雨温図として正しいものを，次のページのア～エから選び，記号で答えなさい。

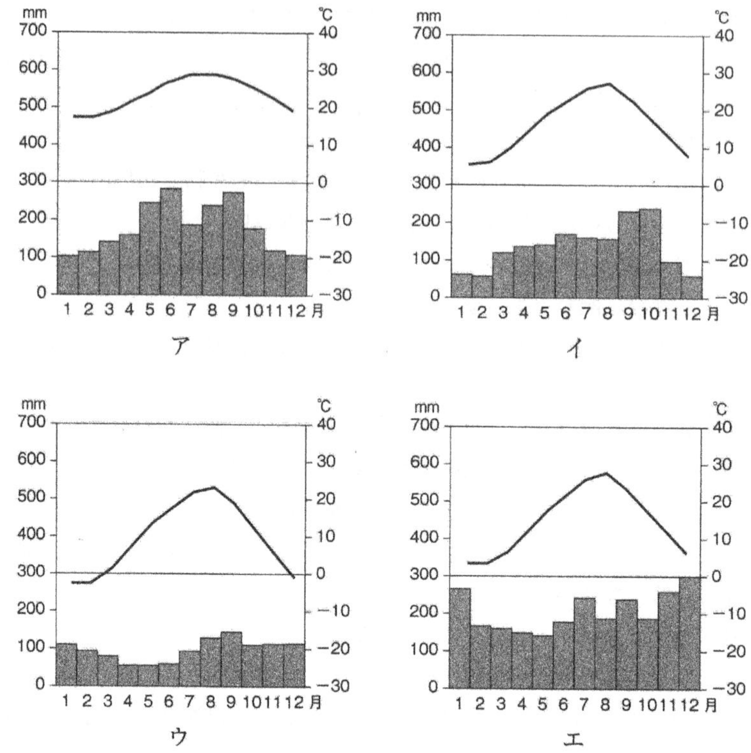

問18　下線部⑱について，

(1)　太平洋戦争末期，日本に原子爆弾（ばくだん）が落とされた。広島市に原子爆弾が落とされた日付を，解答らんに合うように答えなさい。

(2)　沖縄は1972年に日本に返還された。返還された当時の内閣総理大臣の氏名を漢字で答えなさい。

(3)　沖縄県では特ちょう的な気候を活かして，写真の農作物が盛んに栽培（さいばい）されている。沖縄県における作付面積の約半分を占めている，この農作物を答えなさい。

問19　12ページの地図中の――――――は，昨年の９月に開通した西九州新幹線である。この新幹線の愛称（あいしょう）を，次のア～エから選び，記号で答えなさい。

ア　つばめ　　イ　はやぶさ　　ウ　かもめ　　エ　ひばり

問20　地図中Aの島は，日本の領土の一番西側に位置している。この島の名前を漢字で答えなさい。

問21　12ページの地図中**B**の島々の説明として正しいものを，ア～エから１つ選び，記号で答えなさい。

ア　韓国が不法な占領(せんりょう)を続けているため，日本は国際的な場での話し合いによる解決を韓国側に求めている。

イ　中国が自国の領土であると主張しており，中国船による不法な侵入(しんにゅう)や海洋調査が続いている。

ウ　太平洋戦争後にソビエト連邦(れんぽう)が不法な占領をし，現在までロシア連邦が占領を続けている。

エ　海面下にしずむ危険があるため，日本は島全体をコンクリートで囲み，侵食(しんしょく)からまもっている。

問22　地図中**C**の島は，20世紀初頭からの噴火(ふんか)により周辺の半島と陸続きになった。この島と陸続きとなった半島の組み合わせとして正しいものを，次のア～エから１つ選び，記号で答えなさい。

ア　桜島－大隅半島(おおすみはんとう)

イ　桜島－薩摩半島(さつまはんとう)

ウ　大島－大隅半島

エ　大島－薩摩半島

問23　地図中**D**の湾についての説明として正しいものを，次のア～エから１つ選び，記号で答えなさい。

ア　周辺の工場からの汚水(おすい)排出によって，水俣病(みなまたびょう)と呼ばれる公害病が発生した。

イ　湾内では潮の満ち引きが大きいことなどを活かして，のりの養殖(ようしょく)が盛んである。

ウ　周辺を流れる暖流の影響により，サンゴ礁(しょう)がひろがっている。

エ　湾内には大きなうず潮が発生しており，観光名所となっている。

問24　次の２つの円グラフは，Ｘが地図中㋐の県，Ｙが㋑の県の農業産出額の内訳を示したものである。ＸとＹのグラフの説明として正しいものを，あとのア～エから**それぞれ選び**，記号で答えなさい。

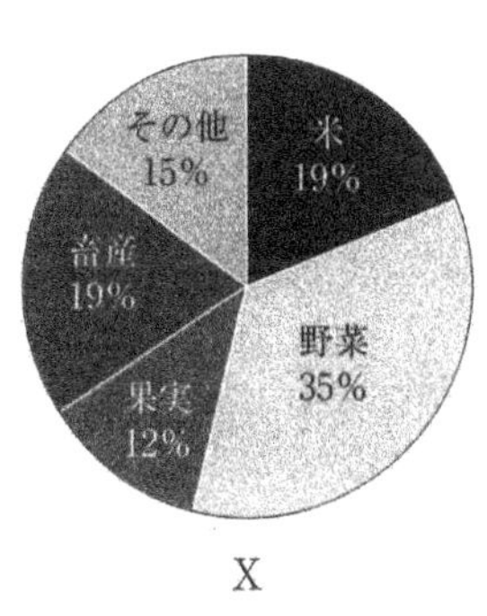

X

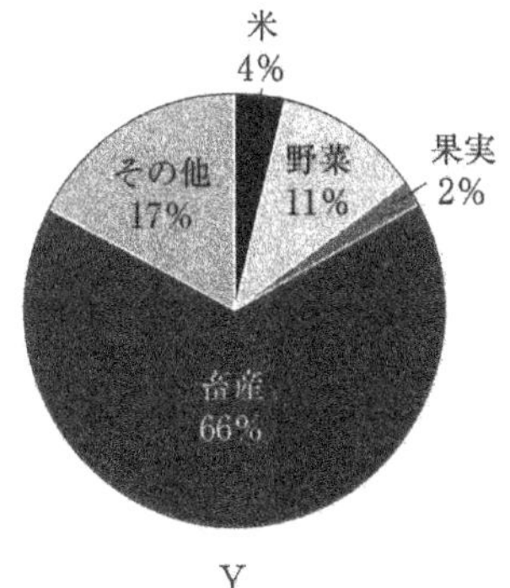

Y

ア　火山灰が降り積もったシラスが広がっており，米の生産には不向きであるため，畜産業(ちくさんぎょう)が盛んである。

イ　活火山の周辺地域では地熱によって冬でも温暖で家畜の生育に適した環境(かんきょう)であるため，畜産業が盛んである。

ウ　九州地方の中で一番人口の多い大都市があるため，野菜や果実の生産が盛んである。

エ　九州地方の中では比較的(ひかくてき)気温が高く，降水量が少ない地域のため米の生産に適しており，九州地方の中で最大の米の生産地である。

問25　地図中Eの平野では特ちょう的な気候を活かして，促成栽培が盛んである。促成栽培の長所を説明しなさい。

問26　九州地方は1970年代以降に半導体の生産が盛んになったことで，かつてはシリコンアイランドと呼ばれていた。半導体を製造する工場の立地の特ちょうとして正しいものを，次のア～エから１つ選び，記号で答えなさい。

ア　小型で軽い製品の特性により，主に高速道路沿いや空港周辺に立地する。

イ　大型で重い製品の特性により，主に船による輸送に便利な沿岸部の周辺に立地する。

ウ　流行に合わせて改良が必要である製品の特性により，主に大都市周辺に立地する。

エ　原料として多くの鉄鉱石を必要とする製品の特性により，主に鉄鉱石産地の周辺に立地する。

2　次の各問に答えなさい。

問１　次の川柳は昨年４月以降の読売新聞に掲載された「時事川柳」である。どのような事実にもとづいてつくられた川柳か。ア～エの中からもっとも適切なものを選び，記号で答えなさい。

(1)　**街が消え　後に憎しみ　残るだけ**

ア　パキスタンでは洪水の被害が激しく，避難民を受け入れない隣国に批判が集まっている。

イ　太平洋戦争で原爆の被害にあった広島では，アメリカに対する抗議デモが今でも続いている。

ウ　ロシアの侵攻を受けているウクライナでは，街が攻撃され，多くの人が犠牲になっている。

エ　九州地方で線状降水帯が発生し，大雨での被害が続いているため，人々は政府を批判している。

(2)　**悪事さえ　持続化させる　給付金**

ア　国はコロナ感染症拡大により極めて厳しい経営状況にある事業者を支援するため，給付金を支給した。

イ　国はコロナ感染症対策として，飲食店の配達サービスの利用を促進するため，配達業者と利用者に給付金を支給した。

ウ　国はコロナ感染症対策として，コロナに感染したすべての患者に対して見舞金を一律に支給した。

エ　国はコロナ感染症拡大によって増加した強盗などの犯罪者に対して，逮捕せずに給付金を支給し更生を促した。

問２　日本の裁判のしくみについて，以下の問に答えなさい。

(1)　下の図のように同じ１つの事件について最大３回まで裁判することができます。この制度を何というか，漢字で答えなさい。

(2)　なぜ(1)のような制度がとられているのか，「慎重」と「人権」という語句を使って簡単に説明しなさい。

(3) 最高裁判所の裁判官は，裁判官としてふさわしいかどうかを国民の投票で決め，ふさわしくないとされた者はやめさせられる制度がある。この制度を何というか，**漢字4文字**で答えなさい。

問3 現在の衆議院についての説明として**まちがっているもの**を，次のア～エから**1つ選び**，記号で答えなさい。

ア 選挙は小選挙区制と比例代表制の両方を用いて選出する。

イ 解散がないので，長期的な視点で国政に携(たずさ)わることができる。

ウ 衆参両院の議決が一致(いっち)しない場合，衆議院により強い権限が認められている。

エ 内閣への信任または不信任の決議が行われる。

問4 日本の内閣総理大臣についての説明として正しいものを，次のア～エから1つ選び，記号で答えなさい。

ア 内閣総理大臣は，最高裁判所裁判官の直接選挙で決定する。

イ 内閣総理大臣は，国民の直接選挙で決定する。

ウ 内閣総理大臣は，天皇が指名する。

エ 内閣総理大臣は，国会が指名する。

問5 下の絵は，1947年に当時の文部省が中学1年の社会の教科書に載(の)せた，『あたらしい憲法のはなし』に関わるものです。以下の問に答えなさい。

(1) これ以前に使われていた，明治時代に制定された憲法を何というか，**漢字7文字**で答えなさい。

(2) この絵の①～③に入る語句の組み合わせとして正しいものを，次のア～エから1つ選び，記号で答えなさい。

ア ①主権在民主義 ②軍国主義 ③民主主義

イ ①天皇主権 ②資本主義 ③国際平和主義

ウ ①主権在民主義 ②民主主義 ③国際平和主義

エ ①天皇主権 ②資本主義 ③軍国主義

(3) あたらしい憲法が公布された11月3日は国民の祝日となっている。何の日と定められているか，解答らんに合うように漢字で答えなさい。

問6 次のページの表は，ア市～エ市の4つの市の年代別の人口を表したものである。4つの市の中で，最も高齢化率（こうれいかりつ）が高いのは何市か答えなさい。

	14 歳（さい）以下	15 ～ 64 歳	65 歳以上
ア 市	1,000	3,000	4,000
イ 市	9,000	19,000	12,000
ウ 市	40,000	50,000	60,000
エ 市	20,000	60,000	20,000

（単位：人）

問７　次の①～③の語句と関連の深い語句をａ～ｃから選んだ時，その組み合わせとして正しいものを，あとのア～カから選び，記号で答えなさい。

①－地球温暖化　②－貿易促進（そくしん）　③－臓器移植

ａ－パリ協定　ｂ－ドナーカード　ｃ－ＴＰＰ

ア　①－ａ　②－ｂ　③－ｃ
イ　①－ａ　②－ｃ　③－ｂ
ウ　①－ｂ　②－ａ　③－ｃ
エ　①－ｂ　②－ｃ　③－ａ
オ　①－ｃ　②－ａ　③－ｂ
カ　①－ｃ　②－ｂ　③－ａ

も無駄だろうという感覚。

イ　正確な日数を責任もって伝えることが大切であり、患者(かんじゃ)の心情などまったく気にしない感覚。

ウ　一日中遊べる病院生活を「ぼく」が心の底から楽しんでいると感じ、ほほえましく思う感覚。

エ　退院できることに変わりはないのだから、一週間も二週間も大した違いはないだろうという感覚。

オ　なかなか退院できない「ぼく」を励ますために、あいまいな日数を伝えて希望を持たせようとする感覚。

問九　――線(7)「壮太だ……」とありますが、「壮太」が紙飛行機を作ったのはどうしてですか。簡単に答えなさい。

問十　――線(8)「昨日おれの家の前でバッタがひからびてたから送る」とありますが、それはどうしてですか。次の中から最も適当なものを選んで、記号で答えなさい。

ア　昆虫(こんちゅう)好きの「ぼく」を楽しませたかったから。

イ　外に出られない「ぼく」に、暑さを伝えたかったから。

ウ　病院で退屈している「ぼく」を怖(こわ)がらせようとしたから。

エ　二度と会えない「ぼく」に最後のお礼が言いたかったから。

オ　外の暑さを信じない「ぼく」に、証拠(しょうこ)を見せようとしたから。

問十一　――線(9)「壮太が壮太なら、小さくたっていい」とありますが、このときの「ぼく」の気持ちを説明したものとして最も適当なものを次の中から選んで、記号で答えなさい。

ア　身長など関係なく、相手を思いやったり喜ばせようとしたりする壮太のことを素晴(すば)らしいと考えている。

イ　体は小さくても、どんな相手でも笑顔にする力を持っている壮太のことをうらやましく思っている。

ウ　背が低いという悩(なや)みを人には見せず、わざと明るい姿を見せる壮太の心の強さを尊敬している。

エ　背の低いことにこだわらず、むしろそれを生かして楽しませる壮太に将来性を感じている。

オ　身体が大きくても小さくても、元気で過ごしてくれればそれでいいと願っている。

問十二　壮太との交流を通して、「ぼく」の気持ちはどのように変化しましたか。本文全体をふまえて、わかりやすく説明しなさい。

ア　どうりで最近暑いと思ったわけだ
イ　今年は外に出ないからラッキーだよ
ウ　ぼくもすごい暑さを感じてみたいな
エ　それなら部屋の中にいる方がいいね
オ　壮太だけ外に出られるなんて許せない

問四　――線(2)「体の奥で何かが爆発する」とありますが、この時の気持ちとして最も適当なものを次の中から選んで、記号で答えなさい。

ア　すぐに退院できる壮太への恨み。
イ　早くここから出たいという苛立ち。
ウ　社会から取り残されることへの苦しみ。
エ　ルールを押し付けられることへの反発。
オ　病気が治らないのではないかという諦め。

問五　――線(3)「うんと大人びて感じる」とありますが、それはどうしてですか。次の中から最も適当なものを選んで、記号で答えなさい。

ア　母親の気持ちを察した上で、傷つけてはいけないと考えているから。
イ　人間として大切なのは見た目ではなく、中身を磨くことだと考えているから。
ウ　現実を冷静に受け止めた上で、自分の進むべき道について前向きに考えているから。
エ　人からは欠点だと思われる身体の特徴を、自分の武器にしようと考えているから。
オ　同世代の子が必死で取り組んでいる勉強やスポーツについて、無意味だと考えているから。

問六　――線(4)「目を閉じるとそっと願った」とありますが、それはどうしてですか。次の中から最も適当なものを選んで、記号で答えなさい。

ア　壮太がいなくなる上に、今後の治療がもっと辛くなると予想しているから。
イ　壮太と過ごした楽しかった日々を、いつまでも忘れずにいたいと思ったから。
ウ　壮太との楽しい日々を通して、新しい友達がほしいという気持ちが芽生えたから。
エ　壮太が安心して退院できるように、しっかりした自分の姿を見せたいと考えたから。
オ　壮太がいなくなった後の病院での生活に自分が耐えられるか、不安を感じているから。

問七　――線(5)「ぼくは手を振った」とありますが、このときの「ぼく」の様子を説明したものとして最も適当なものを次の中から選んで、記号で答えなさい。

ア　先に退院する壮太をにくんでいる。
イ　落ち込んでいる壮太を励まそうとしている。
ウ　壮太の背がぼくより高くなることを願っている。
エ　壮太と別れるさびしさを押し殺そうとしている。
オ　二度と会えない壮太のことを忘れようとしている。

問八　――線(6)「大人の感覚」とありますが、それはどのような「感覚」ですか。次の中から最も適当なものを選んで、記号で答えなさい。

ア　どうせ覚えていられないのだから、正確な日数をわざわざ伝えてああ、壮太。ぼくもだ。もう一度遊べたらなってそればっかり考えてる。病気になってよかったことなど何もないけど、壮太と出会えたこと、それだけはラッキーだった。

それにしても、外は本当にすごい暑さなんだ。干しエビみたいに干からびたバッタの死骸はかわいそうだけど、暑さはよくわかる。いくらテレビで映像を見ても、気温を知らされてもわからなかったのに、このバッタを見ているだけで、頭の上が熱くなって喉がカラカラになりそうだ。

ぼくはお母さんが帰ってくるのを待てず、看護師さんに言って封筒と便箋をもらった。壮太にすぐに伝えたいことがあった。

壮太といる間、何度か「小さくたっていいじゃん」そう口にしようとした。壮太のその力は、背の低さなんて余裕で補えてるって思ってた。でも、壮太を傷つけたらと不安で、言えなかった。

だけど、壮太は病院にいるぼくに、この夏の暑さを伝えることができる。いなくなった後も、プレイルームのぼくを楽しませることができる。壮太はとにかく最高なんだ。(9)壮太が壮太なら、小さくたっていい。そう。小さくたって全然いいのだ。

干からびたバッタを横に置いて、ぼくはベッドの上の小さな机の上で手紙を書いた。

これ以上ない暑い夏が、今、始まろうとしている。

（瀬尾　まいこ　『夏の体温』）

※1　プレイルーム＝入院中の子どもが遊ぶための部屋。
※2　三園さん＝病院で働いている保育士。

問一　══線(a)「割り切れない」・(b)「すがらずには」の意味として最も適当なものを次の中から選んで、それぞれ記号で答えなさい。

(a)「割り切れない」
ア　大人げない
イ　たよりない
ウ　慣れていない
エ　思いがけない
オ　すっきりしない

(b)「すがらずには」
ア　たよらずには
イ　答えを考えずには
ウ　ひどくおびえずには
エ　一人で抵抗せずには
オ　やつあたりせずには

問二　──線(1)「いくらなんでも早すぎたか」とありますが、早く来たのはどうしてですか。次の中から最も適当なものを選んで、記号で答えなさい。

ア　病棟の人気者である壮太を、独り占めしたかったから。
イ　夏の空を一人で眺めることが「ぼく」の趣味だったから。
ウ　病院生活が長く、することがなくなってひまだったから。
エ　少しでも長く、壮太と一緒にいたいと思って急いだから。
オ　プレイルームが混む前に、遊ぶ場所を確保したかったから。

問三　本文中の□にあてはまる言葉として最も適当なものを次の中から選んで、記号で答えなさい。

おもちゃ箱をひっくり返す。三つの大きな箱の中身をぶちまけるのだ。ただそれだけの行為が、ぼくの気持ちを保ってくれた。悪いことだとはわかっている。でも、こうでもしないと、ぼくの中身が崩れてしまいそうだった。いつも、翌朝にはおもちゃは片付けられ、きれいにプレイルームは整えられている。きっと、お母さんか三園さんが直してくれているのだろう。それを思うと、ひどいことをしてるよなと申し訳ない。だけど、何かしないと、おかしくなりそうで止められなかった。

三つ目のおもちゃ箱をひっくり返し、あれ、と思った。

布の箱から、がさっと何かが落ちた。硬いプラスチックのおもちゃの音とはちがう。暗い中、目を凝らしてみると、紙飛行機だ。

ぼくは慌てて電気をつけた。

(7)壮太だ……。赤青黄緑銀金、いろんな色の折り紙で作った紙飛行機は、三十個以上はある。片手に管を刺して固定していたから、使いにくい手で折ったんだろう。形は不格好だ。それでも、紙飛行機には顔まで描かれていて、「チビチビ号」「瑛ちゃん号」「またね号」と名前まで付いている。

壮太は、知っていたんだ。ぼくが夜にプレイルームでおもちゃ箱をひっくり返していたことを。そして、壮太がいなくなった後、ぼくがどう過ごせばいいかわからなくなることも。

明日から、一つ一つ飛ばそう。三十個の紙飛行機。これを飛ばしている間、少しは時間を忘れることができそうだ。

土日の病院はしんとしていた。週末は低身長の検査の子もいないし、三園さんも休みだし、看護師さんの数も少ない。静まり返るってこういうことだよな。ぼくは誰もいないプレイルームで紙飛行機を飛ばしたり、漫画を読んだりして過ごした。紙飛行機は似顔絵が書かれた「三園さん号」が一番よく飛んだ。

「なんだよ、壮太。瑛ちゃん号がよく飛ぶように作ってくれたらいいのにさ」

ぼくは一人でそう笑った。

「瑛介君、手紙来てるよ」

とプレイルームに入ってきた看護師さんに封筒を渡された。

「手紙?」

なんだろうと封筒を見てみると、田波壮太と書かれている。ああ、壮太だ。名前を見ただけで壮太の顔と声が一気に頭の中によみがえった。

早く読みたい、早く壮太の文字を見たいと封筒の中身を取り出して、ぼくは「うえ」と悲鳴を上げた。中からは、干からびた虫の死骸が出てきた。茶色くなってパリパリになった死骸は、不気味でしかたない。おいおい、どんないやがらせだよと、手紙を読んでみる。

えいちゃんへ

2日間だったけど、超楽しかったよな。ありがとう。また遊べたらなーってそればっかり考えてる。チビは最悪だけど、えいちゃんと会えたし、チビでもいいことあるなって思ったよ。

えいちゃん、「外はどれくらい暑いんだろうな」って言ってたけど、マジでやばいぜ。毎日たおれそう。(8)昨日おれの家の前でバッタがひからびてたから送る。な。本当に丸こげになるだろう。

壮太

「明日が終わっても、楽しいことがありますように。少しでいい。おもしろいと思える瞬間がありますように」

今までこの部屋で好き勝手やってたぼくの願い事なんか、聞いてはもらえないかもしれない。だけど、何かに(b)すがらずにはいられなかった。

昼ごはんを食べ終えて歯を磨いた後、壮太が母親と一緒にぼくの病室にやってきた。壮太の母親は大きなバッグを持ち、壮太もリュックを背負っている。

「瑛ちゃん、じゃあな」

と壮太は言った。

「ああ、元気でな」

(5)ぼくは手を振った。

壮太は、

「瑛ちゃんこそ元気で」

そう言ってくるりと背を向けると、そのまま部屋から出て行った。

壮太たちがいなくなると、

「フロアの入り口まで見送ればよかったのに。案外二人ともお別れはあっさりしているんだね。ま、男の子ってそんなもんか」

とお母さんは言った。

お母さんは何もわかっていない。あれ以上言葉を発したら、泣きそうだったからだ。きっと壮太も同じなのだと思う。もう一言、言葉を口にしたら、あと少しでも一緒にいたら、さよならができなくなりそうだった。口や目や鼻。いろんなところがじんと熱くなるのをこらえながら、ぼくは「まあね」と答えた。

壮太がいなくなったプレイルームには行く気がせずに、午後は部屋で漫画を読んだ。時々、壮太は本当に帰ったんだな、もう遊ぶことはないんだなと気づいて、ぽっかり心に穴が空いていくようだった。これ以上穴が広がったらやばい。そう思って、必死で漫画に入り込もうとした。

二時過ぎからは診察があった。この前の採血の結果が知らされる。

先生は優しい笑顔をぼくに向けると、さもビッグニュースのように、

「あと一週間か二週間で退院できそうかな」

と言った。

やっとゴールが見えてきた。ようやく外に出られる。それはうれしくてたまらない。だけど、どうしても確認したくて、

「一週間ですか？　二週間ですか？」

とぼくは聞いた。

「そこは次回の検査結果を見てからかな」

先生はそう答えた。

「はあ」

「どっちにしても一、二週間で帰れると思うよ」

先生は、「よくがんばったからね」と褒めてくれた。

一、二週間。ひとくくりにしてもらっては困る。一週間と二週間では、七日間も違うのだ。七日後にここを出られるのか、十四日間ここで過ごすのかは、まるで違う。ここでの一日がどれほど長いのかを、壮太のいない時間の退屈さを、先生は知っているのだろうか。ぼくら子どもにとっての一日を、(6)大人の感覚で計算するのはやめてほしい。

就寝時間が近づいてくると、やっぱり気持ちが抑えきれなくなってプレイルームに向かった。真っ暗な中、音が出ないようマットに向かって

「壮太、明日には帰れるね」
「ああ。でも、なんか転校する気分だ」
「元の場所に戻るだけじゃん」
「まあね。でも、二日もいたら、離れたくなくなるよな」
「病院なのに？」
「そ。病院でも瑛ちゃんいるしさ」
「なんだよそれ。でもさ、背、伸びるように、治療できるといいな」
　ぼくは本心でそう言った。
「無理無理。お母さんが必死なだけで、もう駄目に決まってるよ。今から治療したって、どうせ手遅れだしさ」
「そうかな」
「もう俺、小学三年生だよ。可能性がないこと願ってるより、この身長で生きていく方法考えないとさ」
　壮太はぼくより背は低いけど、(3)うんと大人びて感じる。
「この身長で生きていく方法って？」
「勉強やスポーツなんかたいして救ってくれないだろう？　おもしろくて楽しくなんないとな。チビだってみんなにバカにされる前に、チビで愉快なやつだって思わせないとさ」
「たいへんそうだな」
「そう。チビはたいへんなのよ」
「だけど、本当楽しいよ。壮太」
「そ？」
「うん。めちゃくちゃ楽しい」
「ありがと」

　夕飯の放送が流れ、ぼくらは「また明日な」とプレイルーム前で別れた。「また明日」この言葉を言うのは、今日で終わりだ。明日があるのは今日だけ。そんな厳しい現実があることを、ぼくは初めて思い知った気がする。

　夕飯を食べ終え、入浴を済ませると、ぼくはプレイルームに向かった。音のない真っ暗な部屋。昼間は病棟で一番賑やかな場所だけど、今はひっそりとしている。

　ここから出たい。走り回りたい。このフロアだけが自由な空間だなんて、狂いそうだ。早く外に出して。いつもそう思っている。でも、今はそれ以上に、ここでだっていいから、外に出なくたっていいから、壮太ともっと遊びたい。もっと話したい。もっと笑いたい。その思いではちきれそうだった。

　ぼくよりさみしい思いをしている子も、つらい思いをしている子もいっぱいいることはわかっている。けれど、ぼくより楽しんでる子だって数えきれないほどいる。もし、ここで一番不幸なのがぼくだったら、何も考えず泣き叫ぶことができるのだろうか。

　いつもどおりに、(a)割り切れない気持ちを暗闇の中で爆発させようとして、ぼくはふと手を止めた。壮太のいない明日からを思うと、とんでもなく深い穴に落ちていく感覚がして、体がこわばった。楽しい時間を知ってしまったぼくは、壮太なしでいられるのだろうか。どれだけ抵抗したところで、ここで過ごすしかないのだ。「たぶん大丈夫」。ぼくは三園※2さんの言い方をまねてつぶやくと、深呼吸をした。そして、(4)目を閉じるとそっと願った。

とありますが、それはどうしてですか。次の中から最も適当なものを選んで、記号で答えなさい。

ア　障害を持つ人たちと多く交流し、自分と障害者との間に複数の共通点を見出したから。

イ　障害をテクノロジーで乗り越え、個性として前向きにとらえる人たちの考えに触れたから。

ウ　世の中に障害を持った人がたくさんいることを知り、特別なことではないと気づいたから。

エ　アメリカへ留学することで、最先端のテクノロジーを開発することができて自信がついたから。

オ　技術が進歩したアメリカでは障害者でも普通に生活ができるので、気を遣う必要がなかったから。

問十　筆者が理想としているのはどのようなことですか。本文全体をふまえて、わかりやすく説明しなさい。

〔三〕　次の文章を読んで、後の問いに答えなさい。

長期入院をしている「ぼく」（瑛介）は、同い年の田波壮太と仲良くなった。壮太は低身長の検査のため、一日前から入院している。

※1プレイルームには、まだ誰もいなかった。(1)いくらなんでも早すぎたか。ぼくは窓際に行くと、外を眺めた。今日も暑いんだろうな。青い空には薄い雲がほんの少しだけ浮かんでいる。あの空を真下から見上げられるのは何日後だろうか。

「よ、瑛ちゃん」

外を見てると壮太がやってきた。壮太も急いで来たんだと思うと、うれしくなる。

「外で遊べたらいいのにな」

ぼくがそう言うと、

「瑛ちゃん、外は地獄だぜ！」

と壮太が言った。

「そうなの？」

「死ぬほど暑いんだって。三分外にいただけで丸焦げになるもん」

「　　　」

夏の間に退院できなければ、来年の夏が今年ほど暑くなかったら、ぼくはこの温度を知らないままだ。テレビではあらゆる言葉や映像で暑さを伝えているけれど、実際に体で感じていないから少しもぴんと来なかった。

「クーラーの部屋ってうらやましいけど、まったく外に出られないのもいやだよな」

「だろう」

「俺だったら脱走してる」

と壮太は笑った。

あの日以来、「帰りたい」と叫んだり泣いたりはしていない。だけど、(2)体の奥で何かが爆発するのを止められなくなりそうなことはある。自分がちぎれそうになって、頭の中がぐちゃぐちゃになる。だから、ぼくは叫ぶ代わりに、九時前のプレイルームに駆け込むようになった。何かにもやもやをぶつけないと、自分が壊れそうだった。そして、毎日同じことを繰り返している。

(b)「指針」

ア　変化を記録してくれるもの

イ　全体をまとめてくれるもの

ウ　正しさを強調してくれるもの

エ　進むべき方向を示してくれるもの

オ　細かい間違(まちが)いを教えてくれるもの

問三　――線(1)「とてもショックをうけました」とありますが、それはどうしてですか。次の□にあてはまる言葉を本文中から十一文字でぬき出して、答えなさい。

身体が不自由な人をサポートするために□についてあまり考えていなかったことに気づかされたから。

問四　――線(2)「競技をつづけるための努力」とありますが、それはどのような結果をもたらしましたか。次の中から最も適当なものを選んで、記号で答えなさい。

ア　足を切断したという事実を忘れることができた。

イ　足を失う前よりも高い目標を達成することができた。

ウ　義足に対する世間のイメージを変えることができた。

エ　誰(だれ)でもクライミングができる義足を作ることができた。

オ　競技に否定的だった病院の先生を見返すことができた。

問五　――線(3)「心がおどりました」とありますが、それはどうしてですか。次の中から最も適当なものを選んで、記号で答えなさい。

ア　障害に負けないヒュー・ハーの姿を見て、自分も負けていられないという気になったから。

イ　テクノロジーが進むことで、事故や災害によって障害を負う人が減少していくと感じたから。

ウ　技術の進歩によって、今は障害とよばれている身体の不自由さも解決していくことができると考えたから。

エ　ヒュー・ハーの考えが自分の考えと一致(いっち)していることを知って、同じ志の持ち主であるとうれしくなったから。

オ　今まで身体障害者に気を遣(つか)わなければならなかったが、テクノロジーによってそれがなくなることに気づいたから。

問六　――線(4)「彼女がもっとも注目されたのは、パラリンピックで走ったときではなく、おそらく２００９年のTED Talksだと思います」とありますが、彼女が注目されたのはどうしてですか。簡単に答えなさい。

問七　本文中の□にあてはまる言葉として最も適当なものを次の中から選んで、記号で答えなさい。

ア　身体の機能　　イ　外見の優劣(ゆうれつ)　　ウ　体育の成績

エ　精神の状態　　オ　社会の評価

問八　――線(5)「テクノロジーによって、障害が障害ではなくなっているのです」とありますが、その例としてあてはま**ら**な**い**ものを次の中から一つ選んで、記号で答えなさい。

ア　車いすに乗って、移動する。

イ　杖(つえ)を頼(たよ)りにして、道を歩く。

ウ　入れ歯を付けて、食事をする。

エ　補聴器(ほちょうき)を使って、ラジオを聞く。

オ　つめ切りを使って、つめを切る。

問九　――線(6)「障害を気にせずに人と接するようになっていきました」

ファッションのひとつとしても扱われるようになっています。

また、コンタクトレンズなら見た目からはわかりませんし、レーシックなどの手術をうけることで、視力そのものを回復することができるようにもなりました。この場合、メガネをかける必要もありません。

テクノロジーは、日々進化しつづけています。もうすこし義足の技術が進歩すれば、視力がわるくてもメガネをかければ生活ができるのとおなじように、足がなくても義足があることによって、足がないことが「障害」とならないような世界になるはずです。

そうなれば、「障害」という言葉もいつのまにかなくなっているかもしれません。僕は、そういう世界が実現できると本気で信じています。

アメリカへの留学中、ヒュー・ハーをはじめ、研究室でおおくの義足ユーザーに会うことができました。「障害者には配慮(はいりょ)をしなければならない」という思い込(こ)みはしだいにうすれていき、(6)障害を気にせずに人と接するようになっていきました。

それまでは、足がないことは「かわいそう」だと心のなかで勝手に決めつけていました。だから、なにかやってあげないといけない、つねに気をつかわなければいけないと感じていました。しかし、そんな考えもなくなり、義足ユーザーも自分とおなじひとりの人間であり、なにもかもやってあげるのではなく、自分でできることは自分でやり、できないことがあったときに手をさしだすほうが、おたがいに心地(ここち)よいというふうに考えるようになったのです。足がないことをたのしもうとしている人たちにも出会い、障害に関するさまざまな考え方があることも知りました。

ヒュー・ハーは、自分の足がないことをただの障害と考えず、テクノロジーを埋(う)め込むことができる「余白」と考えました。そうして研究をかさね、あたらしい足を開発し、もとの身体能力を上まわることだってあると、自分自身の身体を使って証明しました。また、エミー・マランスは、足がないことを自分の個性ととらえ、発信することで、世界中の人びとの共感をえました。

僕は、カズヒロを助けたい、カズヒロの役に立ちたいという一心で、義足の世界に飛びこみました。しかし、留学中のさまざまな出会いや体験をとおして、障害は「かわいそう」だというだけの気持ちから、たくさんの可能性を秘(ひ)めた「おもしろい」側面もあるのだということに気づきました。

（遠藤　謙『みんなの研究　だれよりも速く走る　義足の研究』）

※　骨肉腫＝骨の病気の一つ。

問一　本文中の A ～ C にあてはまる言葉として最も適当なものを次の中から選んで、それぞれ記号で答えなさい。ただし、同じ記号を二回使ってはいけません。

ア　いっぽう　イ　では　ウ　また
エ　つまり　オ　しかし　カ　なぜなら

問二　══線(a)「機に」・(b)「指針」の意味として最も適当なものを次の中から選んで、それぞれ記号で答えなさい。

(a)「機に」
ア　驚(おどろ)きつつも
イ　奇跡(きせき)だと感じ
ウ　きっかけとして
エ　確認(かくにん)したうえで
オ　言い訳にしながら

なったり、時間がかかるようになったり、不便なことが出てきます。また、見た目にも大きな変化が生まれ、そのことにショックをうける人も少なくありません。でも彼女は、自分の足がないことを受けいれて、健常者にはできないことをたのしもうと考えるようになったのです。

そんな前向きな言葉に、世界中の人が勇気づけられました。

障害を負うということには、かなしい側面ももちろんあると思います。しかし、かならずしもそれだけではないのだということを彼女から学びました。

そもそも、「障害者」というときの「障害」とは、どのようなことをいうのでしょうか？

たとえば、おなじ身体のなかでも、髪の毛を切ったり、つめを切ったりしても、僕たちは短くなった髪の毛やつめを「障害」だと思うことはありません。髪の毛やつめと、手や足のちがいはなんでしょうか。

髪の毛やつめを切ったとしても、[　　]にはほぼ影響がなく、それまでと変わらず生活することができます。ほうっておけば、もとにももどります。

いっぽう、たとえば足のすねの部分を切断した場合はどうでしょうか。切断した人は、足という身体の一部だけでなく、腓腹筋やヒラメ筋などといった、ふくらはぎにある大きな筋肉を同時に失うことになります。

こうした筋肉は、足首の関節を動かすのによく使われます。そのため、これがないと、足首がうまく動かせず、歩くときに地面をけることができないので、歩きづらくなったり、ジャンプするときも、高く跳べなくなったりしてしまいます。[C]、「できなくなること」がふえてしまうのです。

このように考えると、「なにかを失うことによって、なにかができなくなること」が、「障害がある」ということといえるかもしれません。

しかしもし、失った足の機能の代わりになるようなテクノロジーがあり、それまで通りに歩いたり、ジャンプしたりすることができるのであれば、どうでしょうか。身体の一部を失ったとしても、「できなくなること」がないとしたら、人間の足首のように、自由自在に動かせるような義足があったとしたら、足を失った人は「障害者」になるのでしょうか？

そんなこと、まだまだ未来のことだと思う人もいるかもしれません。しかし、じつはすでにテクノロジーによって、かつては障害のように扱われていたけれど、障害とは思われなくなったものもあります。

メガネはそのいい例です。

僕もとても目がわるく、そのままでは生活することができません。視力が落ちたことによって「できなくなること」が生まれているので、「障害者」であるともいえますね。しかし、そんな僕でも、メガネをかければ、視力のいい人とおなじように見ることができるし、生活することができます。

つまり、(5)テクノロジーによって、障害が障害ではなくなっているのです。しかも、それが社会になじんでいるので、メガネをかけていても、めずらしがられることはありません。

ひと昔まえは、視力がひどくわるい人の目を矯正するために、牛乳びんの底のような、分厚いレンズのメガネが使われていました。見た目もかっこわるく、目がわるいことがコンプレックスになることもしばしばありました。しかし、最近ではレンズもうすくなり、かっこいいデザインのメガネもふえてきました。伊達メガネをかける人も出てきて、に代わる技術が開発されていないだけだ。もし、その機能を完璧におぎなうことができる技術さえあれば、その人は「身体障害者」ではない、という意味です。

この言葉を聞いて、テクノロジーの持つ可能性に(3)心がおどりました。これはいまでも、自分の考え方の(b)指針になっている言葉のひとつです。

ヒュー・ハーのもとで学ぶなかで、ほかにもたくさんの印象的な言葉にふれました。義足について研究室で議論をしているとき、僕の足を指さして、こんな話をしてくれたこともありました。

「ケンの足はこれから歳をとってどんどんおとろえていく。でも、おれの足はどんどんアップグレードしていくんだ」

一般的に、人間の身体の機能のピークは20代前半といわれています。そこから先は、年々おとろえていくのはさけられません。でも義足なら、どんどんあたらしいものに変えていくことも、使い方にあわせてつけかえることだってできるのです。

僕が留学したマサチューセッツ工科大学には、ヒュー・ハーをはじめとした世界的に活躍する研究者がたくさんいて、とてもいい刺激をうけながら研究をすることができました。また、自分の専門分野のほかにも、元宇宙飛行士のジェフリー・ホフマンや、世界中で使われているコンピューターの暗号技術をつくったシルビオ・ミカリ、ロボット掃除機の会社、iRobotをつくったロドニー・ブルックスなど、さまざまな分野のトップレベルの研究者がごろごろいました。僕のような海外からの留学生もおおく、日本にいるだけではぜったいに経験できないようなことを学び、自分の視野がぐんぐんと広がっていく感覚がありました。

２００９年、僕はヒュー・ハーの授業のアシスタントをやることになりました。

その授業にきてくれた講師のひとりに、エミー・マランスがいました。彼女は陸上競技の元パラリンピック選手で、両足の足首から先が義足でした。１９９６年のアトランタ大会に出場していますが、(4)彼女がもっとも注目されたのは、パラリンピックで走ったときではなく、おそらく２００９年のTED Talksだと思います。TED Talksとは、あらゆるジャンルの人びとが、そのとき考えていることや研究していることをプレゼンテーションするものです。

足がないことにコンプレックスを感じる人はたくさんいます。しかし彼女は、障害をポジティブにとらえ、健常者にはできないことも自分にはできる、という話をしたのです。

義足の長さを変えれば、身長だって自由に変えることができます。自分の思いどおりのスタイルになることもできるのです。それを見た友だちは、「エミー、そんなのずるい!」といったそうです。

それまでは、義足はまわりの人に知られないようにかくしておきたいという考えが一般的でした。しかし、彼女は足がないことを前向きにとらえ、自分の武器のように感じていました。彼女はプレゼンテーションのなかで、足がないことは後ろ向きなものではなく、個性の一部であることを、こんなユーモアもまじえて話しています。

「わたしには足がないって人はいう。でもね、12組以上も足を持っているわ」

足を失うと、それまでできていたことの少なくとも一部はできなくることを聞きました。

ヒュー・ハーは、若いころはロッククライミングという競技で将来を有望視されていたアスリートでした。[A]、彼が17才のとき、事故がおきました。ある山を登るとちゅうでけがをして、3日間ものあいだ動くことができなかったのです。その後、救助はされたものの、両足にひどい凍傷を患い、両足のひざから下を切断して、義足ユーザーとなりました。病院の先生には、「二度と競技をすることはできないだろう」といわれたそうです。

それでも彼は、ロッククライミングのために自分の足を自分で開発し、(2)競技をつづけるための努力をしました。そうしているうちに、足を切断することによるメリットもあるということに気づきました。

それは、足を切断すると体重が軽くなること。両足が義足なので、足の長さやかたちを自由に変えられること。そして、岩にあわせて足を自由に交換できることでした。

義足を使ったクライミングの練習を重ね、ついに彼は、足があったときには登ることができなかった壁をもクリアすることができるようになったのでした。

ヒュー・ハーのことを知ってから、彼の書いた論文を読みあさりました。そのとき、彼は大学の先生になってからまだ数年しかたっておらず、いくつかのあたらしいテーマにとりかかっていたところでした。そのなかに、ロボット義足の研究があったのです。何回も読みこんでいるうちに、いますぐにでもこの研究室に加わりたいと思うようになりました。

もしかしたら、カズヒロは長くは生きていられないかもしれない。大学院での課程はまだ残っていましたが、一刻も早く、カズヒロのためのロボット義足を自分の手でつくりたい、と思いました。

僕は試験に合格したのを(a)機に、通っていた大学院をやめてアメリカに渡り、マサチューセッツ工科大学のメディアラボに留学しました。ヒュー・ハーのもとで、人間の歩行やロボット義足、なかでもロボット技術を使った足関節（足首）の研究をすることになったのです。

人間の歩行は、ＡＳＩＭＯに代表されるロボットの歩行とくらべて、とてもエネルギーの効率がいいことがわかっていました。ロボットはたくさんの電気エネルギーを使って歩いているので、ふつうは20～30分歩きつづけるとバッテリーが切れてしまいます。[B]、人間は少ない食べものや水をエネルギー源として、長い距離を歩きつづけられるのです。

僕はこの人間の歩き方の効率のよさについて、コンピュータシミュレーションを使って解明し、人間がいかに筋肉や腱をうまく使って歩いているかを示しました。さらに、その効率のよさをロボット義足にいかして、義足ユーザーがより効率よく歩けるようにすることに成功しました。僕がつくったこのロボット義足は、そのあとヒュー・ハーによって商品化され、販売されています。

そんな僕の恩師ともいえるヒュー・ハーの言葉に、こんなものがあります。

There is no such a thing as disabled person.
There is only physically disabled technology.
（世のなかには身体障害者はいない。技術のほうに障害があるだけだ）

世のなかには「身体障害」があるのではなく、まだその失われた機能

【国　語】（五〇分）〈満点：一〇〇点〉

〔一〕　次の――線のカタカナを漢字になおしなさい。「とめ・はね・はらい・文字のバランス」に気をつけて、ていねいに書きなさい。

1　地下のソウコを管理する。
2　友達を家にショウタイする。
3　日本のノウギョウについて調べる。
4　スポーツに情熱をモやす。
5　冬山でジュヒョウを見る。
6　苦いイチョウヤクを飲む。
7　たんぽぽのワタゲが風に飛ぶ。
8　人工エイセイを打ち上げる。
9　ソフに手紙を送る。
10　日本のコッキをかかげる。

〔二〕　次の文章を読んで、後の問いに答えなさい。

カズヒロのひざに※骨肉腫が見つかったのは、ちょうど僕がヒューマノイド・ロボット、つまりヒト型ロボットの研究にうちこんでいた、大学院生のころでした。

カズヒロが抗がん剤治療のために入院しているとき、ちょっとでもはげましたくて、自分の研究や、日本で開発されているロボットの動画を紹介しました。

病気で歩くことすら満足にできなくなるかもしれない相手に二足歩行ロボットを見せるなんて、もしかしたらひどく残酷なことをしてしまっていたのかもしれません。でも、当時はそこまで考えがおよばず、自分もがんばっているぞ、というエールを送ったつもりでいました。しかし、動画を見ていたカズヒロはこういったのです。

「僕はロボットじゃなくて、自分の足で歩きたいな」

その言葉を聞いて、(1)とてもショックをうけました。

当時、僕はロボットの研究がたのしく、アニメで見た世界のように、二足歩行ロボットが僕たちの生活のなかにとけこんでいる、ロボットと人間が共存する世界を夢見ていました。

しかし、それはただぼんやりと思いえがいていただけにすぎませんでした。そういう未来が来たらいいなぁ、とは思っていたけれど、そのために自分がなにをするべきかを、しっかりと考えてはいなかったのです。

いまから歩けなくなるかもしれない友だちに二足歩行ロボットを見せたのに、そんな大事なことが頭になかったことをとてもはずかしく思いました。

どうしたらロボットの研究をカズヒロのような人の役に立てることができるだろう。それからは、そんなふうに考えるようになりました。

２００４年、日本でロボットの国際学会が開催されました。僕はそこで研究発表をするために仙台へと向かいました。

いろいろな研究者たちの発表を見ているときに目についたのが、ロボット技術を用いた義足、ロボット義足の研究でした。発表していたのは、アメリカのマサチューセッツ工科大学の「メディアラボ」という研究所の研究者で、その人のボスがヒュー・ハーという義足ユーザーであ

MEMO

大切なことはメモしておこうネ！

2023年度

解　答　と　解　説

《2023年度の配点は解答欄に掲載してあります。》

＜算数解答＞

1. (1)　26　(2)　$\frac{1}{12}$　(3)　1　(4)　4.8L
2. (1)　㋐　25度　㋑　33度　(2)　6通り　(3)　65.4点　(4)　11個　(5)　168枚
   (6)　9.12cm^2　(7)　45人　(8)　41本　(9)　225g　(10)　1320円
3. (1)　$x=160\times y$　(2)　2.5m^2
4. (1)　2400m　(2)　480m
5. (1)　96　(2)　110　(3)　ウ　10　エ　9

○推定配点○

1.～2.　各4点×14(2.(1)完答)　3.～4.　各5点×4　5.　各6点×4　計100点

＜算数解説＞

基本 **1.　(四則計算，割合)**

(1)　$36-10=26$

(2)　$6.75-3.5\times\left(\frac{4}{5}\times\frac{5}{4}+\frac{5}{7}\right)-\frac{2}{3}=6.75-3.5\times\frac{12}{7}-\frac{2}{3}=6\frac{3}{4}-6-\frac{2}{3}=\frac{3}{4}-\frac{2}{3}=\frac{1}{12}$

(3)　$\frac{7}{12}\times\frac{6}{5}\div\left(\frac{9}{7}\times\frac{49}{81}-\frac{2}{9}\right)-\frac{13}{50}=\frac{7}{10}\div\frac{5}{9}-\frac{13}{50}=\frac{63}{50}-\frac{13}{50}=1$

(4)　飲んだジュースは全体の$\frac{2}{5}\times\frac{2}{3}=\frac{4}{15}$であり，残ったジュースは$\frac{2}{5}-\frac{4}{15}=\frac{2}{15}$　残ったジュースが640mLより，この容器の容積は$640\div\frac{2}{15}=4800$(mL)$=4.8$(L)

基本 **2.　(角度，場合の数，平均，規則性，過不足算，面積，割合と比，植木算，食塩水の濃度，損益)**

(1)　右図の通り記号を付す。㋐＝角OBC＝(180－130)÷2＝25(度)　三角形OABは二等辺三角形より，角OAB＝32(度)　角AOB＝180－(32×2)　＝116(度)　角AOC＝360－(116＋130)＝114(度)　三角形AOCも二等辺三角形より，㋑＝角OAC＝(180－114)÷2＝33(度)

(2)　4種類から2種類を選ぶ方法は4×3÷2＝6(通り)

(3)　Aさん，Bさん，Cさん，Dさんの平均点は(58＋74＋63＋65)÷4＝65(点)より，Eさんの点数は65＋2＝67(点)　したがって5人の平均点は(58＋74＋63＋65＋67)÷5＝65.4(点)

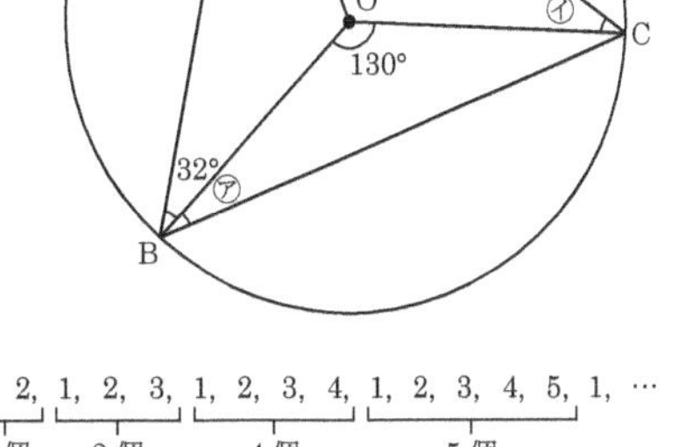

(4)　右図の通り，1個，2個，3個・・・のかたまりで区切ると，それぞれのかたまりの個数まで数が並んでいることがわかる。1～12までの合計が78，1～13までの合計が91より，86番目は1個，2個，3個，…，12個のかたまりが並んで，その後8番目の数である。1個，2個のかたまりには3

は登場せず，3個のかたまりから12個のかたまりまでと，その後の8番目までに1個ずつ3が登場するので，3は全部で11個

(5)　10枚ずつ配ると48枚余り，13枚ずつ配ると12枚余ることから，子どもの数は(48－12)÷(13－10)＝12(人)　　したがって，折り紙は10×12＋48＝168(枚)

(6)　半円の面積は4×4×3.14÷2＝25.12(cm^2)　　二等辺三角形の面積は8×8÷2÷2＝16(cm^2)　したがって，斜線部分の面積は25.12－16＝9.12(cm^2)

(7)　1年生の男子と女子の人数の比は5：1より，1年生の人数は3×(5＋1)÷1＝18(人)　　1年生は全体の40%より，剣道部全体の人数は18÷0.4＝45(人)

(8)　端から200mの地点が赤の旗なので，200÷25＋1＝9(本)目が赤であり，奇数番目の旗の色は赤であることがわかる。全部の旗の数は2000÷25＋1＝81(本)と奇数なので，赤の旗の本数は青の旗の本数より1本多く，41本

(9)　7%の食塩水200gには食塩は200×0.07＝14(g)の食塩が含まれていることから，4%の食塩水には23－14＝9(g)の食塩が含まれていたことがわかる。したがって，4%の食塩水の重さは9÷0.04＝225(g)

(10)　仕入れ値は250×12＝3000(円)　　花束にすると定価より20%値段が上がることから，花束にすると1本あたり300×1.2＝360(円)であり，12本の花束の値段は360×12＝4320(円)　したがって，利益は4320－3000＝1320(円)

重要 3.　(2量の関係・比例)

(1)　1辺2mの正方形の面積は4m^2より，段ボール1m^2の重さは640÷4＝160(g)　　したがって$y$$m^2$の段ボールの重さ$x$は$x$＝160×$y$と表せられる。

(2)　段ボール1m^2の重さは160gより，重さが400gとなるときの段ボールの面積は，400÷160＝2.5(m^2)

4.　(速さ・グラフ，比)

基本 (1)　明さんは正さんが公園に着く5分前に公園に着いたことより，明さんが公園に着いた時間は9時12分であり，歩いた時間は12分。したがって，明さんの家から公園までの道のりは200×12＝2400(m)

やや難 (2)　正さんは家に3分間いたので歩いた時間と自転車に乗っていた時間は17－3＝14(分)。自転車の速度は歩く速度の240÷80＝3(倍)なので，家から公園まで歩く時間と自転車で行く時間の比は3：1。家から公園まで歩いた時間を③とすると，公園から家まで歩いた時間も③であり，家から公園まで自転車で行った時間は①。これらの合計が14分より③＋③＋①＝⑦が14分であり，①＝14÷7＝2(分)　　①は家から公園まで自転車で行った場合の時間であることから，正さんの家から公園までの道のりは240×2＝480(m)

重要 5.　(論理・推理)

(1)　全部で20回の競争を行ったことから，青組の1位と2位の回数の合計は20－6＝14(回)　　また，赤組は2位が5回，白組も2位が5回であることから，青組の2位の回数は20－5－5＝10(回)であり，青組の1位の回数は14－10＝4(回)　　したがって，青組の点数は7×4＋5×10＋3×6＝96(点)

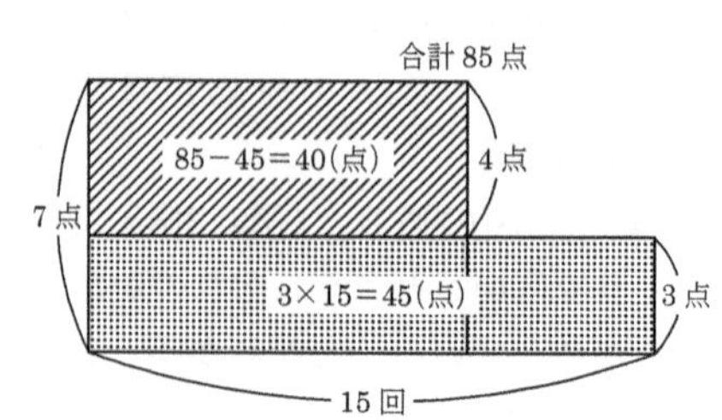

(2)　20回競争すると全部の合計点は(7＋5＋3)×20＝300(点)　　白組94点，青組96点より，赤組の点数は300－94－96＝110(点)

(3)　赤組の1位と3位の回数は20－5＝15(回)　　2位が5回より，1位と3位の合計点数は110－5×5＝85

(点)　1位は7点，3位は3点，合計15回で85点になるためには，前ページの図より1位10回，3位5回ということがわかる。したがって，白組の3位の回数は20−(5+6)=9(回)

★ワンポイントアドバイス★

4.はグラフの読み取りの問題。問題文と見比べて，グラフに変化が起きるのはどの時か，確認しよう。5.は一見複雑に思えるが，問題文にしたがって計算すればそれ程難しくないと思われる。落ち着いて問題文を読んでみよう。

＜理科解答＞

1 (1) エ　(2) (ⅰ) ア，イ　(ⅱ) イ，エ　(3) イ，ウ，エ，カ
(4) ① エ　② オ　③ ク　④ ケ　⑤ セ

2 (1) エ　(2) イ　(3) ウ　(4) エ　(5) (記号) イ　(名称) 酸素
(6) ウ　(7) 二酸化炭素　(8) (あ) アルカリ性　(い) 酸性　(ウ) 弱く
(9) エ

3 (1) ① イ　② イ　③a ア　(2) A ウ　B オ　C キ
(3) (上側) 150mA　(下側) 300mA　(4) ウ，エ　(5) ウ
(6) Ⅰ イ　Ⅱ エ

4 (1) ① さそり座　② 西　(2) イ　(3) A
(4) ③ イ　④ エ　⑤ オ　⑥ ク　⑦ 東　(5) 午前5時
(6) ① ウ　② オ　③ キ

○推定配点○

1 各2点×5((2)(ⅰ)・(ⅱ)，(3)，(4)各完答)　2 (4)，(6) 各1点×2　他 各2点×7((5)，(8)各完答)　3 各2点×6((1)～(4)，(6)各完答)　4 各2点×6((1)，(4)，(6)各完答)　計50点

＜理科解説＞

1 (生物−植物)

(1) 「みつけたこと」に関しては，観察の対象となる植物について情報をいろいろな視点で観察できると良いので，手ざわりやにおいなども書いておくとよい。

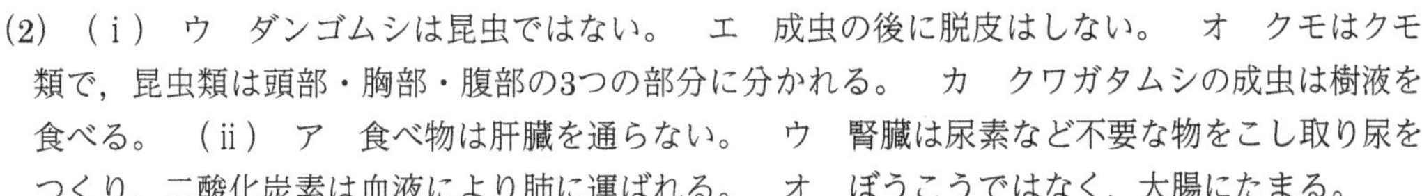

や難 (2) (ⅰ) ウ　ダンゴムシは昆虫ではない。　エ　成虫の後に脱皮はしない。　オ　クモはクモ類で，昆虫類は頭部・胸部・腹部の3つの部分に分かれる。　カ　クワガタムシの成虫は樹液を食べる。　(ⅱ) ア　食べ物は肝臓を通らない。　ウ　腎臓は尿素など不要な物をこし取り尿をつくり，二酸化炭素は血液により肺に運ばれる。　オ　ぼうこうではなく，大腸にたまる。

(3) ア　土のない場所ではイタドリもイヌツゲも育っていない。　オ　動物の体につく種子の形ではない。

(4) ① リスは実を食べ，カマキリは肉食，ショウリョウバッタは植物を食べるので，エとなる。　② 種子は下に落ちるので，この場所に子孫を残そうとしている。　③ この森は地面に届く光がわずかなので，その環境でも育つことができると考えられる。　④ リスがこの実を食

べると考えられる。⑤　さまざまな植物が生育するため，食物連鎖も複雑になると考えられる。

2　(物質と変化－気体の性質)

基本　(1)　ふたをすると新しい空気が入ってこなくなり，二酸化炭素がたまっていくので炎の勢いが弱くなり消える。

(2)　発生する気体Xは二酸化炭素で水に溶けると炭酸水ができる。

(3)　空気中の二酸化炭素の割合は0.04％である。

基本　(4)　炎によってあたためられた空気は上昇するので下に穴があると割りばしのすき間を通って空気の流れができ，火力が強くなる。

(5)　わりばしが燃えることにより，わりばしに含まれる炭素と酸素が結びつき二酸化炭素ができるので，酸素が減少する。

基本　(6)　うすい塩酸をアルミニウムはくに加えると水素が発生する。

(7)　近年増えている環境に大きな影響を与えている気体は二酸化炭素である。

(8)　赤リトマス紙を青色に変えるのはアルカリ性で，二酸化炭素は水に溶けて酸性を示す。

(9)　海水の性質がアルカリ性から酸性寄りになることからサザエやサンゴが育ちにくくなることが考えられる。

3　(電流－回路と電流)

基本　(1)　①と②は500mA，③aは5Aを使用する。

やや難　(2)　並列回路は並列部分の電流の合計の電流が流れるので，一番流れやすく，直列回路が一番流れにくい。また，並列回路の並列部分は直列と同じ電流が流れる。

(3)　上側は実験②の直列回路と同じ150mAが流れ，下側は実験①の基本回路と同じで300mAである。

やや難　(4)　アは電源スイッチと並列になっている抵抗に電流が流れない。イは強弱切りかえスイッチを入れかえても強弱が変わらない。

(5)　アは電源のスイッチを入れなくても電流が流れ，イは強弱が変わらない。ウの回路では強のときに基本回路から並列回路となり，エでは弱のとき抵抗2本が直列回路で強のときに基本回路になる。

(6)　アは2つのスイッチが入っているときのみつく。イはどちらのスイッチも切れているときのみ消え，片方が切れていてもつく。ウは1つのスイッチが上側にあるとつけることができず，両方のスイッチが下にあるときのみつけることができる。エはどちらでもつけたり消したりできる。

4　(天体・気象・地形－星と星座・地球と太陽)

基本　(1)　この星座は夏の時期に南の低い空を移動するさそり座で，沈むのは西の方角である。

基本　(2)　真南の方角を中心に時計回りに動くのでイである。

(3)　太陽が最も高い位置にある方角が南なのでAである。

(4)　③　太陽が動くのは，地球の自転が原因なので，速さは一定である。　④・⑤　地球が西から東に自転しているので，太陽は東からのぼり西に沈む。　⑥　Xから2点目(11時)と3点目(12時)の間なので，正午より早かった。　⑦　明石市の南中時刻の正午より速いので，観察した場所は明石市より東である。

やや難　(5)　1時間おきの記録で2cm動くので8cmは4時間であることがわかるので，午前9時の4時間前の午前5時が日の出の時刻となる。

(6)　①　太陽は1時間に2cm動いているので，太陽の動く速さは夏と冬で同じであることがわかる。　②・③　ひもの長さが冬の方が短いので，冬の方が太陽の出ている時間は短い。

★ワンポイントアドバイス★

既存の知識と観察・実験の結果を結びつけて，考えることが必要な出題である。現象などがなぜそうなるのかを順序だてて説明できるようにしておこう。

＜社会解答＞

1 問1　ウ　　問2　イ　　問3　イ　　問4　(例)　クニ同士の戦いから集落を守るため。
問5　イ　　問6　ア　　問7　朝鮮通信使　　問8　ウ　　問9　佐賀(県)
問10　原敬　　問11　(1)　鑑真　　(2)　ウ　　問12　エ　　問13　倭寇
問14　(1)　保元(の乱)　　(2)　厳島神社　　問15　ウ　　問16　エ　　問17　ア
問18　(1)　(1945年)8(月)6(日)　　(2)　佐藤栄作　　(3)　さとうきび　　問19　ウ
問20　与那国島　　問21　イ　　問22　ア　　問23　イ　　問24　X　ウ　　Y　ア
問25　(例)　旬ではない時期に出荷することで，高い価格で売ることができる。
問26　ア

2 問1　(1)　ウ　　(2)　ア　　問2　(1)　三審制　　(2)　(例)　慎重な審議をすることで，人権を守るため。　　(3)　国民審査　　問3　イ　　問4　エ
問5　(1)　大日本帝国憲法　　(2)　ウ　　(3)　文化(の日)　　問6　ア(市)　　問7　イ

○推定配点○
1　問4・問8・問12・問25・問26　各2点×5　　他　各1点×26
2　問2(2)・問6　各2点×2　　他　各1点×10　　計50点

＜社会解説＞

1 **(日本の地理，日本の歴史－九州地方，古代～現代)**

問1　聖徳太子は推古天皇の摂政であった。また，聖徳太子は冠位十二階の制度を制定し，十七条憲法を示した。よって，ウの組み合わせが正しい。なお，大化の改新を行った中大兄皇子が即位して天智天皇となっている。

問2　弥生土器は，赤褐色の薄手でかための土器なので，イが適当。アとウは縄文土器である。

問3　中国の皇帝から漢委奴国王の称号をもらったと考えられているのは，卑弥呼ではなく奴国の王なので，イが誤っている。卑弥呼は中国の皇帝から「親魏倭王」の称号をもらっている。

問4　弥生時代にはクニ同士の争いがみられるようになり，集落を争いから守るために周りを濠で囲んだ環濠集落がみられるようになったと考えられる。

問5　日露戦争は1904年に始まり1905年に終結している。日露戦争の講和条約であるポーツマス条約でロシアは韓国における日本の優越権を認めており，日本は1905年に韓国を保護国化し，1910年に韓国併合が行われているので，日露戦争よりあとのできごとは，イとわかる。アの日英同盟は1902年に結ばれ，ウの三国干渉は日清戦争の講和条約である下関条約が結ばれた後の1895年，エの義和団事件は19世紀末のできごとである。

重要 問6　武家諸法度は1615年に江戸幕府2代将軍徳川秀忠が最初に出しており，江戸幕府初代将軍である徳川家康ではないので，アがまちがっている。イの徳川家光は3代将軍で，1635年に参勤交

代を制度化している。ウの徳川綱吉は5代将軍で，生類憐みの令を発布している。エの徳川吉宗は8代将軍で享保の改革を実施している。

問7　将軍の代がわりごとに朝鮮からやってきた使節は，朝鮮通信使という。なお，琉球国王からは将軍の代がわりごとに慶賀使が送られている。

問8　戦国大名の多くは家来を自分の城の周りに住まわせたため，門前町ではなく城下町が発達しており，ウがまちがっている。門前町は，寺院や神社の門前市から発達した町である。

問9　地図中の路線図からは，西唐津や伊万里が佐賀県に位置していることがわかる。

基本　問10　1918年の米騒動のあとに成立した，「本格的」な政党内閣は，立憲政友会総裁の原敬を内閣総理大臣とした原敬内閣である。

問11　(1)　唐招提寺をひらいた，日本からの招きによって渡航に何度も失敗しながらも来日した唐の僧侶は，鑑真である。　(2)　遣唐使は菅原道真の建議で894年に中止しているが，藤原頼通が平等院鳳凰堂を建立したのは11世紀のことであり，ウが遣唐使が派遣されていたころの日本について説明した文としてまちがっている。630年に第1回遣唐使が派遣され，894年に中止されているが，アの聖武天皇は8世紀の人物であり，イの墾田永年私財法は743年に出されており，エの天平文化は8世紀の平城京に都が置かれていたころに栄えた文化である。

問12　アの承久の乱は1221年，イの御成敗式目が制定されたのは1232年，ウの永仁の徳政令は1297年，エの弘安の役は1281年のできごとである。年代の古い順に並べた場合，ア→イ→エ→ウとなり，3番目となるのはエである。

問13　14世紀に北九州などを拠点にして，朝鮮半島や中国の沿岸部をあらした海ぞくは，倭寇とよばれた。

問14　(1)　1156年におこった，上皇側と天皇側に分かれた戦いは，保元の乱である。　(2)　平清盛が一族の守り神として敬った，瀬戸内海にある神社は，厳島神社である。

やや難　問15　ア　浄土宗は法然が開いたが，平安時代ではなく鎌倉時代に発展した宗派である。　イ　法華宗を開いたのは日蓮であり，空海は真言宗を始めている。　ウ　天台宗は平安時代に最澄が始め，平安時代に発展している。　エ　臨済宗は栄西が始めているが，平安時代ではなく鎌倉時代に発展した宗派である。

問16　織田信長はキリスト教を禁止しておらず，宣教師が教会や学校をつくることを許していたので，エがまちがっている。

問17　那覇は南西諸島の気候がみられ，冬でも月平均気温が15℃以上となっていることから，アの雨温図が那覇とわかる。

問18　(1)　広島市に原子爆弾が投下されたのは，1945年8月6日である。なお，長崎市に原子爆弾が投下されたのは1945年8月9日。　(2)　1972年に沖縄が日本に返還された時の内閣総理大臣は，佐藤栄作である。　(3)　沖縄県における作付面積の約半分を占めている，写真の農産物は，さとうきびである。

問19　西九州新幹線の列車は，ウのかもめが愛称として使用されている。

問20　日本の領土の一番西側に位置しているAの島は，沖縄県に属する与那国島である。

問21　地図中のBの島々は尖閣諸島を示している。尖閣諸島は日本の領土であるが，中国が領有権を主張し，中国船による不法な侵入などが続いているので，イが正しい。アは竹島についての説明，ウは北方領土についての説明，エは日本最南端の島である沖ノ鳥島についての説明である。

問22　20世紀初頭からの噴火により，大隅半島と陸続きになった鹿児島湾に浮かぶCの島は，桜島である。よって，アの組み合わせが正しい。

問23　Dは有明海を示している。有明海沿岸ではのりの養殖が盛んなので，イが正しい。アの水俣病が発生した湾は水俣湾。ウのサンゴ礁がひろがっているのは南西諸島や奄美諸島などである。エの大きなうず潮が発生していることで知られるのは鳴門海峡。

問24　㋐は福岡県，㋑は鹿児島県を示している。福岡県(X)には九州地方の中で一番人口が多い都市である福岡市や，二番目に人口が多い都市である北九州市があることなどから，野菜や果実の生産が盛んであり，ウがあてはまる。鹿児島県(Y)は火山灰が降り積もったシラスが広がっており，畜産業が盛んであることから，アがあてはまる。

問25　促成栽培とは，温暖な気候を利用し，ビニールハウスなどの施設を用いて野菜などの生長を早めることによって，通常よりも収穫時期を早め出荷する栽培方法である。出荷時期が旬ではない時期であることから，促成栽培によって栽培され出荷される野菜などは，高い価格で売ることができるという長所があると考えられる。

問26　半導体は小型で軽量という製品の特性から，輸送に便利な高速道路沿いや空港周辺に主に立地したので，アが半導体を製造する工場の立地の特徴として正しい。

2　**(政治，時事問題－日本国憲法，政治のしくみ，国際経済)**

問1　(1)　2022年には，2月にロシアがウクライナに侵攻しており，ウが適切と判断できる。「憎しみ　残るだけ」とあることから，戦争やテロなどについての内容と考えられる。　(2)　国は新型コロナ感染症拡大により極めて厳しい経営状況にある事業者を支援するため，給付金を支給したので，アが正しい。飲食店の配達サービスの利用者に給付金を支給したわけではないのでイは誤り。新型コロナ感染症に感染した患者に給付金が支給されたことはないのでウは誤り。強盗などの犯罪者を逮捕しないということはありえないので，エは誤り。

問2　(1)　同じ1つの事件について，最大3回まで裁判することができる制度を，三審制という。　(2)　三審制がとられている理由は，審理を慎重に行うことによって，えん罪を発生させないようにするなど，人権を守るためであると考えられる。　(3)　最高裁判所の裁判官は，裁判官としてふさわしいかどうかを投票で決め，ふさわしくないとされた者はやめさせられる，国民審査がある。最高裁判所裁判官の国民審査は，任命後最初に行われる衆議院議員総選挙のときと，その後10年たってから行われる総選挙のときごとに行われる。

問3　衆議院は解散があるので，イが衆議院の説明としてまちがっている。衆議院は任期が4年で解散もあるのに対して，参議院は任期が6年で解散もない。2023年現在の衆議院の選挙制度は小選挙区比例代表並立制なので，アは正しい。衆参両院の議決が一致しない場合，衆議院により強い権限が認められており，ウは正しい。衆議院は内閣への信任または不信任の決議を行うことができるので，エは正しい。

問4　内閣総理大臣は，国会が指名し天皇が任命するので，エが正しいとわかり，イとウが誤っていることがわかる。最高裁判所長官は内閣が指名し天皇が任命する。また，最高裁判所のその他の裁判官は内閣が任命する。下級裁判所の裁判官は，最高裁判所の指名した者の名簿によって，内閣が任命する。よって，アが誤っているとわかる。

問5　(1)　日本国憲法が1947年に施行される以前に使われていた，明治時代に制定された憲法は，1889年に発布された大日本帝国憲法である。　(2)　日本国憲法は，国民主権(主権在民)や民主主義，国際平和主義などが土台にあったので，ウの組み合わせが正しい。　(3)　11月3日は「文化の日」となっている。

問6　高齢化率は，人口に占める65歳以上人口の割合なので，65歳以上人口÷(14歳以下人口＋15～64歳人口＋65歳以上人口)×100(%)で計算される。4つの市の高齢化率は，ア市が50%，イ市が30%，ウ市が40%，エ市が20%となっており，ア市が最も高齢化率が高い。

問7　①の地球温暖化と最も関連が深いのは，温室効果ガスの排出削減などについて取り決めたa

のパリ協定。②の貿易促進と最も関連が深いのは，経済連携協定であるcのTPP(環太平洋パートナーシップ)である。③の臓器移植と最も関連が深いのは，臓器提供意思表示カードであるbのドナーカード。よって，イの組み合わせが正しい。

★ワンポイントアドバイス★

時事問題に注意しておこう。

<国語解答>

〔一〕 1 倉庫　2 招待　3 農業　4 燃(やす)　5 樹氷　6 胃腸薬
7 綿毛　8 衛星　9 祖父　10 国旗

〔二〕 問一 A オ　B ア　C エ　問二 (a) ウ　(b) エ　問三 自分がなにをするべきか　問四 イ　問五 ウ　問六 (例) 障害をポジティブにとらえる姿勢や言葉に世界中の人が勇気づけられたから。　問七 ア　問八 オ
問九 イ　問十 (例) 新しいテクノロジーの開発によって，障害を個性や長所としてとらえ，障害のあるなしにかかわらず，人々が対等に接することのできる社会になること。

〔三〕 問一 (a) オ　(b) ア　問二 エ　問三 ウ　問四 イ　問五 ウ
問六 オ　問七 エ　問八 エ　問九 (例) 自分が退院したあと一人になってしまう瑛介をはげましたかったから。　問十 イ　問十一 ア
問十二 (例) 初めは長く続く病院生活にいらだちを感じていたが，自分の現状を理解し，相手を思いやることができる壮太と出会って，前向きにがんばろうという気持ちになった。

○推定配点○

〔一〕 各1点×10
〔二〕 問一・問二　各2点×5(問一は重複不可)　問六　6点　問十　8点　他　各3点×6
〔三〕 問一　各2点×2　問九　5点　問十二　12点　他　各3点×9　計100点

<国語解説>

〔一〕 (漢字の書き取り)

1は物品などを保管するための建物。　2は招いてもてなすこと。　3は土地を利用し，植物や動物を育成して生産する産業。　4の音読みは「ネン」。熟語は「燃焼」など。　5は大気中の水蒸気が樹木などについてこおりついたもの。　6は胃や腸の調子を整える薬。　7は種子を飛ばすために植物の上に生えている毛。　8の「人工衛星」は地球から打ち上げて地球の周りを公転する人工の物体。　9は父母の父親。　10は国家を象徴する旗のこと。

〔二〕 (論説文－要旨・大意・細部の読み取り，接続語，空欄補充，ことばの意味，記述力)

問一　Aは直前の内容の予想とは反する内容が続いているのでオ，Bは直前の内容と関連する別の

内容が続いているのでア，Cは直前の内容を言いかえた内容が続いているのでエがそれぞれあてはまる。

問二　══線(a)は「機会に，きっかけに」という意味。(b)は「進むべき方向を示すもの，たよりとなるもの」という意味。

問三　──線(1)の理由を述べている「しかし，それは……」で始まる段落内容から，「自分がなにをするべきか(11字)」があてはまる。

問四　「義足を……」で始まる段落で，──線(2)によって「足があったときには登ることができなかった壁をもクリアすることができるようになった」と述べているのでイが適当。この段落内容をふまえていない他の選択肢は不適当。

問五　──線(3)は「There is……」で始まる恩師のヒュー・ハーの言葉に対するものなのでウが適当。ヒュー・ハーの言葉をふまえていない他の選択肢は不適当。

問六　「足がないことに……」から続く6段落で「彼女」すなわちエミー・マランスについて説明している内容から，障害をポジティブにとらえている彼女の姿勢や前向きな言葉に，世界中の人が勇気づけられたことを，彼女が注目された理由として説明する。

問七　身体の「髪の毛やつめを切ったとしても」「影響がなく……変わらず生活することができ」るということなので，□にはアがあてはまる。

問八　「たとえば……」で始まる段落で，「髪の毛を切ったり，つめを切ったりしても，僕たちは短くなった髪の毛やつめを『障害』だと思うことはありません」と述べているので，オはあてはまらない。

問九　──線(6)の説明として(6)直後の2段落で，「障害に関するさまざまな考え方があることも知り」，「ヒュー・ハーは，自分の足がないことを……テクノロジーを埋め込むことができる『余白』と考え」，「エミー・マランスは，足がないことを自分の個性ととらえ」ていることを述べているのでイが適当。さまざまな人たちの考えに触れたことを説明していない他の選択肢は不適当。

問十　「テクノロジーは……」から続く5段落内容を中心に，テクノロジーは日々進化しており，ヒュー・ハーやエミー・マランスは自分の障害を個性や長所だととらえていること，義足ユーザーも自分もおなじひとりの人間であることなどを述べていることをふまえ，筆者が理想としていることを説明する。

〔三〕　(小説－心情・情景・細部の読み取り，空欄補充，ことばの意味，記述力)

本　問一　══線(a)は納得できず，気持ちがすっきりとしないこと。(b)の元の言葉の「すがる」は，たよりとするという意味なのでアが適当。

問二　──線(1)後で「壮太も急いで来たんだ」という瑛介の心情が描かれているのでエが適当。アの「独り占め」は不適当。壮太のことを説明していない他の選択肢も不適当。

問三　□直後の「夏の間に退院できなければ……ぼくはこの温度を知らないままだ」という「ぼく」の心情と「『……まったく外に出られないのもいやだよな』」という壮太のせりふからウが適当。□直後の描写をふまえていない他の選択肢は不適当。

問四　──線(2)は「帰りたい」という思いで，「ここから……」で始まる段落で描かれている「ぼく」の心情からもイが適当。「ここから出たい」ことを説明していない他の選択肢は不適当。

要　問五　──線(3)直前で，壮太が「『もう俺，小学三年生だよ。可能性がないこと願ってるより，この身長で生きていく方法考えないとさ』」と話すことに対して，「ぼく」は(3)のように感じているのでウが適当。(3)前の壮太のせりふをふまえていない他の選択肢は不適当。

問六　──線(4)前の「ぼく」の心情からオが適当。「壮太なしでいられるのだろうか」という不安を感じていることを説明していない他の選択肢は不適当。

問七　――線(5)後で，(5)のようにして壮太と別れたのは「あれ以上言葉を発したら，泣きそうだったからだ」という「ぼく」の心情が描かれているのでエが適当。(5)後の「ぼく」の心情をふまえていない他の選択肢は不適当。

問八　――線(6)は「『一，二週間で帰れると思うよ』」と，「一，二週間」を「ひとくくりにして」いる先生の感覚のことなのでエが適当。(6)の段落の「ぼく」の心情をふまえていない他の選択肢は不適当。

重要　問九　――線(7)から続く2段落内容から，自分が退院した後，瑛介へのメッセージをこめた絵や名前を描いた紙飛行機で，一人になってしまう瑛介をはげまそうとしていたことをふまえて，壮太が紙飛行機を作った理由を説明する。

問十　「それにしても……」で始まる段落で，「干からびたバッタの死骸は……暑さはよくわかる」という「ぼく」の心情が描かれているのでイが適当。この段落内容をふまえていない他の選択肢は不適当。

重要　問十一　――線(9)は，病院にいる「ぼく」に「夏の暑さを伝えることができ……ぼくを楽しませることができる」壮太のことなのでアが適当。(9)前の「ぼく」の心情をふまえていない他の選択肢は不適当。

やや難　問十二　長期入院をしている「ぼく」は，早くここから出たいといういら立ちを感じていた→現実を冷静に受け止め，自分の進むべき道について前向きに考え，自分が退院した後も「ぼく」のことを思いやることができる壮太との出会い→自分も前向きにがんばろうという気持ちになった，ということをふまえて，壮太との交流を通した，「ぼく」の気持ちの変化を説明する。

★ワンポイントアドバイス★

論説文では，具体的な人物を挙げている目的をしっかり読み取っていこう。

2022年度

★★★★★★★★★★★★★★★★★★★★★★★★

入　試　問　題

2022年度

日本大学第三中学校入試問題

【算　数】（50分）　＜満点：100点＞

【注意】 (1) 定規，コンパスの使用を認めます。

(2) 円周率は3.14とします。

1． 次の各問いに答えなさい。

(1) $7 \times \{11 + (17 - 8 \times 2)\}$ を計算しなさい。

(2) $31.5 \times \left(\frac{11}{13} - \frac{2}{3}\right) \div \frac{21}{26} - 15.75 \div \frac{21}{4} \times \frac{4}{3}$ を計算しなさい。

(3) $\left(\frac{4}{5} \times 2 - 1\right) \div 0.3 - \{0.9 \div (9 \div 6) + 0.4\}$ を計算しなさい。

(4) お米150ｇを炊飯器（すいはんき）で炊（た）くと350ｇになります。このとき，３㎏のお米を何回かに分けて炊くと全部で何㎏になりますか。

2． 次の各問いに答えなさい。

(1) A，B，C，D，E５人が算数のテストを受けたところ，５人の平均点は64点でした。後日，正子さんが同じテストを受けると，６人の平均点は65.5点になりました。正子さんの点数は何点でしたか。

(2) 正さんには妹がいます。昨年の正さんのお小遣（こづか）いと妹のお小遣いの比は５：２で，２人とも毎年20％ずつ金額が増えています。昨年の妹のお小遣いが1200円であったとき，今年の正さんのお小遣いは何円ですか。

(3) 右の図はひし形を折り返したものです。㋐と㋑の角度を求めなさい。

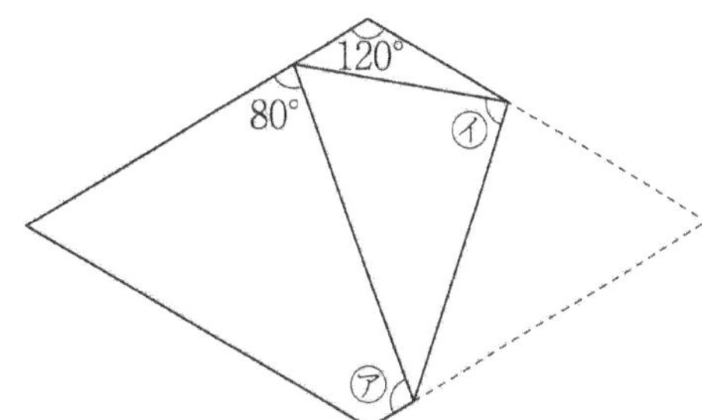

(4) 縦18m，横24mの長方形の土地の周りと４つの角に杭（くい）を３mおきに立てます。杭は全部で何本必要ですか。

(5) 右の図は，半径10㎝の円，半径20㎝の円，正方形を重ねたものです。半径20㎝の円と正方形がぴったりと重なっているとき，斜線（しゃせん）部分の面積は何cm^2ですか。ただし，●印は円の中心を表すものとします。

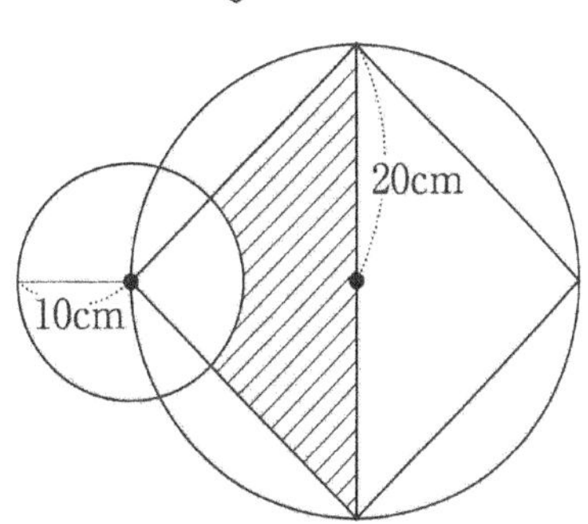

⑹　右の図のようにＡからＧまでの７つの点が等間隔(とうかんかく)で円周に並んでいます。この中から３つの点を結んで三角形をつくります。二等辺三角形は全部で何個できますか。

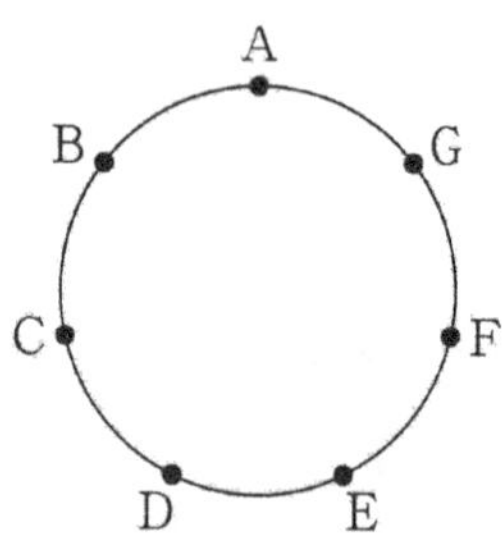

⑺　７％の食塩水300ｇに食塩を加えたところ，10％の食塩水ができあがりました。食塩を何ｇ加えましたか。

⑻　６人で１時間働くと終わらせることができる仕事があります。x 人でこの仕事をすると y 分かかるとするとき，次の問いに答えなさい。

① x と y の関係を式で表しなさい。また，y は x に比例するか，反比例するか，そのどちらでもないか答えなさい。

②　この仕事を45分間で終わらせるためには，何人で働けばよいですか。

⑼　原価の20％の利益を見込(みこ)んで定価をつけた商品を，定価の10％引きで売ったところ，280円の利益がありました。原価はいくらですか。

⑽　24人の生徒に何本かずつ鉛筆(えんぴつ)を配ると18本余ります。そこで，配る本数を２本ずつ増やすと，22人に配り終えたところで鉛筆はなくなりました。鉛筆は全部で何本ありますか。

３． 下のように，数がある規則に従って左から並んでいます。

1，1，2，1，2，3，1，2，3，4，1，…

これらの数を，次のようにグループに分けます。

(１)，(1，2)，(1，2，3)，(1，2，3，4) (1，…

このとき，次の問いに答えなさい。

⑴　１番目から５番目のグループまでに，数は全部で何個ありますか。

⑵　たとえば１から10までの和は

１＋10＝11
２＋９＝11
３＋８＝11
４＋７＝11
５＋６＝11

なので，11×５を計算して55になることがわかります。
この考えを利用して，１から60までの和を計算しなさい。

⑶　先頭から数えて2022番目の数を求めなさい。

４． 明さんは駅から2500ｍ離(はな)れた家まで，分速80ｍで寄り道をせずに歩きます。兄は，明さんが駅を出発してから２分後に家を出発し，歩いて明さんを迎(むか)えに行きました。兄は12分間で家から1200ｍ離れたコンビニに到着(とうちゃく)し，そこで６分間買い物をして先ほどと同じ速さで歩いて駅に向かいました。しかし，その後２分間歩いても明さんと会わなかったため，コンビニに寄っているときに明さんがコンビニを通過したと考え，慌(あわ)てて明さんを走って追いかけました。下のグラフは２人の時間と道のりの関係をまとめたものです。
このとき，次の問いに答えなさい。

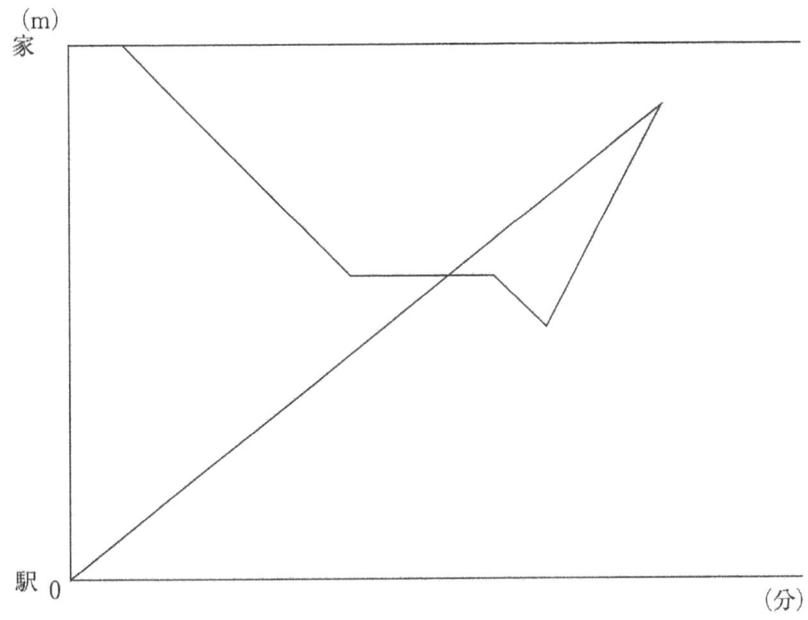

(1) 兄の歩く速さは分速何ｍですか。

(2) 兄が明さんを分速190ｍで走って追いかけるとき，家から何ｍの地点で兄は明さんに追いつきますか。

5． 花子さんが赤，青，黄の折り紙で三角，四角，星の形にそれぞれ，三角を27枚，四角を17枚折りました。また，赤の折り紙を22枚，黄の折り紙を17枚使いました。赤の三角は11枚，青の四角が５枚，黄の星が３枚，青の三角が10枚であり，青の折り紙の合計枚数と星の合計枚数の比が４：３でした。折り紙の枚数について，太郎さんと花子さんが会話をしています。

太郎さん：なんか情報がたくさんあってよくわからないぁ。

花子さん：そんなときは表にまとめてみるとわかりやすいと思うよ。

太郎さん：こんな表でよいのかな。三角の合計枚数に注目すると，黄の三角が（　あ　）枚だとわかった！

	赤	青	黄	合計
三角				
四角				
星				
合計				

花子さん：そうだね！ 三角と黄の折り紙に注目をすると，赤の四角の枚数がわかるね！

太郎さん：順に表を埋(う)めていくと，赤の星は（　い　）枚になった！

花子さん：そうだね！ 私は全部で（　う　）枚の折り紙を折ったことがわかるね！

このとき，次の問いに答えなさい。

⑴ （あ）と（い）に当てはまる数をそれぞれ求めなさい。

⑵ （う）に当てはまる数を求めなさい。

【理　科】（社会と合わせて60分）　＜満点：50点＞

1　次の各問いに記号で答えなさい。

(1)　野菜として主に葉を食べる植物はどれですか。

ア．キュウリ　　イ．キャベツ　　ウ．ピーマン　　エ．ナス　　オ．カボチャ

(2)　さなぎになる昆虫はどれですか。

ア．アキアカネ　　イ．アブラゼミ　　ウ．アゲハ　　エ．スズムシ　　オ．トノサマバッタ

(3)　水素の性質として**まちがっているもの**はどれですか。

ア．よく燃える　　イ．空気より軽い　　ウ．においがある

エ．水に溶けにくい　　オ．色がついていない

(4)　国際宇宙ステーションに，空気として補充されている気体はどれですか。

ア．窒素と酸素　　イ．窒素と二酸化炭素　　ウ．窒素と水蒸気

エ．酸素と水蒸気　　オ．酸素と二酸化炭素

(5)　方位磁針Aの近くに電磁石をおくと，図のようになりました。電流の向きを反対にしたとき，方位磁針BのN極が指す方角はどれですか。

ア．東　　イ．西　　ウ．南　　エ．北

オ．南東

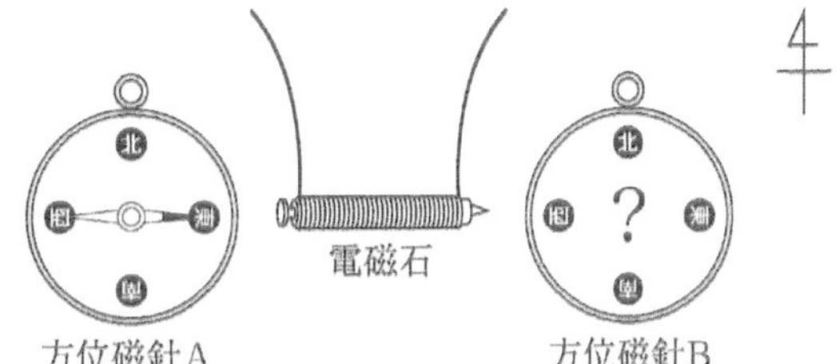

(6)　同じ重さでくらべたとき，もっとも体積が大きいものはどれですか。

ア．金　　イ．水　　ウ．空気　　エ．アルミニウム　　オ．発泡ポリスチレン

(7)　3枚の鏡で日光をはね返して日の当たらないかべに当てました。もっとも温かくなるのはどこですか。

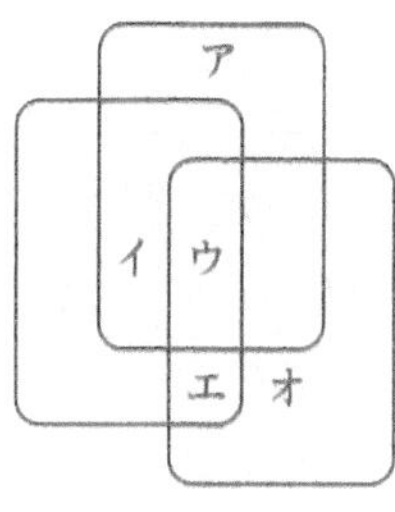

(8)　赤く見える星はどれですか。

ア．プロキオン　　イ．リゲル　　ウ．シリウス

エ．ベテルギウス　　オ．北極星

(9)　ワクチンについて**まちがっているもの**はどれですか。

ア．ウイルスや細菌の病原性を弱めたものである。

イ．ウイルスや細菌などに対する免疫ができる。

ウ．ウイルスや細菌が変異することで効果が弱くなることがある。

エ．感染症に絶対にかからなくなる。

オ．発熱や発しんなどの副反応がみられることがある。

(10)　SDGsとは何ですか。

ア．持続可能な開発目標

イ．二酸化炭素の削減目標

ウ．ＡＩロボットの導入目標

エ．新型コロナワクチンの接種目標

オ．東京オリンピックでの金メダル獲得目標

2 「プラ島太郎」というCMを見た三太くんは，海のプラスチックごみ（プラごみ）について，次の２つの問題点に気づきました。これについて，あとの問いに答えなさい。

【問題点】 A　海の生き物がエサとまちがえてプラごみを食べてしまうこと。
B　プラごみがなくならずに残ってしまうこと。

【A】 問題点Aについて，海の生き物が食べたプラごみが，からだの中でどうなるのかを知るために，三太くんは教科書で「食べ物のゆくえ」について調べました。

⑴ 図１を見つけた三太くんは，食べ物の通り道を次のように示しました。

口 → 食道 → 胃 → 小腸 → 大腸 → こう門

① 図１のア～オから胃を記号で選びなさい。

② 口からこう門までの食べ物の通り道を何といいますか。漢字３文字で答えなさい。

③ ②のはたらきについて，三太くんは次のようにまとめました。（X）と（Y）に適するものを，それぞれ図１のア～オから記号で選びなさい。
ただし，文中の（②）は問題②の答えと対応しています。

人のからだで，食べ物は（　②　）の中を運ばれながら消化される。消化された食べ物の養分は，水とともに，主に（　X　）から吸収される。吸収されなかったものは，（　Y　）に運ばれて，さらに水が吸収され，残りは，こう門からふんとして体外に出される。

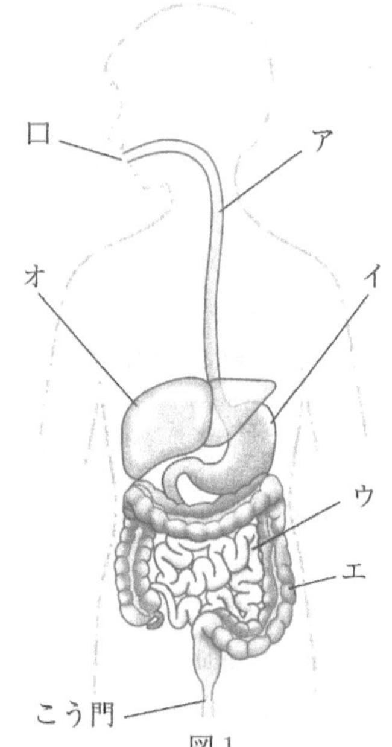

図１

④ ②の中ではたらく消化液を，すべて記号で選びなさい。
ア．水　　イ．だ液　　ウ．ヨウ素液　　エ．胃液　　オ．血液

⑵ 三太くんが，⑴④の消化液の中にプラごみを入れたところ，プラごみは変化しませんでした。このことから，プラごみは海の生き物のからだの中でどうなると考えられますか。
もっとも適するものを１つ記号で選びなさい。

ア．すべて消化・吸収される。
イ．すべて消化されるが，吸収されずに胃や腸などにたまる。
ウ．一部が消化・吸収されずにふんとして体外に出される。
エ．一部が消化・吸収され，大部分がふんとして体外に出される。
オ．すべて消化されずに胃や腸などにたまる。

【B】 問題点Bについて，三太くんが教科書で調べたところ，次の実験を見つけたので実際にやってみました。

〔実験〕 ❶　図２（次のページ）のように，２つのプラスチック製のネットに，それぞれ落ち葉とプラごみを入れる。
❷　❶を落ち葉のある木の下の地面に置き，落ち葉や少量の土でおおう。
❸　１か月後に❷を回収して，ネットの中のものを調べる。

［結果］ 落ち葉は形がなくなるほどボロボロになっていたが，プラごみは変化しなかった。

⑶ 落ち葉について，三太くんは教科書で調べてみました。

① 落ち葉を食べる生き物を，1つ記号で選びなさい。

ア．クモ　イ．ムカデ　ウ．ダンゴムシ

エ．トカゲ　オ．モグラ

② 落ち葉と生き物の関係を，三太くんは次のように示しました。このつながりを漢字4文字で答えなさい。ただし，(①)は問題①の答えと対応しています。

落ち葉→（　①　）→（　①　）を食べる生き物

⑷ 結果について，三太くんは次のように考えました。『　』に適するものを，あとのア～オから1つ記号で選びなさい。

図2

> ⑶①の生き物は，ネットのすき間よりも大きくて中に入れないので，落ち葉を食べた犯人は別にいる。つまり，『　　　』が犯人である。そしてその犯人でさえ，プラごみを食べることはできないのである!! こうして海や山に残り続けるプラごみ，恐るべし…。

ア．落ち葉を食べるミミズ

イ．消化のはたらきが強い大きな草食の生き物

ウ．プラスチック製のネットを食べる目に見えない小さな生き物

エ．プラスチック製のネットを食い破ることができる肉食の生き物

オ．プラスチック製のネットのすき間から入ることができる目に見えない小さな生き物

⑸ これまでの問題を参考に，プラごみ問題に関する三太くんの結論として，**まちがっているもの**を1つ記号で選びなさい。

ア．海や山でも分解される，生分解性プラスチックの普及が望まれる。

イ．買い物をするときは，プラスチック製のレジ袋をもらわないようにする。

ウ．飲み物を飲むときは，プラスチック製のストローを使わないようにする。

エ．飲み終わったペットボトルは，リサイクル用の回収ボックスに入れるようにする。

オ．食事のときは，衛生的なプラスチック製の使い捨てのスプーンを使うようにする。

3 三太くんは学校の理科室で水酸化ナトリウム水溶液と塩酸を用意し，先生と一緒に実験をしました。あとの問いに答えなさい。

⑴ はじめに，水溶液の性質を調べました。

① 授業で使ったことのある赤色と青色のリトマス紙に2つの水溶液をつけました。

❶水酸化ナトリウム水溶液，❷塩酸の変化について，1つずつ記号で選びなさい。

ア．赤色リトマス紙が青色に変化した。

イ．青色リトマス紙が赤色に変化した。

ウ．どちらのリトマス紙も変化しなかった。

② 水溶液の性質を調べる薬品として，先生はBTB溶液を用意してくれました。次の文は，BTB溶液を入れたときの変化に関する先生の説明です。(a)と(b)に適する水溶液の性質を答えなさい。

> 緑色のBTB溶液を２つの水溶液に入れると，水酸化ナトリウム水溶液は青色に，塩酸は黄色に変化します。つまり，BTB溶液は（　a　）性で青色，（　b　）性で黄色を示すことが分かります。なお，水に入れると緑色のままです。

⑵ さらに，水酸化ナトリウム6.0ｇを水に加えて100cm³にした水酸化ナトリウム水溶液と，濃さの分からない塩酸を混ぜ合わせてＡ～Ｅの混合液をつくりました。この混合液を用いて次の実験をして，その結果を表にまとめました。

【実験１】 Ａ～Ｅに緑色のBTB溶液を入れる。

【実験２】 混合液を加熱して水をすべて蒸発させ，残った固体の重さをはかる。

〔結果〕

	A	B	C	D	E
水酸化ナトリウム水溶液〔cm³〕	10	20	(あ)	10	20
塩酸〔cm³〕	10	20	(い)	15	10
BTB 溶液	緑	緑	緑	黄	(う)
固体の重さ〔ｇ〕	0.9	1.8	3.6	0.9	(え)

① 表中の(あ)・(い)に適する数値をそれぞれ答えなさい。

② 次の会話は，実験１と２の結果について，三太くんが注目した混合液ＡとＤに関する先生とのやりとりです。文中の空欄(Ｘ)～(Ｚ)に適する言葉を答えなさい。

> 三太くん：BTB溶液を入れると混合液Ｄは黄色になりました。
> 先　　生：その理由はわかりますか？
> 三太くん：混合液Ｄは混合液Ａよりも塩酸が５cm³多いので（　Ｘ　）性だからです。
> 先　　生：その通り!!
> 　　　　　では，その混合液Ｄと混合液Ａを蒸発させたとき，残った固体の重さが同じなのはなぜですか？
> 三太くん：…わかりません。
> 先　　生：ところで，塩酸に溶けている塩化水素は固体・液体・気体のどれですか？
> 三太くん：（　Ｙ　）です。
> 先　　生：そうだね。ということは，混合液Ｄに多くふくまれている塩酸５cm³はどうなったのかな？
> 三太くん：水と一緒に（　Ｚ　）した！ だから，残った固体の重さが同じになったのですね。
> 先　　生：その通りです。よくできました!!

③ 表中の（う）の色を，1つ記号で選びなさい。

ア．緑　　イ．黄　　ウ．青　　エ．赤

④ 表中の（え）は2種類の物質が混ざっています。（え）に適する数値を答えなさい。

4 三太くんはブランコで遊んでいるとき，友達と自分のブランコのタイミングが少しずつずれていくことに気づきました。これについて調べるために，ブランコとふりこで次の実験をしました。あとの問いに答えなさい。ただし，ブランコは途中でこがないものとします。

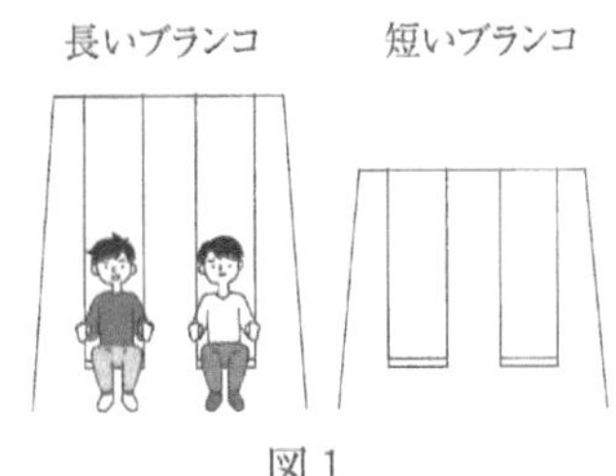

図1

【実験A】 同じ体重の三太くんと四太くんは，図1のようなブランコで条件を変えながら往復するようすを調べました。

図2

図3

⑴ 図2のように2人で長いブランコに座り，三太くんは高い位置から，四太くんは低い位置から，同時に足をはなしました。戻ってくるタイミングとして正しいものを1つ記号で選びなさい。

ア．三太くんの方が早い　　イ．四太くんの方が早い　　ウ．同じ

⑵ 図3のように2人で短いブランコに座り，四太くんだけ重いランドセルを背負い，2人とも高い位置から同時に足をはなすと，戻ってくるタイミングは同じでした。ここからわかることを1つ記号で選びなさい。

ア．ブランコの長さと戻ってくるタイミングは関係がない。

イ．足をはなす高さと戻ってくるタイミングは関係がない。

ウ．乗るものの重さと戻ってくるタイミングは関係がない。

⑶ 2人は乗るブランコの長さだけを変えて1往復する時間（周期（しゅうき））を比べて，表1にまとめました。

表1

三太くん	四太くん	周期
長い	長い	同じ
短い	長い	四太くんの方が長い
長い	短い	X

① 表中Xに適するものを1つ記号で選びなさい。

ア．三太くんの方が長い

イ．四太くんの方が長い

ウ．同じ

② 周期について，表1からわかることを1つ記号で選びなさい。

ア．ブランコが長くなると周期は長くなる。

イ．ブランコが短くなると周期は長くなる。

ウ．ブランコの長さが変わっても周期は変わらない。

⑷　三太くんの周期が「ランドセルを背負って，長いブランコで，高い位置から足をはなした四太くん」と同じになるものを，すべて記号で選びなさい。

ア．何も背負わず，短いブランコで，低い位置から足をはなす。

イ．何も背負わず，長いブランコで，低い位置から足をはなす。

ウ．何も背負わず，長いブランコで，高い位置から足をはなす。

エ．ランドセルを背負って，短いブランコで，高い位置から足をはなす。

オ．ランドセルを背負って，長いブランコで，低い位置から足をはなす。

【実験B】　三太くんは，図4のように糸とおもりを用いてふりこをつくりました。ふりこの長さのみを変えながら周期を測り，表2にまとめました。

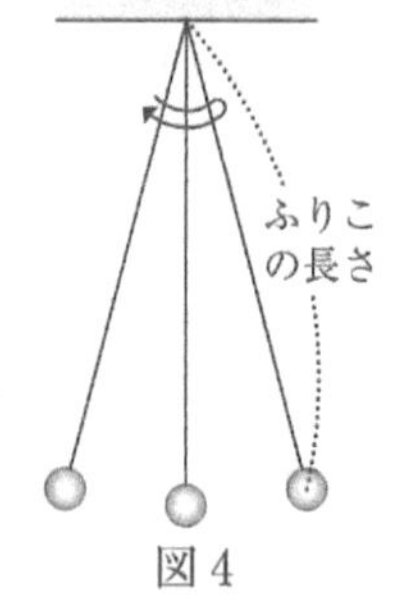

図4

表2

ふりこの長さ〔cm〕	5	10	15	20	25	30	35	40	45	50
周期〔秒〕	0.45	0.64	0.78	0.90	1.00	1.10	1.18	1.28	1.35	1.42

⑸　ふりこの長さと周期について，三太くんは次のように考えました。(①) ～ (④) に適する数値を答えなさい。ただし「長さ」はふりこの長さを表しています。なお，(②) の数値が割り切れない場合は，小数第三位を四捨五入して小数第二位まで答えなさい。

> 表2より，長さが5㎝と20㎝のとき，周期は0.45秒と0.90秒である。ここから，A長さが4倍になると周期は（　①　）倍になることがわかる。つまり，2人で遊んだ長いブランコの長さが200㎝だったとすると，（　②　）秒で1往復することになる。
>
> さらに表2より，長さが（　③　）㎝と（　④　）㎝のときの周期を比べると，B長さが9倍になると周期は3倍になることが分かる。下線部A・Bの規則性から，長さが16倍になると周期は…。

⑹　ブランコやふりこについて学んだ三太くんはサーカスの空中ブランコを見に行くことにしました。三太くんが見た図5のような空中ブランコの周期は4.00秒でした。このふりこの長さは何㎝ですか。ただし，割り切れない場合には小数第一位を四捨五入して整数で答えなさい。

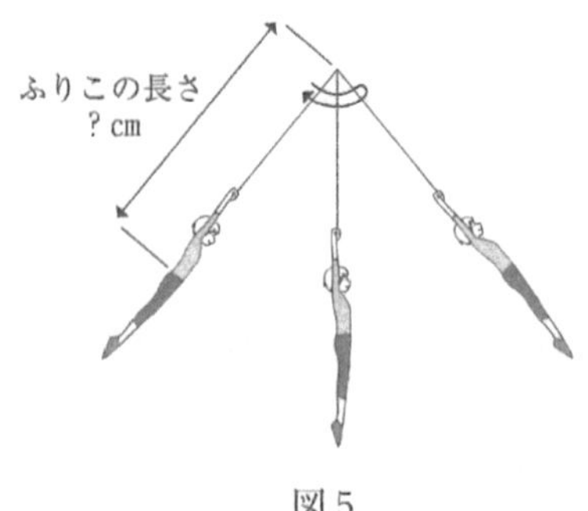

図5

5 この夏の気象現象に関する三太くんと二子さんの会話について，あとの問いに答えなさい。

三太くん　昨年は大雨の日が多かったね。夏によく発生する雨を降らせる雲って知っている？

二子さん　知っているよ！　短時間で強い雨をもたらす雲を（　①　）っていうんだよね！

三太くん　この雲は，空気が地面の熱で【②ア．温められ　　イ．冷され】たり，山にぶつかって【③ウ．上昇　　エ．下降】するとできるんだ。

二子さん　そうなんだ。そういえば，この夏「線状降水帯」で大雨が降ったことが話題になっていたね。

三太くん　図1のように，線状降水帯では，広範囲に長時間大雨が降るんだ。実は，この線状降水帯は（①）でできているんだ。図2を見てみて！

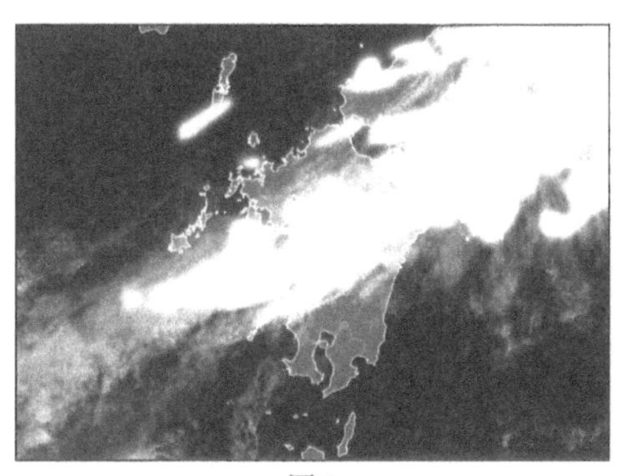

図1

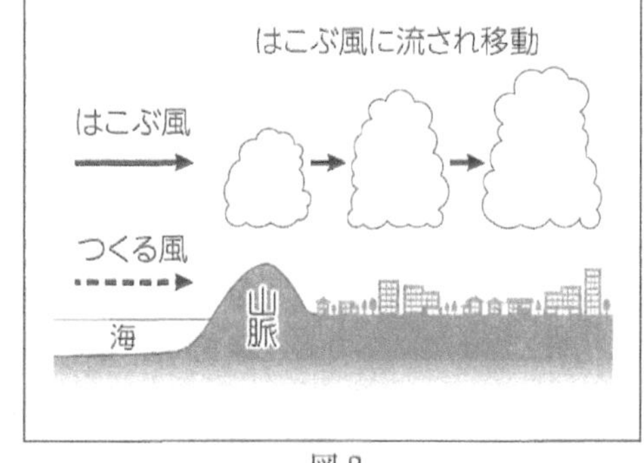

図2

二子さん　この雲ができるのには2種類の風が関わっているんだね。

三太くん　雲を「つくる風」は，海から陸に向かって吹くんだ。「つくる風」は海上で水蒸気を多く含んで陸にやってくる。それが（①）をつくるもとになるんだ。

二子さん　もう1つの「はこぶ風」は何？

三太くん　日本の（　④　）から吹く，雲を運ぶ風のことだよ。日本付近の天気は（④）から変わるでしょ？　その天気の変化をもたらす風なんだ。

二子さん　つまり，海の近くで雲ができて陸の方に運ばれ，また新しい雲ができて運ばれ…を繰り返し，たくさんの雲が線状に並ぶことで線状降水帯ができるんだね。

三太くん　その通り！

二子さん　線状降水帯は特に九州で多く発生し，鹿児島では7月9～10日にかけて，1日に472ミリもの雨が降ったと言っていたよ。この「ミリ」ってどういうことなの？

三太くん　⑤雨量はそこに降った雨の量を示すもので，雨水がたまった深さを長さの単位「㎜」で表すんだ。

二子さん　この大雨によって，川が氾濫（はんらん）したり，土砂崩れが起こったりしてたくさんの被害が出たね。

三太くん　今回被害が出た地域は，過去にも同じような災害が起こっているんだ。過去の災害をもとに作成されているのが，⑥ハザードマップなんだ。

二子さん　自分が住んでいる地域のものを確認しておく必要があるね。

三太くん　重大な災害が発生するおそれがある場合，気象庁から（　⑦　）が発表されるんだ。（⑦）が発表されたらすぐに避難できるように，日頃から心掛けなければいけないね。

⑴ （①）に適する雲の名前を答えなさい。

⑵ 【②】と【③】に適するものをア～エからそれぞれ１つ記号で選びなさい。

⑶ （④）に適するものを１つ記号で選びなさい。

ア．東　イ．西　ウ．南　エ．北

⑷ 下線部⑤について，三太くんは自作のメスシリンダー型計測器を用いて，実際に「ゲリラ豪雨」の雨量を測ってみました。

図３は，１時間でたまった雨水を表しています。１目盛りを１mmとすると，１時間の雨量は何mmですか。

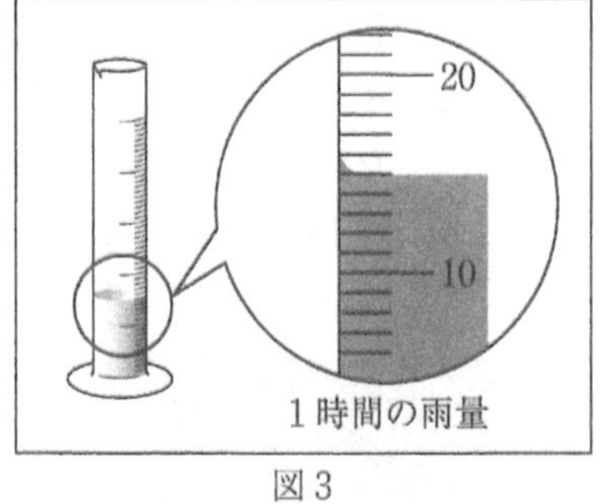

図３

⑸ ⑷の観測をしたのち，三太くんはさらに疑問に思ったことについて調べ，次のようにまとめました。

今回観測したゲリラ豪雨は，短時間にたくさんの雨が降り，１時間でやんだ。しかし，線状降水帯の場合，この雨が降り続く。ぼくが作った計測器では，途中であふれてしまい，測定不能になってしまう。実際の計測器を調べてみると，図４のような雨量計を使っていることがわかった。これは，水をためる“ます”が左右に２つ付いていて，１つのますに水が0.5mmぶん溜まると，シーソーのように傾く。傾いた回数を数えることで，雨量を測ることができる。排水口からどんどん水が流れ出るため，水がますにたまるたびに水を捨てる手間がかからない優れもの！

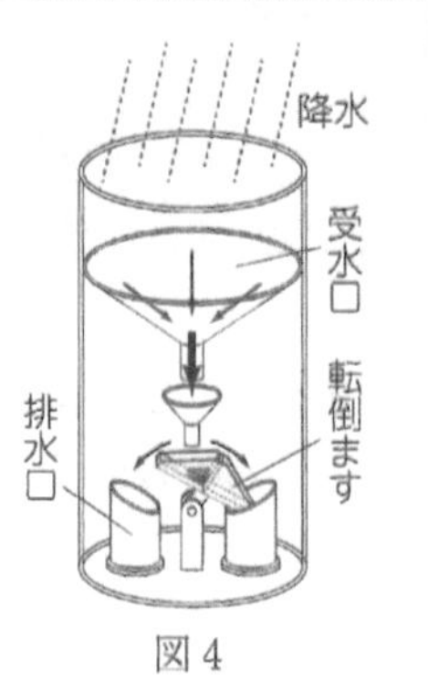

図４

(i) ⑷の雨量を図４の雨量計で観測した場合，１時間で傾きが変わった回数は何回ですか。ただし，回数の数え方は右に傾いたら１，左に傾いたら２…と数えることとします。

(ii) ⑷の雨が24時間降り続いたとすると，１日の雨量は何mmになると考えられますか。

⑹ 下線部⑥の説明として**まちがっているもの**を１つ記号で選びなさい。

ア．自然現象による被害を最小限にするために，地方自治体などにより作成されている。

イ．洪水（こうずい）ハザードマップの場合は，浸水する可能性がある範囲を示している。

ウ．災害が発生したとき，避難することができる場所を示している。

エ．起こる可能性がある災害の日時を予想して作成されている。

⑺ （⑦）に適するものを１つ記号で選びなさい。

ア．緊急地震速報　イ．緊急事態宣言　ウ．非常事態宣言　エ．特別警報

【社　会】（理科と合わせて60分）　　＜満点：50点＞

1　次の文章を読み，地図を参考にしてあとの各問に答えなさい。なお，文章中のA～Jは地図中のA～Jに対応している。

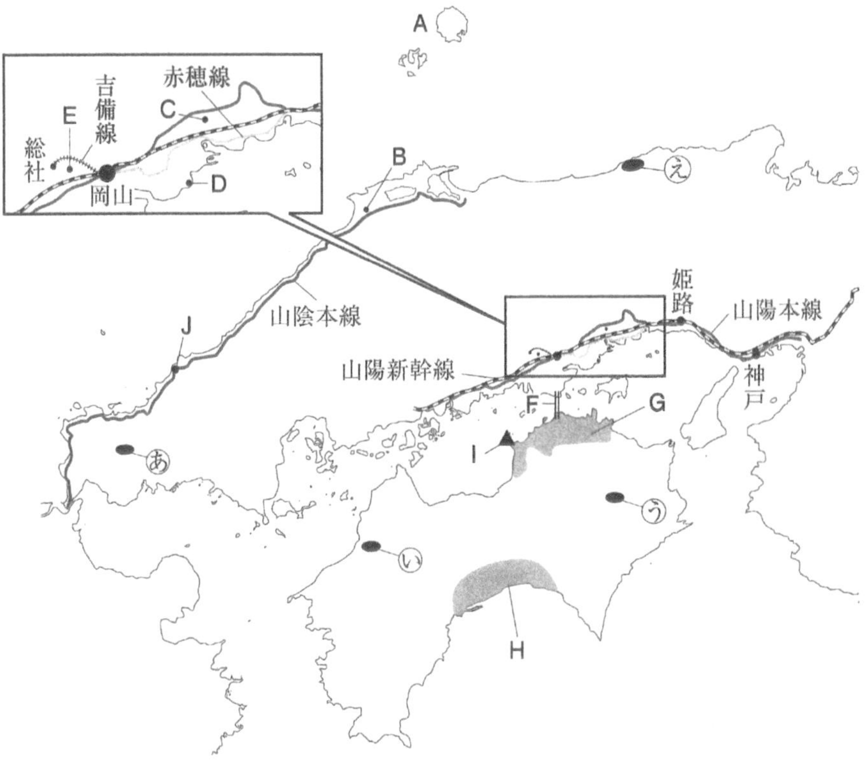

隠岐国（おきのくに）。島根県ではいまでもこの島を指してそう呼ぶことがあるのだそうだ。A の隠岐諸島（おきしょとう）のことである。東京からは空路でまず大阪伊丹（いたみ）空港へ向かい，そこからさらに飛行機を乗り継（つ）いでいく。大阪から1時間。歴史の世界では罪人が流される場所として印象深いこの島には，確かに①後鳥羽上皇や後醍醐天皇（ごだいごてんのう）が流されていた。隠岐諸島のうち，島後（どうご）と呼ばれる島の北側，代海岸（しろかいがん）の沖合に「ローソク島（じま）」と呼ばれる小島がある。高さ20mの柱のような島。この島の頂に夕日が落ちる様子が，ローソクに火が灯ったように見えることからこの名がある。1度見てみたかった景色だ。ここから②B の都市まで飛行機が飛んでいるし，境港（さかいみなと）などにも船が出ているので，現代では絶海の孤島（ことう）というわけではなさそうだ。

中国地方には瀬戸内海に沿うようにして山陽新幹線が通っている。ここは古代から街道が整備され，とりわけ重要と位置づけられた地域でもあった。都のあった飛鳥と，大陸への玄関口になる北九州をつなぐ場所だからだ。現在，岡山県の瀬戸内海側には，海側に赤穂線（あこうせん），内陸側には山陽本線が，それぞれ山陽新幹線を挟（はさ）むようにして通っている。山陽本線の吉永駅から南へ下った C にあるのが旧閑谷学校（きゅうしずたにがっこう）で，③1670年に岡山藩主池田光政（みつまさ）によって創建された現存する世界最古の公立学校といわれる。夜，周辺の木々とともにライトアップされて，静かな美しさをみせてくれるのだが，この景色が何とも美しい。ちなみに，この吉永駅の隣（となり）が和気（わけ）駅。奈良時代のおわりに，桓武天皇に「④平安京を作りましょう」と提案した和気清麻呂（わけのきよまろ）という人物がいるのだが，その和気氏はじまりの地だそうだ。

赤穂線の伊里駅から岡山ブルーラインと呼ばれる県道をずっと南下すると　D　の虫明湾に出る。「虫明の迫門の 曙 見る折ぞ都のことも忘られにけり」という和歌をつくったのは⑤平清盛の父，忠盛だ。平安時代の武士になった気分で虫明漁港に立ってみる。養殖いかだが浮かぶ海の向こうから朝日が昇ってくる。空も海も黄金色に染ってゆく景色は，おごそかで神秘的だ。

岡山から先は，山陽本線が海側へ抜けて，新幹線を挟んだ内陸側は吉備線が岡山から総社駅までを結んでいる。途中に備中高松駅があるけれど，⑥豊臣秀吉がこの近くにある備中高松城を攻めているときに本能寺の変がおきたことを思い起こした。

さて，吉備線の服部駅で降りて南へ進んだ　E　に⑦備中国分寺がある。現在残っている建物は，⑧1700年代の前半に再建されたもので，境内にある五重塔は岡山県唯一の五重塔として知られる。周辺には田園風景が広がっており，レンゲの花が咲く中に五重塔がそびえる景色はこの地方を代表するものといえよう。

この国分寺から東へ約４㎞のところに，⑨造山古墳がある。中国地方最大，全国で４位の大きさを誇る古墳だ。

さらに南下して⑩F　を通り，四国へ渡ると，⑪G　の平野がひらけている。H　の平野と並んで四国を代表する平野の一つだが，この平野の北西の端っこに荘内半島があって，ここに位置する　I　が標高352mの紫雲出山だ。⑫弥生時代の遺跡で，標高の高いところに集落がつくられたという特徴がある。ここには桜の木がたくさん植えてあって，満開の桜越しに見る瀬戸内海の景色は心が洗われるようである。

ちなみに，この紫雲出山という名前は，浦島太郎が玉手箱を開けたときに出た煙が紫の雲になってたなびいたという伝説から名づけられているそうだ。原話は飛鳥時代の成立のようだが，広く知られるおとぎ話は，⑬明治政府が教科書向けにアレンジしたものだそうだ。

山陰本線は京都駅から下関市の幡生駅までを結ぶ鉄道であり，新幹線以外のＪＲ在来線の中では，日本最長の路線となっている。日本海に沿って線路が通っている区間が多く，　J　には惣郷川橋梁がある。須佐駅と宇田郷駅の間に位置する鉄道橋で，⑭1932年に完成した。潮風にも耐えられるよう強固に作ってあり，日本海の波打ち際にゆるやかなアーチを描く鉄筋コンクリート製の鉄道橋は，丈夫さと美しさを両立している。特に夕日を背にするとそのまま飲み込まれそうなくらいに美しい景色なのだ。

問１　下線部①について，

⑴　後鳥羽上皇がこの島に流されるきっかけとなった事件の名前を答えなさい。

⑵　後醍醐天皇がこの島に流されるより前の出来事ア～ウを年代の古い順に並べなさい。

ア　永仁の徳政令の発布　　イ　御成敗式目の制定　　ウ　２度の元軍襲来

⑶　後醍醐天皇の建武の新政が終わると，室町時代である。室町時代について述べた文ア～エのうち，**まちがっているもの**を１つ選び，記号で答えなさい。

ア　３代将軍義満は1392年に南北朝を統一した。

イ　応仁の乱がおこり，下克上の風潮が高まった。

ウ　雪舟が水墨画の技法を完成させた。

エ　法然が浄土宗をひらき，誰にでもわかりやすい教えを説いた。

問2　下線部②について，

写真：w.mart1964 イメージマート

⑴　B の都市には右の写真の神社がある。この神社の名前を次のア～エから1つ選び，記号で答えなさい。

ア　熊野大社（くまのたいしゃ）
イ　出雲大社（いずもたいしゃ）
ウ　春日大社（かすがたいしゃ）
エ　諏訪大社（すわたいしゃ）

⑵　⑴の神社からおよそ220㎞離（はな）れた日本海に位置する日本固有の領土で，外国が不法に占拠（せんきょ）している島の名前を次のア～エから1つ選び，記号で答えなさい。

ア　国後島（くなしりとう）　イ　沖ノ鳥島　ウ　竹島　エ　尖閣諸島（せんかくしょとう）

⑶　⑵の島を占拠（せんきょ）している国について，現在の国名を漢字で答えなさい。

問3　下線部③について，このころまでに江戸幕府の基本的な仕組みは整った。将軍の名前とその将軍が実施した政策の組み合わせとして，**まちがっているもの**を1つ選び，記号で答えなさい。

ア　徳川家光（いえみつ）－鎖国（さこく）を完成させる。　イ　徳川綱吉（つなよし）－参勤交代の制を定める。
ウ　徳川秀忠（ひでただ）－武家諸法度を制定する。　エ　徳川家宣（いえのぶ）－新井白石が改革を担当する。

問4　下線部④について，平安時代を説明した文ア～エのうち，正しいものを1つ選び，記号で答えなさい。

ア　空海は唐（とう）にわたって仏教を学び，帰国して金剛峯寺（こんごうぶじ）を建立して天台宗をひらいた。
イ　菅原道真は，航海が危険であることなどを理由に，894年に遣唐使（けんとうし）の廃止（はいし）を提案した。
ウ　藤原不比等（ふじわらのふひと）は征夷大将軍（せいいたいしょうぐん）に任命され，蝦夷（えみし）の反乱をしずめるため派遣（はけん）された。
エ　藤原頼通（ふじわらのよりみち）は娘（むすめ）4人を天皇の妃（きさき）にして力を持ったので，「この世をば…」と和歌をよんだ。

問5　下線部⑤について，忠盛と清盛の親子は日宋（にっそう）貿易をおこなって，ばくだいな財産を手に入れたといわれている。清盛が日宋貿易のために整備した港は現在の神戸港にあたる。この場所の当時の名前を漢字で答えなさい。

問6　下線部⑥について，

⑴　本能寺の変で主君である織田信長を討った武将の名前を，漢字で答えなさい。

⑵　秀吉が実施した，全国規模の土地調査のことを何というか，漢字で答えなさい。

問7　下線部⑦について，全国に国分寺をつくることを命じた天皇の名前を，漢字で答えなさい。

問8　下線部⑧について，この時期に行われた享保（きょうほう）の改革について説明した文ア～エのうち，正しいものを1つ選び，記号で答えなさい。

ア　参勤交代をゆるめる代わりに，幕府に米を納めさせる上米の制を実施した。
イ　税収を増やすため，株仲間を認め，鉱山開発や銅の専売を行った。
ウ　昌平坂学問所（しょうへいざかがくもんしょ）を設置し，朱子学（しゅしがく）以外の学問を教えることを禁じた。
エ　江戸・大阪の周辺の土地を幕府の領地にする上知令を出した。

問9　下線部⑨について，この古墳と同じ5世紀につくられた，熊本県の江田船山古墳（えだふなやまこふん）と，埼玉県の稲荷山古墳（いなりやまこふん）から，同じ大王の名前が刻まれた鉄刀や鉄剣（てっけん）が見つかった。このことから，5世紀にはヤマト政権の支配は関東から九州まで広がっていたことがわかった。この大王の名前をカタカナ5字で答えなさい。

問10　下線部⑩について，F は本州四国連絡橋のうちの児島・坂出ルートをあらわしている。いくつもの島を結んでいるこれらの橋をまとめて何と呼ぶか，漢字で答えなさい。

問11　下線部⑪について，

(1)　G の平野の名前を漢字で答えなさい。

(2)　G の平野には，下の写真の「⬇」で示した施設が多くみられる。この地域の気候の特色について説明しなさい。

写真：熊博毅／アフロ

(3)　H の平野の名前を漢字で答えなさい。

(4)　H の平野で見られる農業の特色について説明した文ア～エのうち，正しいものを１つ選び，記号で答えなさい。

ア　一年を通して雨が多い気候のために池や沼などの湿地が多く，その土地に適したれんこんの栽培が盛んである。

イ　シラスとよばれる火山灰が降り積もった，稲作に適さない土地が広がるため，さつまいもの栽培が盛んである。

ウ　太平洋を流れる黒潮（日本海流）の影響で冬でも暖かく，さとうきびやパイナップルなどの栽培が盛んである。

エ　かつて米の二期作も行われたが，現在ではビニールハウスを利用したなすやピーマンなどの栽培が盛んである。

問12　下線部⑫について，この時代について説明した文ア～エのうち，**まちがっているもの**を１つ選び，記号で答えなさい。

ア　むら と むら の争いが繰り返され，規模の大きな くに をつくり，王となるものが現れた。

イ　紀元前１世紀ころの日本の様子が，中国の漢王朝の歴史書に書かれている。

ウ　弥生時代の代表的な遺跡である三内丸山遺跡は，1500年の間さかえたことが知られる。

エ　稲作が伝わり，金属器が使用されはじめ，貧富の差が出てきた。

問13　下線部⑬について，明治政府は1872年に学制を制定し，６歳以上の男女に教育を受けさせることにした。この法令と同じ時期に行われた改革として**まちがっているもの**を，次のア～エから１つ選び，記号で答えなさい。

ア　徴兵令の発布　　イ　地租改正の実施　　ウ　廃藩置県の実施　　エ　教育勅語の発布

問14　下線部⑭について，

⑴　このころの日本を取り巻く状況について説明した文ア～エのうち，正しいものを１つ選び，記号で答えなさい。

ア　南満州鉄道を中国軍が爆破したとして，関東軍は満州全域を占領し，満州国を建国した。

イ　藩閥の桂太郎は議会を無視したため，尾崎行雄らが第一次護憲運動をおこした。

ウ　日本は中国に権益をもっていたドイツに宣戦布告し，中国に二十一か条の要求をつきつけた。

エ　足尾銅山では渡良瀬川に流れる廃水によって，流域に被害が出る鉱毒事件が発生した。

⑵　この年より後に起こった出来事ア～ウを，年代の古い順に並びかえなさい。

ア　日中共同声明の発表　　イ　東海道新幹線の開業　　ウ　日本国憲法の施行

問15　地図中㋐～㋓のうち，次の写真の風景が見られる地域を１つ選び，記号で答えなさい。なお，この風景は石灰岩などが雨水や地下水によって溶かされたカルスト地形をあらわしている。

問16　次の写真ア～エは，日本の４つの都道府県の観光資源の組み合わせをあらわしている。中国・四国地方の県にあてはまるものを２つ選び，記号で答えなさい。

ア

イ

ウ

エ

※問題文の作成にあたり、以下の資料を参考にしました。
昭文社ムック『ご当地絶景　中国四国』昭文社　2021年

2　以下の各問に答えなさい。

問１　下の図は，日本の三権分立について示したものである。

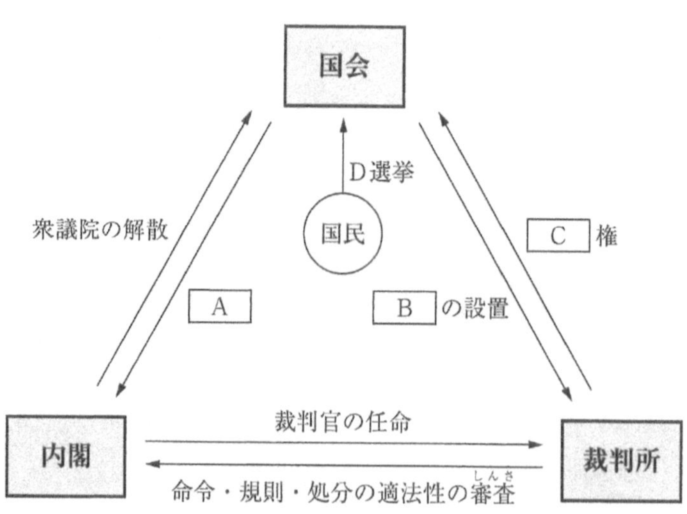

(1)　図中の A に当てはまる語句のうち，衆議院のみが内閣に対してもつ権限として正しいものを次のア～エから１つ選び，記号で答えなさい。

ア　内閣不信任の決議　　イ　内閣総理大臣の指名

ウ　予算の議決　　エ　憲法改正の発議

⑵　図中の [B]・[C] に当てはまる語句を漢字で答えなさい。ただし，[B] は５字，[C] は６字とする。

⑶　図中Dの選挙について，衆議院選挙を説明した文ア～エのうち，正しいものをすべて選び，記号で答えなさい。

ア　被選挙権は25歳以上である。

イ　投票率は毎回80％を超えている。

ウ　小選挙区比例代表並立制が採用されている。

エ　裁判で「一票の格差」について争ったことはない。

問２　近年，政府は企業に対し「テレワーク」の実施を呼びかけてきた。テレワークを実施することの影響として**あてはまらないもの**を次のア～エから１つ選び，記号で答えなさい。

ア　自家用車の利用が減り，交通混雑が緩和される。

イ　通勤時間を短縮できることで，育児や介護との両立が容易になる。

ウ　過度な人口の集中を解消し，地方の活性化を推進する。

エ　社員同士の意思疎通が容易となり，会社の結束力が高まる。

問３　日本国憲法には自由権に関する規定がある。自由権は「精神の自由」，「身体の自由」，「経済活動の自由」の３つに分類することできる。「精神の自由」に分類されるものを次のア～エから１つ選び，記号で答えなさい。

ア　自分の貯金は他人が勝手におろせない。　イ　拷問や自白を強要されない。

ウ　政治と宗教は結びつかない。　エ　勝手に自分の住居を捜索されない。

問４　環境問題について，

⑴　2021年の東京オリンピック・パラリンピックでは，環境に優しい大会を目指し，選手村のベッドは強化ダンボールで作られたり，一部の備品はリサイクルしやすいように設計されたりしている。また，メダルは家電製品を，表彰台は古いプラスチックをそれぞれリサイクルして作られている。このように現在の私たちの生活は環境への配慮が不可欠になっている。二酸化炭素の排出量を減らすだけではなく，実質的にゼロの状態を目指すために掲げられた考え方を何というか，解答らんにあうように答えなさい。

⑵　下の図を見て，以下の各問に答えなさい。

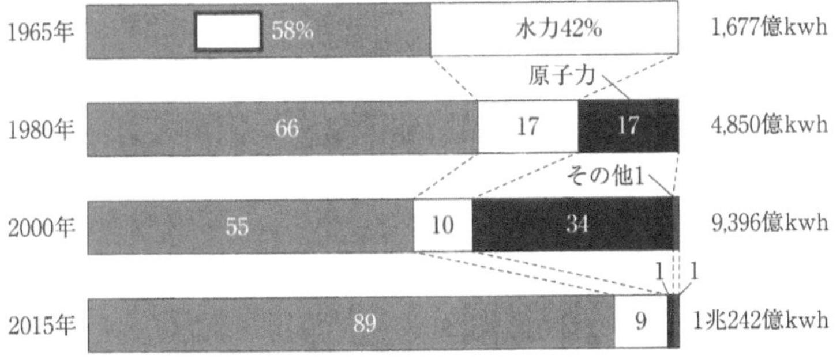

①　現在，日本の発電エネルギー源として最も割合が多い，図中の [ ] に入る語句を漢字で

答えなさい。

② 2015年のグラフは，原子力の割合がそれ以前よりも大幅に減少している。その理由を簡単に答えなさい。

⑶ 現在，自然に優しいエネルギーである太陽光発電や水力発電などの「自然エネルギー」が注目されている。自然エネルギーの特徴として**あてはまらないもの**を，次のア～エから１つ選び，記号で答えなさい。

ア 温室効果ガスや汚染物質の排出が少ない。

イ エネルギー源が枯れて無くなることがない。

ウ 発電量が比較的多い。

エ 発電の安定性に欠ける。

問５ 次の川柳は昨年４月以降の読売新聞に掲載された「時事川柳」です。どのような事実にもとづいてつくられた川柳でしょうか。ア～エの中からもっとも適切なものを選び，記号で答えなさい。

⑴ 食事どき 響く噛む音 すする音

ア コロナウイルス感染拡大によって，学校では飛沫感染を防ぐために黙食が推奨された。

イ 消費税の増税によって，外食を控えたため飲食店の客足が遠のき，売上が激減した。

ウ 政府が小麦の消費量の増大を目指したため，学校給食は麺類中心のメニューに一新された。

エ 高齢化に伴い，健康増進のためよくかんで食べるように，厚生労働省が求めた。

⑵ 山火事の 国へと行って くれ豪雨

ア 焼畑農業の影響で深刻な森林破壊が進み，年降水量も減少傾向にある国が増えている。

イ 地球温暖化の影響で山火事が多く発生する国がある一方，豪雨被害に苦しむ国もある。

ウ 山林の放火事件が増えており，消火作業に必要な大量の水が不足している国がある。

エ 日本の年降水量が急激に減少しており，雨ごいをする祭りが各地の山で行われている。

オ　今まで素晴らしいと思っていたことが、突然つまらなく価値のないものに思えてきたこと。

問七　――線(5)「お母さんには悪いけど、大人になるんだ」とありますが、これを聞いたときの「ぼく」の気持ちとして最も適当なものを次の中から選んで、記号で答えなさい。

ア　お父さんのわがままな一面に触れ、幼いころの話だとは思いつつも戸惑っている。
イ　小学校時代のお父さんがすでに大人の意識を持っていたことを知り、尊敬している。
ウ　今まではっきりしなかった自分の思いを言い当てている言葉に出会い、納得している。
エ　自分の気持ちを大切にし、周りに迷惑をかけても我が道を突き進もうと決意している。
オ　自分がやろうとしていることはお母さんを裏切ることになると知り、ショックを受けている。

問八　――線(6)「階段をかけおりて外に飛び出す」とありますが、このときの「ぼく」の様子を説明したものとして最も適当なものを次の中から選んで、記号で答えなさい。

ア　お母さんとの約束を破ることに不安を感じているが、大人になろうとしている自分をはげましている。
イ　お母さんをさみしくさせたことに後悔しながらも、仕方がないことだと自分自身で勇気を振りしぼっている。
ウ　お母さんの気持ちも考えないで勝手に決めてしまったことに後ろめたさを感じており、申し訳なく思っている。
エ　お母さんとの大切な時間が終わることに未練はあるが、未来に向かって前向きな一歩を踏み出そうとしている。
オ　お母さんの冷たい態度にショックを受けたことで、かえって自分一人で生きていこうという決意が固まっている。

問九　朝の見送りを断るにあたって、輝はどのように考えましたか。わかりやすく説明しなさい。

いかと思ったから。

ウ　ベランダから手をふる姿を見られ、変な母親だと決めつけられるのがいやだったから。

エ　母親に甘える幼い子供のように見られ、ばかにされるのではないかと心配になったから。

オ　父親がいないということを言いふらされ、いじめられるのではないかとこわくなったから。

問三　――線(2)「塚原家の習慣」とありますが、これについて次のそれぞれの問いに答えなさい。

①　「塚原家の習慣」とありますが、それはどのようなことですか。二十五文字以内で簡単に答えなさい。

②　「塚原家の習慣」ができたのはどうしてですか。次の中から最も適当なものを選んで、記号で答えなさい。

ア　家を離れることに対して「ぼく」が不安を感じていたから。

イ　住まいが団地の五階であり、通学の様子がよく見えるから。

ウ　学校にいく姿を見せることでお母さんを安心させたかったから。

エ　悲しみに沈んでいる「ぼく」をお母さんが喜ばせたかったから。

オ　見送りをするというお父さんの役割を、お母さんが引き受けたから。

問四　本文中の□にあてはまる言葉として最も適当なものを次の中から選んで、記号で答えなさい。

ア　学校にいきたくない　　イ　見送るのはもうやめて

ウ　お母さんなんて嫌いだ　　エ　おじいちゃんに会いたい

オ　マザコンとからかわれている

問五　――線(3)「ぼくはあいまいにうなずいた」とありますが、このときの「ぼく」の気持ちとして最も適当なものを次の中から選んで、記号で答えなさい。

ア　おじいちゃんの考えてくれた意見は立派だが、現実には役に立たないので困っている。

イ　大人としての常識を押しつけてくるおじいちゃんの言動に、理由もわからず反発している。

ウ　おじいちゃんの言う通りにすることで、学校でのからかいがよりひどくなることを恐れている。

エ　おじいちゃんの根拠のない考え方にあきれてしまい、いいかげんな返事をしてごまかしている。

オ　おじいちゃんが言ってくれた言葉は理解しているものの、自分の抱いている思いとは違うと感じている。

問六　――線(4)「サイズの合わない服を着ていて、気持ちよく体を動かせない」とありますが、それはどういうことですか。次の中から最も適当なものを選んで、記号で答えなさい。

ア　学校やクラスの中で、自分だけ意見や立場が違っている別の存在だと感じること。

イ　何となく続けてきた習慣が当たり前になり、新しい変化を嫌がるようになること。

ウ　長年慣れ親しんできたことが、自身の成長によってしっくりこなくなるということ。

エ　人から押しつけられたルールに従ってばかりで、きゅうくつな思いをしているということ。

お鈴を鳴らして、手を合わせる。

写真のお父さんへそっと目配せをして、「よしっ」と気合を入れて立ちあがった。

台所のお母さんのほうへ向かう。

「あのさ。いつもベランダで見送ってくれるじゃん。今日で最後にしようと思うんだ」

ぼくは昨日から決めていた言葉を言う。

「ぼくさ、四月からは六年生だし、お母さんだって朝はいそがしいだろ。毎朝見送ってもらえてうれしかったけど、今日でおしまいにする」

お母さんはきゅっと、蛇口（じゃぐち）の水をとめた。

「そっ、わかったわ。今日でおしまいね」

ぼくは拍子（ひょうし）ぬけしてお母さんの顔を見つめた。

てっきり、なんで？　とか聞かれると思って、いくつも言葉を用意していたのに。

お母さんが傷ついたらどうしようって心配していたけど、お母さんの顔はなんていうか、とても晴れ晴れとしている。

今日でおしまい。

自分で言った言葉を心の中でくり返してみる。

さみしく思っているのは、どうやらぼくのほうみたいだ。

ドアを開けると、鼻先に風がふれた。つんとさすような冬の風ではなく、やさしく鼻の上をすべっていく春の風だ。

⑹階段をかけおりて外に飛び出す。

いつものように、団地を見あげた。

ベランダに、お母さんが立っている。

「おーい、いってらっしゃーい」

身をのり出して、大きく手をふってくる。しかも、かなり大きな声だ。まるで一年生のときに戻（もど）ったみたいだ。

はずかしいのとなつかしさで、ぼくの胸はいっぱいになった。

お母さんはさらに身をのり出して、手をふっている。

その姿を目に焼きつけて、

「いってきまーす」

大きく手をふり返した。

（葉山　エミ『ベランダに手をふって』）

問一　══線(a)「せわしない」・(b)「うろたえる」の意味として最も適当なものを次の中から選んで、それぞれ記号で答えなさい。

(a)「せわしない」

ア　無責任な　　イ　かん高い

ウ　おどおどした　　エ　あらあらしい

オ　いそがしそうな

(b)「うろたえる」

ア　顔色を変える　　イ　驚（おどろ）きあわてる

ウ　興奮している　　エ　こそこそ隠（かく）れる

オ　内心あきれている

問二　――線⑴「ぼくの胸はひやりとつめたくなっている」とありますが、それはどうしてですか。次の中から最も適当なものを選んで、記号で答えなさい。

ア　母親の言動から、普通とは違（ちが）うおかしな家庭だと見下されると思ったから。

イ　学校にいくのを嫌（いや）がっているように思われ、心配されるのではな

(4)サイズの合わない服を着ていて、気持ちよく体を動かせないような違和感。

　なんだろう、この気持ち。自分でもよくわからなくて、もやもやするんだ。

「でもさ、お母さんを傷つけたらどうしようって、心配なんだよね」

　だって朝の見送りは、ぼくたちの大事な時間だから。

「でも、やめる」

　ぼくが言いきると、おじいちゃんはおもむろに立ちあがった。

「あのときの渉も、今の輝と同じくらいの年だったな」

　おじいちゃんは、お父さんの思い出話をしてくれた。それは、体操着袋にまつわる話だった。

　お父さんが小学生のころ、体操着袋はお母さん、つまりぼくのおばあちゃんが手づくりでつくっていた。

　お裁縫が得意なおばあちゃんは、学期がかわるたびに、お父さんの体操着袋をつくるのを、楽しみにしていたのだという。

　だけどある日、お父さんはおばあちゃんに宣言した。

「もう手づくりしないでいいよ。自分で選んだのを買ってくるから」

　そう言って、お父さんは紺色の無地の袋を、自分のおこづかいで買ってきてしまった。

「おばあちゃん、ショック受けてた？」

「ああ、さみしそうにしてた」

　そうだよな。

　息子のためにやっていたことを、突然、もういいって言われたんだもんな。

　でも、お父さんはお父さんで、なにか思うところがあったんだろう。

　ぼくみたいに、クラスメイトにからかわれたのかもしれない。

　ただ反抗したかっただけ、ということも考えられる。

　お父さんに聞いてみたい。

　心の底からそう思った。

　お父さんなら、今のぼくの気持ちもわかってくれるんじゃないだろうか。

「あのときの渉は、輝と同じ気持ちだったのかもしれないな」

　おじいちゃんはやさしく笑い、その目にしっかり映しこむようにぼくを見た。

「それに、渉はこんなことも言ってたんだ」

「なんて言ったの？」

　胸がふるえる。

「『(5)お母さんには悪いけど、大人になるんだ』ってな」

　おじいちゃんの言葉が、午後の光の中にとけていく。

「どうだ、生意気なこと言うだろう？」

　おじいちゃんはうれしそうに笑った。

　うん、ほんとに生意気だと思った。

　だって、ぼくたちはまだ小学生で、大人がいなくてなにができるだろう。

　それでも、大人になる。

　ぼくは大人になるんだ。

　お父さん、いってきます。

分のお皿にはカレー多めに入れるし」

　ぼくのことをかばってくれていたはずなのに、いつのまにか智博への批判にかわっている。

「ずるいよねー」

　女子たちが口々に言う。

　智博も、さすがにしゅんと小さくなっている。智博には悪いけど、ぼくは笑ってしまった。

「えー、ていうかさー。なんでおればっかり言われるわけぇ？」

　あまりにも情けない声だったので、みんな笑い出した。

　ぼくがからかわれていたことなんて、たぶんみんな忘れてる。

　でも、なんだか気持ちがすっきりしない。どうしてだろう。

　お母さんは、傷つくだろうか。

　もし、ぼくが［　　］って言ったら。

　お父さん。ぼく、どうしたらいい？

　お鈴を鳴らして、お父さんに問いかけてみる。

　写真のお父さんは笑顔のまま、なにもこたえてくれない。

　はぁーと、ため息をつく。

　ぐずぐず悩んでいるあいだに、三学期はもうすぐおわろうとしていた。

「おじいちゃん。相談したいことがあるんだけど」

　日曜日、ぼくはおじいちゃんといっしょに畑で過ごしたあと、おそるおそる相談事を持ちかけた。落ちつかなくて、意味もなくかかとで地面をぐりぐりと掘ったりする。

　二人でベンチに腰かけて、おじいちゃんに話しはじめた。

　学校でからかわれたこと。お母さんにやめたいと言えずに悩んでいることを打ち明けた。おじいちゃんはあごに手をあてて考えこんだ。

「おれは、やめなくてもいいと思うな」

　おじいちゃんが言った。

「いいじゃないか。ぜんぜん、おかしくなんかないぞ。まわりの言葉や目を気にして、好きなことをやめる必要はないんだ。輝とお母さんの、大事な時間だろう」

「うん」

⑶<u>ぼくはあいまいにうなずいた</u>。

　自分の気持ちをどう言い表したらいいのかわからなくて、頭の中で必死に言葉を探した。

　他人の言葉は気にしなくていいと、おじいちゃんは言う。そのとおりだとぼくも思う。

　だけど、違うんだ。たしかに、きっかけはみんなにからかわれたことだったかもしれない。はずかしい思いをした。だけど。

「そうじゃないんだ。まわりに言われたからじゃないんだ。ぼくは自分の意志で、やめたいんだ」

　そうだ。これはぼくの意志なんだ。ほかのだれでもない、ぼく自身の。

「笑われたのはショックだったよ。でもなんていうか、ぼく自身がこういうのはおかしいんじゃないかって、思うようになったんだ。おかしいっていうのとは、違うかもしれない。その、なんていうか。いやだとか、はずかしいとかじゃなくて、今のぼくには、なんか違うっていうか」

「輝ってさぁ」

日差しの中を歩いているのに、(1)ぼくの胸はひやりとつめたくなっている。智博の、つづく言葉がこわい。

「もしかして、マザコンてやつ?」

「なっ、違うってば」

声がうわずってしまった。もう平静でなんかいられない。智博は満足げに(b)うろたえるぼくをながめた。

小学校に入学したばかりのころ、ぼくは学校へいくのがいやで、毎朝お母さんをてこずらせていた。学校に知っている子はほんのひとにぎりで、そんな場所へいくのがとにかくこわかったのだ。

だけど、原因はそれだけではなかったと、今ならわかる。

数か月前にお父さんを病気で亡くしていたぼくは、だれかと突然会えなくなるという恐怖におびえていたのだ。

家に帰ったらお母さんがいなくなっているんじゃないかとか、逆にぼく自身が、家に帰れなくなるんじゃないかとか、そんな悪いことばかり考えていた。

毎朝、お母さんがベランダに出てくるようになったのも、そんなぼくを学校へいかせるためだ。

なだめすかされたり、あるときは「しっ、しっ」と虫のように手で追いはらわれながら、お母さんに見送られて学校へいった。

そのうち友達もできて、はりきって学校へいくようになったけど、お母さんは毎朝ベランダに出てきて見送ってくれた。そのころには、すっかり習慣になっていたのだ。

こんなふうに毎朝見送ってもらうのは大げさなんだろうなって、思うことは今までもあった。だけど、とくにやめる理由もなかったし、これはもう(2)塚原家の習慣なのだ。

「おれたち六年生になるのにな―」

昼休みがおわって、五時間目の開始を待っているあいだに智博に言われた。

「六年生になるからなんなんだよ」

自分の席から言い返したら、

「中学生の一歩手前じゃん」

と返された。

そりゃあ、そうかもしれないけど。

「ねえ!」

菜摘がわりこんできた。

廊下側の席に座る智博と、窓際の席に座るぼくたちのちょうど真ん中に立って、智博をキッとにらむ。

「そうやって人を笑いものにするの、やめなさいってば!」

「いいじゃない。マザコンだって。ねー?」

あぁ、もう。ぼくはマザコンじゃないってば!

ため息をついた。

菜摘は智博に体を向けた。

「あんたはいつもそうやっていいかげんじゃん。トイレ掃除のときはあたしたちが男子トイレに入れないからってサボるし、給食当番のときだって、自分はいっつも簡単なものしか担当しないじゃん。そのくせ自とが大切だ。

オ　仲の良い「友だち親子」のような関係を大切にして、生きていくべきだ。

問九　――線(7)「現在の生涯未婚率は高い」とありますが、それはどうしてですか。簡単に答えなさい。

問十　本文中の［　］にあてはまる言葉として最も適当なものを次の中から選んで、記号で答えなさい。

ア　飲んで　　イ　押(お)して　　ウ　かけて　　エ　切って

オ　焼いて

問十一　フツーを疑うことが大切なのはどうしてですか。本文全体をふまえて七十文字以内で答えなさい。

〔三〕　次の文章を読んで、後の問いに答えなさい。

お父さん、いってきます。

ち～ん、と仏壇(ぶつだん)のお鈴(りん)をひとつ鳴らして、ぼくは手を合わせる。

「輝(ひかる)、なにしてんの、早くしなさいよー、学校おくれるよー、忘れ物なーい？」

台所から、お母さんの(a)せわしない声が聞こえてくる。

なにしてんのって、お父さんにあいさつしていたに決まってるじゃないか。お父さんにいってきますを言わないと、それこそ大事な忘れ物をしたみたいな気分になるのだ。

ランドセルをつかんで立ちあがる。

「いってきまーす」

ぼくは小走りで玄関(げんかん)を飛び出していった。

ぼくの住まいは団地の五階。エレベーターなんか使わずに階段をかけおりていく。

外へ出たとたん、ぼくはきゅっと目を細めた。

五階の右から四番目のベランダ。そこにお母さんが立っている。

「いってらっしゃーい」

お母さんの声がかすかに届く。

「いってきます」

ぼくも手をふってこたえる。

さぁ、学校へいくぞ。そう思ったとたん、

「あ、智博(ともひろ)」

クラスメイトの智博が立っていた。智博は短パンのポケットに手をつっこんだまま、にやりと笑った。

「見たぜ」

いやな予感がこみあげてくる。

「おまえ、お母さんにバイバイしてもらってんだ」

いやな予感があたった。

落ちつけ、落ちつけ。

ぼくは呪文(じゅもん)のように心の中でとなえた。ここであわてたりしたら、智博の思うつぼだ。

「別に、たいしたことじゃないだろ。智博だって、お母さんとバイバイくらいするだろ」

「するけどさ、普通(ふつう)は玄関でおしまいじゃん」

「そんなの、人それぞれなんじゃないの」

平静をよそおってぼくは言った。智博のわきをすりぬけて歩き出す。

きがある。

オ　「フツー」という言葉には、現代社会の常識を見なおすきっかけが含まれている。

問四　――線(2)「こんなこと」とありますが、それはどのようなことですか。次の中から最も適当なものを選んで、記号で答えなさい。

ア　個性を尊重しつつも、最終的に意見を無視してしまうこと。

イ　独自の意見を認めず、やんわりと全体の意見に従わせること。

ウ　独特な考え方を「個性的」と呼んで、それとなくほめること。

エ　良い意見を考える人に憎しみを抱き、集団から排除すること。

オ　反対意見を否定して、強制的に集団のルールを当てはめること。

問五　――線(3)「どうして世の中にはフツーなんてやっかいなものがあるんだろう」とありますが、これに対する答えを筆者はどのように考えていますか。次の中から最も適当なものを選んで、記号で答えなさい。

ア　目立たないような行動をすると、みんなと生きていくのが楽しくなるから。

イ　日本の長い歴史の中で作られた集団主義に代わる思想が、生まれてこないから。

ウ　決められた規則に従って動くことで、大きな利益を生み出すことができるから。

エ　あえて厳しい環境に身を置くことによって、人として成長することができるから。

オ　集団の中で作られた常識に従うことで、いちいち確認したり質問したりする手間がはぶけるから。

問六　――線(4)「フツーの圧力」とありますが、その例としてあてはまらないものを次の中から選んで、記号で答えなさい。

ア　高校卒業後は大学に進学するべきだ。

イ　女の子にはヴァイオリンを習わせると良い。

ウ　遊泳禁止の場所に行って、泳いではいけない。

エ　先輩の言うことには、素直にしたがうべきだ。

オ　ゲームをするよりも本を読まなければならない。

問七　――線(5)「今、ぼくたちは歴史上、かなりめずらしい時代を生きている」とありますが、この「時代」を説明した次の文の□にあてはまる言葉を本文中からぬき出して、Xは十八文字、Yは六文字で答えなさい。ただし、Xは初めと終わりの三文字を答えること。

［　X　］中で、［　Y　］を持つ異なる世代の人たちが同じ社会で暮らしている時代。

問八　――線(6)「上の世代とどう向き合ったらいいかのヒントにもなる」とありますが、「上の世代」との向き合い方について、筆者はどのように考えていますか。次の中から最も適当なものを選んで、記号で答えなさい。

ア　考えの異なる大人とのやり取りが、自分自身を鍛えることもあるという見方をするのがよい。

イ　壁となって立ちはだかる大人の理論を身に付けて、ゆるぎない価値観を持つべきである。

ウ　好きなようにすればいいという大人は信用せず、否定をしなければならない。

エ　成長するためには、上の世代とは違う新たなフツーを作り出すこ

(7)現在の生涯未婚率は高いけれど、1990年代前半までの日本では、未婚率は男女ともに5パーセント未満だった。どうしてそんなことが可能だったのかといえば、じつは簡単なことだった。つまり、「結婚することがフツーだったから」。

かつての日本社会では、適齢期と呼ばれる年齢になったら、男性も女性も結婚するのが当たり前という価値観が支配的で誰もそれを疑わなかった。だからその標準コースを歩もうとしない人がいたら、親はもちろん、親戚、会社の上司、近所の世話好きなおじさんやおばさん、あらゆる人たちがお節介を□結婚相手を紹介した。

そんな時代が何十年も続いたのが、この日本という国なんだ。だからその結果、生涯未婚率は5パーセント未満に押さえ込まれていた。

もちろん、それで幸せになった男女も多いのだろう。けれど、じつは独身のほうが気楽だったなと思う人だって大勢いたのかもしれない。つまり、フツーや標準が強すぎる社会は、けっして自由な社会じゃなかったということなんだよね。

フツーを疑うことは、自由を手に入れること。それは、自分で考え、判断し、決定することとワンセットだ。

大変なことかもしれないけれど、他人まかせの、いやフツーまかせの不自由な人生と比べたら、どっちがいいだろうか。

それこそ、きみ自身が考えることだ。

（児美川孝一郎『自分のミライの見つけ方』）

※1　ままある＝時々ある。

※2　盤石だった＝びくともしなかった。

問一　本文中の A ～ C にあてはまる言葉として最も適当なものを次の中から選んで、それぞれ記号で答えなさい。ただし、同じ記号を二回使ってはいけません。

ア　でも　イ　では　ウ　もっとも

エ　つまり　オ　そして　カ　なぜなら

問二　＝＝線(a)「とりわけ」・(b)「したり顔」の意味として最も適当なものを次の中から選んで、それぞれ記号で答えなさい。

(a)「とりわけ」

ア　特に　イ　いつも

ウ　選ばれた　エ　みんなで

オ　わずかに

(b)「したり顔」

ア　素知らぬ顔　イ　得意そうな顔

ウ　ばかにした顔　エ　気乗りしない顔

オ　晴れ晴れとした顔

問三　――線(1)「『ふつう』を『フツー』と表現する」とありますが、「フツー」についての説明として最も適当なものを次の中から選んで、記号で答えなさい。

ア　「フツー」という言葉は、親をだます最も効果的な言い回しである。

イ　「フツー」という言葉には、相手をやる気にさせる力がひそんでいる。

ウ　「フツー」という言葉は、今や海外でも言われるようになった言葉である。

エ　「フツー」という言葉には、多数派の意見に人を従わせるという働社会の変化がこれほど早くなければ、きみの親と祖父母の価値観はきっと同じだったはず。いや、歴史をふりかえれば、むしろそのほうが当たり前だった。変化の波がもっとゆるやかで、三世代の価値観が同じという時代も当然あっただろう。

でも、今はそうじゃない。

きみの祖父母は、これまで話したような人生のフツーが※2盤石だった時代に生きた世代。一方、きみの親は、フツーがだいぶ崩れつつも、まだまだ影響力を発揮できていた時代に育った世代。ちょうどこのあたりが転換期だといえる。

そしてきみたちの世代になると、人生のフツーなんておよそ成り立たない。これは好むと好まざるとにかかわらず、事実として受け入れるしかないことだ。

でも、直面している時代状況の違いを知っておくと、(6)上の世代とどう向き合ったらいいかのヒントにもなる。

たとえば、10代のきみたちに向かって、「人生というのはね」などと(b)したり顔で語ってくる大人っていると思う。もちろん、よかれと思って言ってくれているんだろうけど、そもそもフツーの人生なるものの前提がちがうわけだから、そんな大人の語りを聞くときはあくまで慎重に。納得できなかったら、「ああ、この人はフツーがまだ盤石だった世代の人だからこんなアドバイスをするんだな」と思っていればいい。

そうかと思えば、なんでもかんでも「自分の好きなようにすればいいよ」と言う大人も近ごろは増えてきた。

たぶん、その人たちは、自分のフツーがもはや通用しないということに気づいている。それで、きみたちに何かをアドバイスする自信がないんだね。もしかしたら、きみの親だって、今現在、自分の生き方はこれでいいのかと悩んでいるのかもしれない。

そのせいか、最近は妙にものわかりがよい「友だち親子」が多いんだ。「おまえのやりたいようにやれよ」なんて親に言われたら、きみはどう思うだろう。一見、楽でよさそうに思えるけど、それでいいんだろうか。

「おまえなあ、フツーはこうだろ！」なんて、壁になって立ちはだかられるのはたしかにうっとうしいけれど、じつはそれはそれでありがたいことなんだよね。その壁を乗り越えようとすることで、自分自身が鍛えられるのも事実だから。逆説的だけど、フツーを疑う力も身につく。そんな視点も持っているといい。

［ C ］、この章のまとめをしよう。

きみがフツーを疑う視点を手に入れたなら、フツーの人生などという想定はどうやら怪しいと気づくはずだ。そのことは、きみたちが自分自身の「これから」を考えるときに、重要な意味を持つ。

フツーに寄りかかればいい、なんていうイージーモードは、残念ながらこれからは通用しない。そもそもフツーを頼りに生きたところでそれが安心なのか安全なのか、誰も保証はできない。当たり前だけど、あとで痛い目にあう可能性だって十分にある。

一方で、フツーの人生に従わなくちゃいけないという不自由さはなくなるはず。これまではフツー・イコール・標準であり、そこから外れることは許されなかった。

けれども、これからは違う。同調圧力も弱まっていくはずだ。だからこそ自分なりの人生をきり開けるんだと、きみには気づいてほしい。

たとえば、結婚。

圧力にさらされていると、いつの間にか「そのほうがフツーなのかな」と思い始めるかもしれない。そうすると、自分自身の考えは空気の抜けた風船のようにしぼんでいく。

じつは、社会の変化が穏やかな時代には、フツーに従うことのメリットのほうが、デメリットよりも大きかった。前例にならっていれば大きな失敗はしないし、そもそもあれこれ悩む必要もないからだ。

でも、社会の変化が急激な時代には、デメリットのほうが大きくなる。［A］、目まぐるしく世の中が変化していくわけだから、前例なんて参考にならないし、当然、従来のフツーは機能しなくなるから。

もっとも、今の日本社会でも「フツーの人生」はまだまだ生き延びている。

きみの両親はきっとそれを意識しているだろうし、きみの祖父母の世代になればゆるぎない価値観として「フツーの人生」がからだに刻まれているかもしれない。

たしかに30年以上前の日本社会であれば、「これが標準だ」とみなされるような人生のフツーのコースがあった。

それはこんな感じだ。

受験勉強をくぐりぬけて高校へ、可能であれば大学か専門学校に進学する。ちゃんと卒業して、新卒でどこかの会社に就職する。なるべく有名で、規模が大きくて、給料が高そうな会社が理想だ。男性も女性も30歳ごろまでには結婚する。

じゃあ、今はどうなっているんだろう？

まず進学率はすごく上がっていて、高校には98・8パーセント、大学・短大には58・6パーセント（２０２０年度）が進学している。けれど、中退者の割合も高く、高校生の5パーセント弱、大学生の10パーセントちょっとは途中でやめてしまっている。つまり、この時点でもざっと10人に1人はフツーの人生から離脱しているんだ。

次に就職状況を見てみよう。

昔だったらどんな会社かは別として、卒業とともにどこかには就職していたはず。ところが現在は、卒業時に就職が決まらず、そのままアルバイトを続ける若者なども少なくない。大卒でもその割合は11パーセント（２０２０年度）にのぼっている。

大学の中退者が10パーセント強。卒業後に就職ができない人が11パーセント。合計では20パーセントを超える。［B］、およそ4～5人に1人はこの段階ですでにフツーの人生を離れてしまっていることになる。

さらに言えば、就職した人のうち、最初に就いた仕事を3年以内にやめてしまうケースが、高卒で約40パーセント、大卒で30パーセント以上にのぼる。この時点ではもはや3人に1人はフツーの人生を歩んでいない。

こうした状況を見ると、上の世代の人たちが信じ、社会の「常識」を形成していたフツーなんて、もはや存在していない（少なくても風前の灯）と言えるんじゃないだろうか。

崩れ去りつつあるフツーの残骸の上を歩くことに、どれだけの意味があるのだろうか。ぜひ考えてみてほしい。

(5)今、ぼくたちは歴史上、かなりめずらしい時代を生きている。

それは祖父母世代、親世代、子世代のそれぞれが生き方について別々の価値観を持ちながらいっしょに暮らす時代、という意味においてだ。

そう思い、相手の行為(こうい)を「個性的」※1と呼んで柔(やわ)らかく非難する。(2)こんなことがぼくたちの社会にはままある。

みんなが違(ちが)って当たり前という考え方を「個人主義」と呼ぶ。

一方、日本は長い歴史の中で、個人よりも集団や仲間の和を大事にする「集団主義」に親しんできた。

集団主義そのものが悪いことではないかもしれないけれど、それは言い換(か)えるなら、同調圧力がかなり高い社会ってことでもある。それはよけいにフツーの威力を発揮させる。集団内でのいじめも生まれやすくなる。

つねに「おまえもフツーになれよ」と暗黙の、いやときには見えるかたちの圧力をかけられ、フツーに囲まれて暮らしている。(a)とりわけ学校という場で集団生活を送るきみたちにとって、これはなかなかしんどいことなんじゃないだろうか。

じゃあ(3)どうして世の中にはフツーなんてやっかいなものがあるんだろう。なくてもよさそうなのに。

じつは、ちゃんとした理由がある。フツーは、すごく複雑にできているこの社会において、ぼくたちがスムーズに行動するための潤滑油(じゅんかつゆ)の役目をはたしている。

たとえばきみが街を歩いていて、お店に入ったとしよう。

すると、向こうから笑顔(えがお)で誰(だれ)かが近づいてくる。

そうしたら、きみはその人を店員さんだと思うはずだ。たとえその人が「私、店員です」なんて言わなくても。ユニフォームのような服を着ていなかったとしても。この場面ではフツーが成り立っているから、わざわざ問いただす必要はないよね。

これはすごくシンプルな例だけど、世の中の仕組みって、だいたいこういうふうにできているんだ。

もし、フツーがなかったら、なんでもかんでも疑ってかからなきゃいけなくなり、それこそやっかいだ。その意味ではフツーがあるおかげで、ぼくたちはいちいちものごとをゼロから考えなくていいし、社会全体が暮らしやすくなっているといえる。

一方、さっきも言ったように、フツーは同調圧力という負のパワーも持っていて、人を不自由にしたり、ときには苦しめてしまう。

たとえば男らしさ、女らしさ。

感じ方は人それぞれだし、そもそもそんな「らしさ」に従わないといけない理由なんてない。なのに、「男のくせに手芸クラブに入部するなんてキモい」とか、「女の子なんだから、そのダボダボのミリタリージャケットとチノパン、やめなよ」なんて平気で言われたりする。

ここできみたちと考えてみたいのは、将来の進路を選ぶ際にもじつは(4)フツーの圧力がかかっているのでは？　という問題だ。

きみが中学生で、すごく成績がよかったとしよう。「わたしは家から近い高校に進学したい」と希望を言ったらどうなるだろう？

「何言ってるの、あなたはもっと上のレベルの学校に入れるんだから、そこを目指しなさい」と寄ってたかって大人たちから反対されるんじゃないだろうか。

もちろん、そんな大人たちも悪気があるわけではなく、きみのためと思っている。

だけど、いくら善意だとしても、それはやっぱりフツーの圧力だ。きみがどんなに「いや、そうじゃないんだけど」と思っていても、何度も

【国語】（五〇分）〈満点：一〇〇点〉

〔一〕 次の――線のカタカナを漢字になおしなさい。「とめ・はね・はらい・文字のバランス」に気をつけて、ていねいに書きなさい。

1 明日は兄のタンジョウ日だ。
2 事件のハイケイを調べる。
3 ユウビン番号を記入する。
4 駅でジョウシャケンを買う。
5 実物を十分の一にシュクシャクする。
6 相手に判断をユダねる。
7 提出物をカイシュウする。
8 近所のセントウに通う。
9 ベッサツの資料をよく読む。
10 ボクジョウで羊と遊ぶ。

〔二〕 次の文章を読んで、後の問いに答えなさい。

たとえばこんな経験が、きみにもないだろうか？

ホームルームの話し合いで多数決を取るとき、ほんとうは気が進まないんだけど、みんながそうだからなと賛成（反対）の側に手を挙げるとか。

こんなふうに集団の中で多数派に合わせるように強いる力を、難しい言葉かもしれないけど「同調圧力」という。同調させる＝従わせる力、という意味だね。

そして、その力のもとには、ぼくたちが当たり前のように使っている「ふつう」という言葉の威力がある。いや、魔力と言ってもいい。

辞書を引いてみると、「ふつう」には「常識」「標準」「定型」といった意味がある。でも、ぼくたちが生きる現代社会では、「ふつう」はその字句どおりの意味だけでなく、同調圧力を与えるような独特の意味合いを持ってしまっている。だからこの本ではあえて(1)「ふつう」を「フツー」と表現することにしよう。

きみも子どものころ「友だちはみんな持っているよ」と親にゲームソフトやオモチャをねだったことがあるんじゃないだろうか。ほんとうはみんな（全員）じゃないんだけれど、持っているのがフツーだよと、なかば無意識に交渉材料にしていたはずだ。

ここがフツーにひそむ、かなりやっかいなところだ。この言葉が出てくると、それに従わなきゃいけないんだと相手に思わせる魔力が発生するのだから。

強引に相手を従わせる力を持っているフツー。

だけど、それは法律や規則みたいに文章になっていたり、目に見えるかたちであらわされているわけじゃない。強いて言うなら、からだに染みついている慣習だったり、仲間内の暗黙の了解だったりする。

ある意味、フツーはひとつの「文化」とも呼べるからよけいにやっかいなんだ。

たとえば、「きみって個性的だね」と言われると、場合によっては、遠回しに悪口を言われたような気分にならないだろうか。

反対意見なんて言わずに、みんなが賛成しているんだから空気を読めよ。それができないってフツーじゃない。集団を乱す不協和音だよ――

MEMO

2022年度

解　答　と　解　説

《2022年度の配点は解答欄に掲載してあります。》

＜算数解答＞

1. (1)　84　　(2)　3　　(3)　1　　(4)　7kg
2. (1)　73点　　(2)　3600円　　(3)　㋐　100度　　㋑　80度　　(4)　28本
   (5)　$321.5cm^2$　　(6)　21個　　(7)　10g
   (8)　①　$x \times y = 360\,[y = 360 \div x]$・反比例する　　②　8人
   (9)　3500円　　(10)　330本
3. (1)　15個　　(2)　1830　　(3)　6
4. (1)　分速100m　　(2)　260m
5. (1)　(あ)　6　　(い)　7　　(2)　59

○推定配点○

各4点×25　　計100点

＜算数解説＞

1. (四則計算，割合と比)

(1)　$7 \times 12 = 84$

(2)　$31.5 \times \frac{26}{21} \times \left(\frac{11}{13} - \frac{2}{3}\right) - 15.75 \times \frac{4}{21} \times \frac{4}{3} = 39 \times \left(\frac{11}{13} - \frac{2}{3}\right) - 4 = 33 - 26 - 4 = 3$

(3)　$0.6 \div 0.3 - (0.6 + 0.4) = 1$

基本　(4)　150：350＝3：7より，$3 \div 3 \times 7 = 7$(kg)

2. (平均算，割合と比，平面図形，植木算，場合の数，2量の関係，単位の換算，差集め算)

基本　(1)　$65.5 \times 6 - 64 \times 5 = 393 - 320 = 73$(点)

重要　(2)　$1200 \div 2 \times 5 \times 1.2 = 3600$(円)

重要　(3)　図1より，角ABEは$180 - (80 + 180 - 120) = 40$(度)

㋑…$(120 + 40) \div 2 = 80$(度)

㋐…$180 - \{180 - (80 + 60)\} \times 2 = 100$(度)

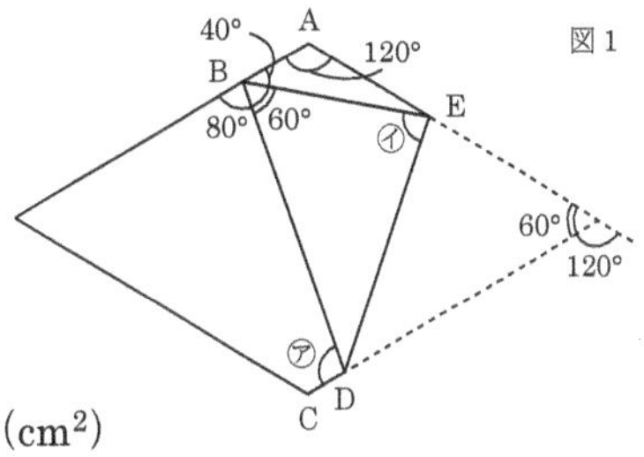

図1

重要　(4)　$(18 + 24) \times 2 \div 3 = 28$(本)

重要　(5)　図2より，$20 \times 20 - 10 \times 10 \times 3.14 \div 4 = 400 - 78.5 = 321.5(cm^2)$

基本　(6)　図3より，$3 \times 7 = 21$(個)

図2

図3

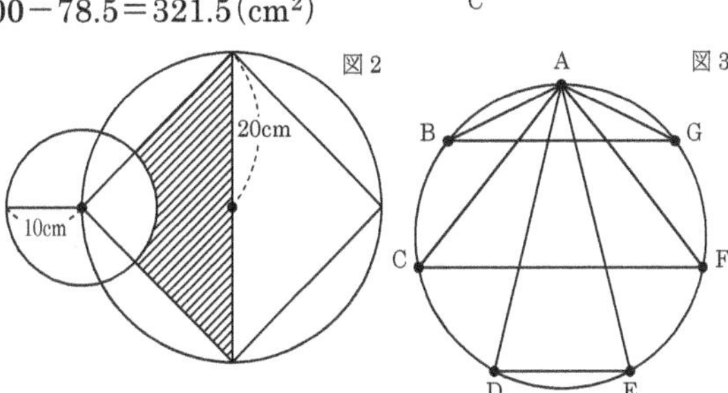

重要 (7)　300×0.93÷0.9−300＝10(g)…水の重さが一定
【別解】図4において，色がついた部分の面積が等しく300×(10−7)÷(100−10)＝10(g)

基本 (8)　①　x×y＝6×60＝360またはy＝360÷xまたはx＝360÷y…yはxに反比例する
②　360÷45＝8(人)

図4

90%　3%　7%　10%　300g　□g

重要 (9)　□×(1.2×0.9−1)＝□×0.08＝280(円)
したがって，原価は280÷0.08＝3500(円)

重要 (10)　右図より，2×22＝44(本)は△×2＋18に等しい。
△…(44−18)÷2＝13(本)
したがって，鉛筆は(13＋2)×22＝330(本)

△……△△△　18
△……△
2……2

3.　(規則性，数の性質)

基本 (1)　1＋2＋3＋4＋5＝15(個)

重要 (2)　(1＋60)×60÷2＝1830

やや難 (3)　(2)より，(1＋□)×□÷2が2022に近い数になるとき，(1＋□)×□は2022×2＝4044に近い数である。60×60＝3600より，63×64＝4032
63番目のグループの最後の数…最初の数から数えて4032÷2＝2016(番目)
したがって，2022番目の数は2022−2016＝6

4.　(速さの三公式と比，旅人算，グラフ)

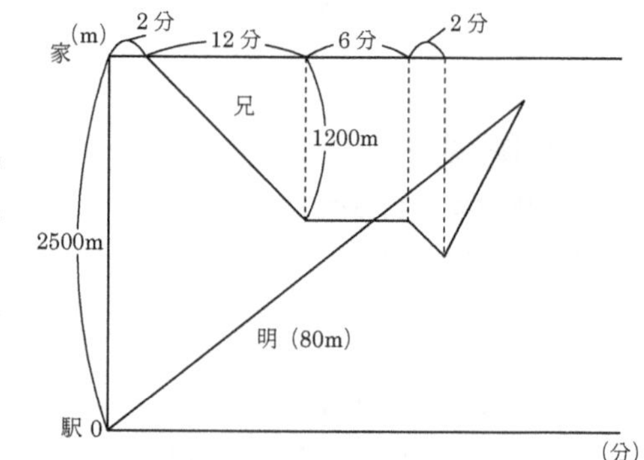

基本 (1)　分速1200÷12＝100(m)

重要 (2)　2×2＋12＋6＝22(分後)に明さんは80×22＝1760(m)，(1)より，兄は100×{22−(2＋6)}＝1400(m)進んだ。
兄が明さんに追いついた時刻…22＋{1760−(2500−1400)}÷(190−80)＝28(分後)
したがって，家からの距離は2500−80×28＝260(m)

重要 5.　(統計・表，割合と比，消去算)

(1)　(あ)…27−(11＋10)＝6(枚)
黄の四角…17−(6＋3)＝8(枚)
赤の四角…17−(5＋8)＝4(枚)
(い)…22−(11＋4)＝7(枚)

	赤	青	黄	合計
三角	11	10	(あ)　6	27
四角	4	5	8	17
星	(い)　7		3	③
合計	22	④	17	(う)

(2)　右表より，22＋④＋17＝④＋39が27＋17＋③＝③＋44に等しく，①が44−39＝5(枚)
したがって，合計(う)は5×4＋39＝59(枚)

★ワンポイントアドバイス★

2.(10)「差集め算」は，「22人に2本ずつ追加する」という点をヒントにすると，難しくない。3.(3)「2022番目の数」の問題は，なかでも難しいが，4.「グラフと旅人算」，5.「折り紙の数」は，それほど難しくはない。

＜理科解答＞

1 (1) イ (2) ウ (3) ウ (4) ア (5) イ (6) ウ (7) ウ
(8) エ (9) エ (10) ア

2 (1) ① イ ② 消化管 ③ X ウ Y エ ④ イ，エ
(2) オ (3) ① ウ ② 食物連鎖 (4) オ (5) オ

3 (1) ① ❶ ア ❷ イ ② a アルカリ(性) b 酸(性)
(2) ① (あ) $40cm^3$ (い) $40cm^3$ ② X 酸(性) Y 気体 Z 蒸発
③ ウ ④ 1.5g

4 (1) ウ (2) ウ (3) ① ア ② ア (4) イ，ウ，オ
(5) ① 2倍 ② 2.84秒 ③ 5cm ④ 45cm (6) 400cm

5 (1) ① 積乱雲 (2) ② ア ③ ウ (3) イ (4) 15mm
(5) (i) 30回 (ii) 360mm (6) エ (7) エ

○推定配点○
1 各1点×10 2 各1点×10((1)④完答) 3 各1点×11
4 各1点×10((4)完答) 5 各1点×9 計50点

＜理科解説＞

1 (小問集合)

基本 (1) キャベツは葉の部分，キュウリ・ピーマン・ナス・カボチャは果実の部分を食べている。

基本 (2) トンボ，スズムシ，バッタ，カマキリ，セミ，コオロギなどが不完全変態で，アゲハ，カブトムシ，ナナホシテントウ，ミツバチ，アリ，ハエなどは完全変態である。

基本 (3) 水素にはにおいはない。においのある気体として代表的なのはアンモニア，塩化水素，アルコールなどである。

重要 (4) 国際宇宙ステーション内の空気は約21%の酸素と約79%の窒素の重量の比となるように調節されている。

(5) 電磁磁石は電流の向きを反対にするとN極・S極も逆になる。初めは電磁石の方位磁針B側がN極だが電流の向きを逆にするとS極となるので，方位磁針BのN極は西を示す。

基本 (6) 同じ重さで比べたとき，密度の小さいものほど体積が大きくなる。気体の空気の体積が最も大きくなる。

(7) 光は重なれば重なるほど強くなるので，3枚の鏡の光が重なっているウの部分がもっとも温かくなる。

基本 (8) ベテルギウスやアンタレスは表面温度が低いため赤く見える。

(9) ワクチンは，ウイルスや細菌そのもの又は，病原体の物質を利用して作る。感染症に対する免疫をつけたり免疫を強くするために摂取するが，感染症に絶対かからなくなるわけではない。

(10) SDGsは2016~2030年までに世界が達成すべき持続可能な開発目標のことである。

2 (生物総合)

基本 (1) ① 食べ物の通り道は口→ア→イ→ウ→エ→こう門の順となるので，イは胃である。
② 食べ物の通り道は消化管という。 ③ 消化された食べ物の養分は小腸で吸収され，大腸では水が吸収されるので，Xは小腸，Yは大腸である。 ④ 消化液は，だ液，胃液に加え，すい液，たん汁，腸液がある。

(2) 消化液によって，消化されないプラごみは吸収されないので，オである。

重要 (3) ① クモ・ムカデ・トカゲ・モグラは肉食動物で，落ち葉を食べるのはダンゴムシである。

② 生物の『食う・食われる』のつながりを食物連鎖という。

(4) ミミズはダンゴムシが食べて細かくした葉や根を食べる。ネットは消化されないことや肉食動物は落ち葉は食べないことから，ネットのすきまより小さい生物であると考えられる。

(5) 自然に分解される，生分解性プラスチックの普及やリデュースの考え方から使用せず，リサイクルの考え方からペットボトルなど分別回収が行われている。

3 (物質の変化－水溶液の性質・物質との反応)

(1) ① 水酸化ナトリウム水溶液は赤リトマス紙を青色に変え，塩酸は青リトマス紙を赤色に変える。このことから水酸化ナトリウム水溶液はアルカリ性，塩酸は酸性とわかる。 ② BTB液はアルカリ性で青色，酸性で黄色，中性で緑色である。

(2) ① AとBのBTB液の色が緑色であることから，完全中和していることがわかる。このとき，水酸化ナトリウム水溶液と塩酸の体積が等しいことが読み取れる。また，AとBを比較すると水酸化ナトリウム水溶液と塩酸の体積が2倍になると固体の重さも2倍になっていることも確認できる。CはAの4倍の固体の重さになっているので，水酸化ナトリウム水溶液と塩酸の体積も4倍となるので水酸化ナトリウム水溶液と塩酸の体積もAの4倍の40cm^{3}ずつでなる。 ② X 混合液Dが黄色になったことから，酸性であることがわかる。 Y 塩化水素は気体である。 Z 塩酸には気体がとけているので，水と一緒に蒸発するため余った塩酸から固体は残らない。

③ Eは水酸化ナトリウム水溶液が10cm^{3}多いのでアルカリ性なので，BTB液は青色になる。

やや難 ④ Eでは水酸化ナトリウム水溶液10cm^{3}と塩酸10cm^{3}が完全中和していて，水酸化ナトリウム水溶液が10cm^{3}余っている。そのため塩化ナトリウムと水酸化ナトリウムの2種類の固体が残っている。中和によってできる塩化ナトリウムはAと同じ0.9gである。水酸化ナトリウム水溶液が10cm^{3}に含まれる水酸化ナトリウムは0.6gだから残る固体の重さは0.9＋0.6＝1.5gとなる。

4 (力のはたらき－物体の運動)

基本 (1) ふりこの運動では長さが同じなら振れ幅に関係なく，周期は同じなので，戻ってくるタイミングは同じである。

(2) 戻ってくるタイミングが同じことから，乗るものの重さは運動の周期に関係ないことがわかる。

重要 (3) ① 三太くんの方がブランコが長いので，三太くんの方が周期が長い。 ② 表1から長さが長い方が周期が長くなることがわかる。

(4) ブランコの長さが同じなら振れ幅や重さに関係なく，周期は同じになるので，長いブランコに座っているものを選ぶ。

(5) ① 0.90秒÷0.45秒＝2倍になる。 ② ブランコの長さが50cmの4倍なので，1.42秒×2＝2.84秒となる。 ③・④ 長さが9倍になっているのは，5cmと45cmのときである。周期は1.35秒÷0.45秒＝3倍となっている。

(6) (5)より周期は2倍のときふりこの長さは4倍になる。表より周期が1.00秒のときふりこの長さが25cmをもとにすると周期が4.00秒で4倍ならばふりこの長さは4×4＝16倍になる。25cm^3×16＝400cmとなる。

5 (天体・気象・地形の総合)

基本 (1) 夕立やゲリラ豪雨のように短時間で強い雨をもたらす雲は，積乱雲である。

(2) 積乱雲は強い上昇気流によってできる。上昇気流の起こる原因は空気が地面の熱の放射により温められ膨張することが原因である。

(3)　日本付近には偏西風という西風が常に吹いている。
(4)　メスシリンダーの水面の平らな部分を読み取ると15mmとなる。
(5)　(ⅰ)　15mm÷0.5mm＝30より30回向きが変わる。　(ⅱ)　15mm×24時間＝360mmとなる。
(6)　ハザードマップは非難場所・避難経路，被害想定区域を表示した地図で，災害の日時の予想はしていない。
(7)　緊急事態宣言は国，非常事態宣言は県が新コロナ感染対策のために出している。特別警報は警報の基準をはるかに超える現象に関して発表される。

★ワンポイントアドバイス★

環境や気象などに関する時事について普段からニュースを見てまとめておこう。既存の知識と観察・実験の結果を結びつけて，なぜそうなるのかを説明できるようにしておこう。

＜社会解答＞

1　問1　(1)　承久の乱　(2)　イ(→)ウ(→)ア　(3)　エ
問2　(1)　イ　(2)　ウ　(3)　韓国[大韓民国]　問3　イ　問4　イ
問5　大輪田泊　問6　(1)　明智光秀　(2)　太閤検地　問7　聖武天皇　問8　ア
問9　ワカタケル(大王)　問10　瀬戸大橋　問11　(1)　讃岐(平野)　(2)　年間を通じて降水量が少ない。　(3)　高知(平野)　(4)　エ　問12　ウ　問13　エ
問14　(1)　ア　(2)　ウ(→)イ(→)ア　問15　㋐　問16　イ，エ

2　問1　(1)　ア　(2)　B　弾劾裁判所　C　違憲立法(法令)審査　(3)　ア，ウ
問2　エ　問3　ウ　問4　(1)　(脱)炭素(社会)　(2)　①　火力　②　東日本大震災による原発事故が影響したから。　(3)　ウ　問5　(1)　ア　(2)　イ

○推定配点○
1　問1・問3～問11(3)・問14(2)　各2点×13　他　各1点×12
2　各1点×12　計50点

＜社会解説＞

1　(日本の地理，日本の歴史－日本の国土と自然，都道府県の特徴，古代～現代)

問1　(1)　後醍醐天皇は，1221年に鎌倉幕府を倒そうとして兵を挙げたが，幕府軍に敗れた。この出来事は承久の乱といい，承久の乱後に後鳥羽上皇は隠岐に流された。　(2)　アの永仁の徳政令が発布されたのは1297年，イの御成敗式目の制定は1232年，ウの2度の元軍襲来は1274年(文永の役)と1281年(弘安の役)である。年代の古い順に並べると，イ→ウ→アとなる。
(3)　法然は平安時代末期から鎌倉時代初期にかけての僧で浄土宗を開いており，エが室町時代について述べた文としてまちがっている。室町幕府3代将軍足利義満は，1392年に南北朝を統一しているので，アは正しい。室町時代の1467年に応仁の乱がおこり，下剋上の風潮が高まったので，イは正しい。室町時代に雪舟が水墨画の技法を完成させたので，ウは正しい。

問2 (1) Bの都市は，島根県にあり，宍道湖の西側に位置しているので，写真の神社はイの出雲大社とわかる。アの熊野大社は島根県松江市などにあり，ウの春日大社は奈良県にあり，エの諏訪大社は長野県にある。なお，熊野本宮大社・熊野那智大社・熊野速玉大社の熊野三山は和歌山県にある。 (2) 出雲大社からおよそ220km離れた日本海に位置する日本固有の領土で，外国が不法に占拠している島は，ウの竹島である。アの国後島は北海道に属し，ロシアが占拠している北方領土に含まれる。イの沖ノ鳥島は東京都に属する日本最南端の島である。エの尖閣諸島は沖縄県に属している日本固有の領土で，中国などが領有権を主張している。 (3) 竹島を不法に占拠しているのは韓国(大韓民国)である。

重要 問3 参勤交代を制度化したのは3代将軍徳川家光なので，イがまちがっている。徳川綱吉は5代将軍で，生類憐みの令を出したことなどで知られる。徳川家光は鎖国を完成させたので，アは正しい。徳川秀忠は江戸幕府2代将軍で，1615年に武家諸法度を制定しているので，ウは正しい。徳川家宣は江戸幕府6代将軍で，6代将軍徳川家宣・7代将軍徳川家継の時に新井白石が正徳の治と呼ばれる政治を担ったので，エは正しい。

問4 菅原道真は，894年に遣唐使の廃止を提案しており，イが正しい。空海は高野山に金剛峯寺を建立し，真言宗をひらいたので，アは誤り。天台宗を開いたのは比叡山に延暦寺を建立した最澄。藤原不比等は大宝律令の制定などにかかわった飛鳥時代後半から奈良時代の人物であり，征夷大将軍には任命されていないので，ウは誤り。娘4人を天皇の妃にして力を持ち，「この世をば…」と和歌をよんだのは，藤原頼通の父である藤原道長なので，エは誤り。

問5 平清盛が日宋貿易のために整備した港は，大輪田泊といい，現在の神戸港にあたる。

問6 (1) 本能寺の変で主君である織田信長を討ったのは，明智光秀である。 (2) 豊臣秀吉が実施した，全国規模の土地調査を，太閤検地という。太閤検地は1582年から始まった。

基本 問7 全国に国分寺をつくることを命じた天皇は，聖武天皇である。

問8 享保の改革は，江戸幕府8代将軍徳川吉宗が行ったもので，上米の制を実施したり，公事方御定書を制定したりしている。上米の制は，大名に対して参勤交代をゆるめる代わりに，幕府に米を納めさせたので，アが正しい。イは老中田沼意次の政治の内容，ウは老中松平定信が行った寛政の改革の内容，エは老中水野忠邦が行った天保の改革の内容。

問9 熊本県の江田船山古墳で見つかった鉄刀と，埼玉県の稲荷山古墳で見つかった鉄剣の，いずれにも刻まれていた大王の名前は，ワカタケル大王である。

問10 本州四国連絡橋のうち，児島・坂出ルートにある橋は，「瀬戸大橋」である。なお，神戸・鳴門ルートには「明石海峡大橋」や「大鳴門橋」があり，尾道・今治ルートには「しまなみ海道」がある。

問11 (1) Gの平野は香川県北部に広がっていることから，讃岐平野とわかる。 (2) 写真で示された施設は，ため池である。讃岐平野は瀬戸内の気候がみられ，年間を通して降水量が比較的少ないことから，水源を確保する目的などからため池がつくられた。 (3) Hの平野は高知県の中央部に広がっていることから，高知平野とわかる。 (4) 高知平野では，温暖な気候を利用して，かつては米の二期作が行われていたが，現在はビニールハウスを利用してなすやピーマンなどの促成栽培が盛んなので，エが正しい。アに関して，れんこんの栽培は茨城県の霞ケ浦周辺などで盛んである。イのシラスとよばれる火山灰が降り積もった，稲作に適さない土地は，鹿児島県などでみられる。鹿児島県はさつまいもの栽培が盛んである。ウに関して，さとうきびやパイナップルなどの栽培が盛んなのは沖縄県である。

重要 問12 三内丸山遺跡は，青森県にある縄文時代の代表的な遺跡であり，弥生時代の遺跡ではないので，ウがまちがっている。

問13　エの教育勅語は1890年に発布されており，1872年の学制の制定と同じ時期に行われた改革としてまちがっている。アの徴兵令の発布とイの地租改正の実施は1873年，ウの廃藩置県は1871年である。

問14　(1)　南満州鉄道を中国軍が爆破したとして，関東軍が満州全域を占領した満州事変は1931年に始まり，1932年に満州国の建国が宣言されているので，アが1932年頃の日本を取り巻く状況について説明した文として正しい。イの第一次護憲運動は1912年から1913年にかけての出来事。ウの二十一か条の要求を中国につきつけたのは1915年。エの足尾銅山鉱毒事件は19世紀末から20世紀初頭にかけて発生した。　(2)　アの日中共同声明の発表は1972年，イの東海道新幹線の開業は1964年，ウの日本国憲法の施行は1947年5月3日なので，年代の古い順に並びかえるとウ→イ→アとなる。

問15　カルスト地形は山口県の秋吉台などでみられるので，㋐が適当。

問16　イは左側の写真が原爆ドーム，右側の写真が厳島神社で，いずれも中国・四国地方の広島県に位置している。エの左側の写真は阿波踊り，右側の写真は鳴門の渦潮で，いずれも中国・四国地方の徳島県に位置している。アは左側の写真が姫路城，右側の写真が神戸港で，いずれも近畿地方の兵庫県に位置している。ウの左側の写真は仙台の七夕祭りの様子，右側の写真は松島で，いずれも東北地方の宮城県に位置している。

2　(政治，時事問題－基本的人権，政治のしくみ，エネルギー問題)

問1　(1)　国会から内閣への矢印にあてはまるのは，アの内閣不信任の決議とイの内閣総理大臣の指名がある。このうち，衆議院のみが内閣に対してもつ権限は，アの内閣不信任の決議である。　(2)　B　国会は裁判所に対して，弾劾裁判所の設置を行う。　C　裁判所は国会に対して違憲立法審査権(違憲法令審査権)をもつ。　(3)　衆議院議員の被選挙権は25歳以上であり，衆議院議員総選挙は小選挙区比例代表並立制が採用されているので，アとウが正しい。第二次世界大戦後の衆議院議員総選挙における投票率は，80％を超えたことはないので，イは誤り。衆議院議員総選挙に関して，裁判で「一票の格差」について争われたことがあるので，エは誤り。

問2　テレワークとは，情報通信技術を活用し，在宅などで仕事を行う働き方のことである。テレワークを実施することで，社員同士が気軽にコミュニケーションをとることが難しくなる面があることから，エの「社員同士の意思疎通が容易となる」はテレワークを実施することの影響としてあてはまらない。

問3　「精神の自由」に分類されるものには，「思想・良心の自由」「信教の自由」「集会・結社・表現の自由」「学問の自由」がある。ウは「信教の自由」と関わる政教分離の内容なので，ウが「精神の自由」に分類される。アは「経済活動の自由」に分類される財産権の保障に関する内容。イとエは「身体の自由」に分類される。

問4　(1)　二酸化炭素の排出量を実質的にゼロの状態を目指す社会を，脱炭素社会という。
(2)　①　現在，日本の発電エネルギー源として最も割合が多いのは，石炭や石油，天然ガスなどを燃料とする火力発電である。　②　2000年と比べて2015年に原子力の割合が大幅に減少している理由は，2011年3月に発生した東日本大震災において東京電力福島第一原子力発電所で事故が起こり，その後に日本各地の原子力発電所が運転を休止したためである。　(3)　自然エネルギーは，日本では発電量はそれほど多くないことから，ウがあてはまらない。

問5　(1)　川柳からは，食事時に噛む音やすする音が聞こえる状況と考えられる。これは，新型コロナウイルス感染症の拡大に伴って学校などで飛沫感染を防ぐために黙食が推奨された様子をあらわしており，アが適切。　(2)　川柳は，山火事の国へ豪雨が行ってほしいという内容であることから，山火事が多く発生する国がある一方で，豪雨による被害が大きな国もあると考えられ，イが適切。

★ワンポイントアドバイス★

地理・歴史・政治をバランスよく学習しておこう。

<国語解答>

〔一〕 1 誕生　2 背景　3 郵便　4 乗車券　5 縮尺　6 委　7 回収　8 銭湯　9 別冊　10 牧場

〔二〕 A カ　B エ　C イ　問二 (a) ア　(b) イ　問三 エ　問四 イ　問五 オ　問六 ウ　問七 X 人生の～たない　Y 別々の価値観　問八 ア　問九 結婚することがフツーだという価値観が当たり前ではなくなったから。　問十 オ　問十一 社会の変化が急激な現代では，従来のフツーは機能しなくなってくるため，そのフツーを疑うことで自分なりの人生をきり開く自由が得られるから。

〔三〕 問一 (a) オ　(b) イ　問二 エ　問三 ① 毎朝登校時に母親がベランダから見送ってくれること。　② ア　問四 イ　問五 オ　問六 ウ　問七 ウ　問八 エ　問九 自分から見送りを断ることで，お母さんが傷つくのではないかと心配をしたが，父親の残した言葉を知り，見送りを断ることが大人になる第一歩だと考えた。

○推定配点○

〔一〕 各2点×10

〔二〕 問一・問二　各2点×5　問九　4点　問十一　5点　他　各3点×8

〔三〕 問一　各2点×2　問三 ①　4点　問九　8点　他　各3点×7　計100点

<国語解説>

〔一〕 (漢字の書き取り)

1 「誕」は全15画の漢字。11画目を忘れずに書く。　2 「背」は全9画の漢字。3画目は左からはらう。　3 「郵」は全11画の漢字。8画目の前にもう一本横画を入れた，全12画の漢字にしないようにする。　4 「券」は全8画の漢字。「力」ではなく「刀」だ。　5 「尺」は全4画の漢字。4画目は3画目と2画目の始点がつながっている部分からつけて書く。　6 「委」は全8画の漢字。6画目の始点は最終的に8画目の上に出る。　7 「収」は全4画の漢字。3画目の始点と4画目の始点はつけない。　8 「湯」は全12画の漢字。「日」の下に書く横画を忘れずに。　9 「冊」は全5画の漢字。3画目ははねる。5画目は左右に出す。　10 「牧」は全8画の漢字。部首は「うしへん」。「うしへん」の形に気をつける。

〔二〕 (論説文－細部の読み取り，接続語の問題，空欄補充，ことばの意味，記述力)

基本　問一　A　直後が「～だから」・「～なるから。」なので，カの「なぜなら」が入る。　B　前部分は，いわゆるフツーの人生を離れていると言える人の具体的な数値をパーセンテージで示している。後部分は，それを4～5人に1人という言い方に代えてしめしているのでエの「つまり」が入る。C　後部分は「この章のまとめをしよう。」と話題を変えているのでイの「では」だ。

要 問二　(a)「とりわけ」とは，「取り分ける」からきた「特に」という意味の言葉だ。　(b)「したり顔」とは，してやったり，うまくいったという顔つきということから「得意そうに」ということを意味する言葉である。

問三　「フツー」と表記すると筆者が言うのは，一般的に言われている意味，辞書にのっている意味とは異なる意味として使うということになる。直前の文にあるように「同調圧力」を生む独特の意味合いを示すのだからエということになる。

問四　相手の言うことが，本心ではフツーではないと思っているが，それを柔らかく非難する言い方と説明している。しかし，いくら柔らかい言い方とはいえ，それは非難である。つまり，フツーに合わない独自の意見は認めないということで，フツーの側になることをすすめることだからイである。

問五　「じつは，ちゃんとした～」で始まる段落と，続く「たとえば～」で始まる段落，それを説明した具体例を述べている段落に着目する。潤滑油の役目と述べてる内容を具体例で説明している構成だが，これによると，「いちいち確認したり，質問したりする必要がなくなる」としているのでオだ。

本 問六　「あてはまらないもの」という条件に注意する。「フツーの圧力」を具体的に述べているのが「感じ方～」で始まる段落だ。世間ではこれが良い，悪いと言われる同調圧力がかかったものの見方ということになる。ウ以外はすべて「らしさ」や世間ではこうだという内容だが，ウは当然守るべきルールなのであてはまらない。

難 問七　Yのほうが字数も少なく，わかりやすいかもしれない。直後に，「それは～」と説明を始めている。めずらしい時代とは「別々の価値観」を持ちながらいっしょに暮らす時代だ。したがって，Yには「別々の価値観」が入る。そこで，Xを考えると，別々の価値観を持って暮らしているのは，どのような「中で」なのかということになる。なぜめずらしいのかといえば，以前は異世代でも「フツー」が大体同じだったのに，現在は「フツーが同じではない」中でいっしょに暮らしているのだ。「そしてきみたちの～」で始まる段落に「人生のフツーから成り立たない」中で価値観が異なる世代の人たちがいっしょに暮らしているということだ。

問八　「たとえば，10代～」で始まる段落に着目する。慎重に聞き，納得できなかったら，フツーが盤石だった頃の人だと思っていればいいと述べている。つまり，いろいろな考えを知ることで自分が鍛えられるということになるのでアを選択する。

問九　――線7で始まる段落の最終文に，以前の日本で結婚率が高かったのは「結婚することがフツーだったから」とある。しかし，現在では，結婚するのがフツーだという価値観ではなくなったので自分の価値観にしたがって未婚の数が増えてきているのだ。

問十　他人のことに立ち入って余計な世話をやくことを「お節介をやく」という。

難 問十一　キーワードは，「フツーを疑うことは，～」で始まる段落にある「自由を手に入れる」という意味になる言葉だ。この結論にいたるには，Cで始まる段落の「まとめ」の内容をおさえる必要がある。「これから」はフツーに寄りかかればいいという考えは通用しないのだ。社会の変化が急速になっているからだ。

〔三〕（物語－心情・情景，細部の読み取り，空欄補充，ことばの意味，記述力）

問一　(a)「せわしない」は，漢字表記すると「忙しない」になる。オの「いそがしそうな」である。(b)「うろたえる」とは，不意を打たれ、おどろいたりあわてたりして取り乱すという意味の言葉であるのでイである。

問二　「もしかしてマザコンてやつ？」のようなからかいの言葉がこわいのだから，エである。

問三　①　直前にある「これはもう」の「これ」が指し示している内容を答えるということになる。「そのうち～」で始まる段落にある言葉を利用して書くと書きやすい。毎朝登校時に母がベランダから見送ってくれることだ。　②　「だけど，原因は～」で始まる段落が着目点になる。ぼくが，家を離れるとだれもいなくなってしまうのではないかという「不安」を持っていることを察した母が始めたことなのでアになる。

問四　自分のことをからかっていたはずなのにいつの間にか智博が女子に文句を言われる立場になったので，からかわれたことからは抜け出せたのだが，自分の中ではまだ，母の見送りについて考えている。それが「お母さんは，傷つくだろうか」という疑問だ。したがって，「見送りはやめて」と言ったら傷つくかということになる。

問五　直後にあるように「自分の気持ちをどう言い表していいのかわからない」のだ。つまり，おじいちゃんの言うことは頭では理解できても，別の気持ちがあるということになる。それをどう言い表していいかわからないということになるのだから，オである。

問六　線4は比ゆ表現だ。祖父と話しているうちに，ただからかわれるからいやなのではなく，自分自身の中に何か違うのではないかという思いが起き始めているという自分の気持ちに気づいてきたのだ。「サイズの合わない服」という比ゆはブカブカの服ではなく，自分が成長してキツキツになった服と考えられる。これまで平気でしていたことが，自分が成長したことによって違和感を覚えるようになったということなのでウを選ぶ。

問七　亡くなった父親が自分と同じくらいの年に，言ったという言葉を聞いたのだ。その内容はまさに今，自分自身が感じていることと重なるので，身近に感じ納得しているのである。

問八　問七で考えたように，亡くなった父親も，自分と同じくらいの年に同じように考えたのだということを知り，自分も行動しようということが「よしっ」の気合いだ。母親に見送りを断ると，意外なことにすんなり受け入れられて，階段をかけおりているのだから，大人になる未来に向かって前向きな一歩を踏み出しているのである。

やや難　問九　問四から問八までで考えたことをまとめることで解答が書ける。見送りを断ったら母が傷つくかも知れないと思っていたが，祖父から聞いた父の言葉に納得し，自分も大人になる第一歩を歩きだそうと決意したのだった。

★ワンポイントアドバイス★

記述の分量が増加傾向にあることは変わりない。空欄補充の問題は最近では他校でも多くなっている，説明の文を完成させる形だ。この形式は今後も続くと考えられるので，他校の過去問などを利用し練習を重ねておこう。

収録から外れてしまった年度の
問題・解答解説・解答用紙を弊社ホームページで公開しております。
巻頭ページ＜収録内容＞下方のQRコードからアクセス可。

※都合によりホームページでの公開ができない内容については，
次ページ以降に収録しております。

エ　家族が悩んでいるのに何の役にも立つことができないと思ったから。
オ　頼まれたことすらまともにできない自分を情けないと思ったから。

問五　――線(4)「うちのじいちゃんだよ」とありますが、「じいちゃん」の説明として最も適当なものを次の中から選んで、記号で答えなさい。
ア　商店街の中で孤立し、自分の意見が否定されることをにがにがしく思っている。
イ　昼間の出来事によって落ち込んでいる杏都をなぐさめたいと思っている。
ウ　古着屋のおにいさんを心から応援し、仲良くなりたいと思っている。
エ　正しいと思ったことを堂々と口にした杏都を立派だと思っている。
オ　孫の詩音にも杏都のように正義感を持って欲しいと思っている。

問六　――線(5)「じわっとあたたかさがひろがっていく」とありますが、それはどういうことですか。次の中から最も適当なものを選んで、記号で答えなさい。
ア　自分の正しさが証明されたと感じ、急激に元気を取り戻しているということ。
イ　詩音に自分の考えを認めてもらったことで、気持ちが楽になっているということ。
ウ　自分に味方してくれる詩音の存在が気になりだし、心をときめかせているということ。
エ　いい大人もいるということを知って、商店街のことを好きになり始めているということ。
オ　今までの心配が考えすぎであったことを知り、問題が解決したことを喜んでいるということ。

問七　――線(6)「今の私はちがう」とありますが、これについて説明した次の文の［　］にあてはまる言葉を本文中からぬき出して、Aは十二文字、Bは八文字で答えなさい。

自分のした行いによって［　A　］のではないかという心配は変わらずあるが、詩音や自分自身の［　B　］に気づくことができて少し気持ちが上向いている状況。

問八　――線(7)「びっくりするから」とありますが、それはどうしてですか。三十五文字以内で簡単に答えなさい。

問九　――線(8)「あやまらなきゃいけないのは、こっちですよ」とありますが、それはどうしてですか。次の中から最も適当なものを選んで、記号で答えなさい。
ア　根拠のないウワサ話をすることで地域の活気が失われていたから。
イ　ここから商店街の未来よりも自分たちの利益を優先していたから。
ウ　知らず知らずのうちに若者を排除するような考え方をしていたから。
エ　外部から来た古着屋のおにいさんや杏都に冷たい態度を取っていたから。
オ　商店街で起こったいじめに気づきながらも見て見ぬふりをしていたから。

問十　――線(9)「私は、もう、誰かにばかみたいって言われても、それを怖がったりしない」とありますが、そう思えるようになったのはどうしてですか。本文全体をふまえて、わかりやすく説明しなさい。

前の学校で、私は「ばかみたい」って悪口を言われたこともあった。思ったことをすぐに口に出して、感情にまかせてしまうこの性格を、ばかみたいだと思うこともある。

だけど、ばかみたい、の、その先には……。

その先には、きっと今まで見たことのなかった景色、感じたことのなかった気持ちと出会うことができるって、今の私はそう思う。

だから、(9)私は、もう、誰かにばかみたいって言われても、それを怖がったりしない。

（吉田桃子『ばかみたいって言われてもいいよ①』）

問一　═══線(a)「陰湿な」・(b)「はがゆい思い」の意味として最も適当なものを次の中から選んで、それぞれ記号で答えなさい。

(a)「陰湿な」

ア　暗くていじわるな　　イ　ひどく時代遅れの
ウ　心配性で弱気な　　エ　話を聞かない
オ　なれなれしい

(b)「はがゆい思い」

ア　悲しい思い　　イ　さびしい思い
ウ　恥ずかしい思い　　エ　もどかしい思い
オ　にくらしい思い

問二　――線(1)「ここから商店街事務所」とありますが、「ここから商店街」についての説明としてあてはまらないものを次の中から一つ選んで、記号で答えなさい。

ア　高齢化が進んでいる。
イ　杏都の祖父のお店がある。
ウ　青果店の石沢さんが組合長である。
エ　毎年七夕の日に「ほしぞら祭り」が開かれる。
オ　古着屋のおにいさんは組合への入会を拒否している。

問三　――線(2)「……なんなの、これ」とありますが、このときの杏都の気持ちとして最も適当なものを次の中から選んで、記号で答えなさい。

ア　イベントの運営に関わる話についていくことができずに、混乱している。
イ　大人がたくさん集まっているのに、話し合いが進まないことにいらだっている。
ウ　商店街の人たちが、古着屋のおにいさんを悪者と決めつけていることに腹を立てている。
エ　集会所にいる大人たちが年寄りばかりで、商店街の未来が見えないことを悲しんでいる。
オ　古着屋のおにいさんの悪い行いを聞かされ、今後も付き合っていくべきか不安に思っている。

問四　――線(3)「ただ、もう消えてなくなりたい……」とありますが、そのように考えたのはどうしてですか。次の中から最も適当なものを選んで、記号で答えなさい。

ア　攻撃的な発言によって商店街の人たちを傷つけてしまったと思ったから。
イ　自分の空気を読まない言動によって家族を困らせてしまうと思ったから。
ウ　自分が商店街の人からいじめを受けるのではないかと不安に思ったから。

が「ほう」とあごに手をあてた。

「この子は、あの勇ましい女の子だね？　柏さん」

「ああ、そうです。うちの、大事な孫だよ」

おじいちゃん同士が、そう言って、笑いあう。

「杏都さん、また会えて嬉しいよ。あなたの勇気ある意見が、ここから商店街の大人たちを変えたんだよ」

詩音のおじいちゃんが言った。

テントのなかから、古着屋のおにいさんと商店街の組合長さんもやってくる。

私は、がばっと頭を下げた。

「……あのときは、本当にすみませんでした！」

組合長さんは「いやいや」と言う。

「⑧あやまらなきゃいけないのは、こっちですよ、杏都さん。頭を上げてください」

そう言われて、おそるおそる体勢を戻す。

組合長さんは、話を続けた。

「あれから、杏都さんに言われたことで我々も考えを改めた。そして、反省もしました。商店街がこれからも長く愛されることを願いながら、新しい者は歓迎しないなんて、よく考えたら、本当に愚かでした。わたしたちも、少しずつ若いひとにバトンを渡していかないとね」

古着屋のおにいさんが、私に笑顔を向ける。

「ぼくも、この、ここから商店街の一員として認められたってわけ」

詩音のおじいちゃんが、おにいさんに声をかける。

「この若者は見かけによらず、芯のあるやつだよ。なんてったって、こんな古くさい商店街に今から店を構えるなんて、よっぽど根性があるっていう証拠だよ。さ、せっかくの祭りだ。あっちで飲もう、飲もう」

二人は、テントのほうに歩いていく。

「杏都ちゃん、出店、見てこよう」

瑠奈が、私の浴衣のすそをつまんで言った。

それから、私は瑠奈と出店を見てまわった。

「ねえ、杏都ちゃん。どうして、ここが、ここから商店街っていう名前か知ってる？」

瑠奈が言った。

「知らない……。最初、見たとき、ヘンな名前だなあと思ったけど……」

私が言うと、瑠奈は、あははっと笑った。

「あのね、ここから商店街の、ここからって、ここから元気になって、またがんばろうってことで名づけられたんだって。そして、また疲れるようなことがあったら、ここに来て、お買い物をして、なにかおいしいものを食べて、ここからスタートってかんじ？」

名前の由来というよりも、願いに近いなって私は思っていた。

ここから商店街。私も、この町のなかで生きているんだ。

そして、これからは……。

帰る前に、私は瑠奈といっしょに短冊に願いごとを書いた。

私の短冊を見た瑠奈は、ふしぎそうな顔をした。

「これ……、願いごと？」

「願いごとっていうか、決意表明みたいなものかな」

私が書いた短冊。

『ばかみたいって言われてもいいよ。田代杏都』

「ヤバい。眠すぎる。もう限界」

詩音はそう言うと、家のなかへ戻ってしまった。

なんだか、すごくふしぎだった。詩音の、今まで知らなかった一面を知ることができたけど、それは、私自身に対しても言えることだと思った。

詩音と話ができている自分がいる、という今までになかったこと。

詩音っていう、自分じゃない誰かによって連れてこられた、別の自分。

自分の意外な一面を知るときって、一人じゃなくて誰かといっしょにいるときなのかもしれない。

心臓が、心地よいリズムをうっている。

詩音と話す前、一人でこの部屋にいたときは、もう絶望でいっぱいで消えてしまいたいとさえ思っていたのに、(6)今の私はちがう。

……私、消えなくてもいい。ここにいてもいいのかもしれないって思っている。

「あ」

頭のなかに、さっきの詩音の言葉がよみがえった。

――「おまえも来るだろ？『ほしぞら祭り』」

詩音は、私のこと、仲間だって認識してくれていたんだ。私が思っているよりも、いやなやつじゃないのかもしれない。

「ほしぞら祭り」の中心になっているお寺の周りは、屋台や、ちょうちんのあかりで、そこだけ世界から浮き上がっているように、ぼんやりと明るかった。

お寺の入り口には、私の身長の三倍はありそうな大きな笹が飾ってあり、たくさんの短冊が夜風に揺れている。

「みんなの願いごと読むの、毎年ちょっと楽しみなんだよね」

瑠奈は、笹を見上げてそう言った。

「後で、わたしたちも書こうね。願いごと」

瑠奈に言われて、「うん」と返事をしたときだった。

「おーい！　瑠奈！　杏都！」

お寺の境内へと続く階段を先に会場へ行っていた詩音が、駆け下りてきた。

「早く、早く。こっちに来てみろって。(7)びっくりするから！」

言われるがままについていった先は、境内のなかに設置されたテントだった。その下で、集まった大人たちが談笑している。

「あ……」

古着屋の、おにいさん。

おにいさんは、私と目があうと、座っていたイスから立ち上がった。

「やあ、きみ！」

「え？　これっていったい……」

テントのなかから、おじいちゃんと、もう一人、おじいちゃんと同じくらいの年のひとが、こっちに向かってやってきた。

「じいちゃん！」

詩音が声をかけている。

私のおじいちゃんといっしょにいるこのひとは、詩音のおじいちゃんなんだ。

「杏都ちゃん、びっくりしたかい？」

おじいちゃんがにこにこ笑っている。その隣で、詩音のおじいちゃん

「おまえ、陰湿な大人たちがいるかぎり、イジメはなくならないって言ったんだって？」

「あ……。うん」

私は顔を上げて、ふたたび詩音を見た。

「おれもそう思う。おまえと同じ」

おまえと同じ。

詩音の言葉が、すとん、と胸にとびこんできた。そこから、⑸じわっとあたたかさがひろがっていく。

詩音は、急に周りをきょろきょろ見回し、誰もいないことを確認した。

「おれの母ちゃんさ」

今までより少し声量を小さくして、詩音が言う。

「前に、職場でイジメにあったんだ」

「えっ？　それって……。大人になってからってこと？」

「当たり前だろ。今、職場でって言ったじゃん」

今日の午前中、ここから商店街の集会へ行く前に会った詩音のお母さんを思いだす。小柄（こがら）で、優しそうな……、なによりも、詩音のことをたいせつに思っているのがにじみ出ているところが印象に残っていた。

あの詩音のお母さんが、職場でイジメにあっていたなんて。

「母ちゃんだけ仕事をまわしてもらえなかったり、そうかと思えば、一人だけ一気に仕事を押しつけられたり。デスクでまわすおみやげのお菓子なんて、母ちゃんのところだけロコツに避（さ）けたりするんだぞ。いっこ飛ばしされて。これ、すげーむかつかね？」

「うん。すごくイヤミ」

私は、詩音の話にうなずいた。

「じいちゃんから話を聞いて、おれ、どうしても、おまえに言いたかったんだよ」

「なにが？」

「だから、正しいことを、ちゃんと、まっすぐ言ってくれて、すげーって。おまえみたいなやつがいっぱいいたら、母ちゃんを苦しめたイジメもなくなるのにな」

「だけど……、私、きっと、この商店街のひとたちに嫌われたと思う。ナマイキな子どもだって、あの場にいたみんな、そう思ってる。私、本当にばかなことしちゃった」

詩音は、首を横に振った。

「んなこたねーだろ。うちのじいちゃんは、おまえの味方だって」

「うん……」

だけど、それじゃだめなんだよ。

心のなかにある本当の気持ちを、私は詩音に言えずにいた。

私が、『ここから商店街』の大人たちに嫌われるということは、親であるお母さん、祖父母であるおじいちゃん、おばあちゃん……、つまり、家族みんなの評判を落とすことにもつながるのだ。

「おまえ、『ほしぞら祭り』今年、初めてだろ？　ここらへんではいちばん初めの夏祭りなんだ」

「そうなんだ」

「おまえも来るだろ？　『ほしぞら祭り』」

「………」

うん、とも、ううん、とも返事ができず、私はだまっていた。そのうち、詩音が「ふああ」と大きなあくびをした。

カーテンのかかっている窓の向こうには、隣の家の二階、詩音の部屋がある。

カーテンを開けると、詩音が、私を見て片手をあげた。いったいなんの用事だろう。不審に思ったけど、気落ちしていたからか、そこまで考える余裕もなく、私は、窓を開けていた。

「よお」

詩音が声をかけてきた。

「さっきの音って……」

私が言うと、詩音は、「ああ、これ」と言って、手に持った消しゴムを見せた。

「おれ、勉強しないから、なかなか消しゴム減らないし。これなら、窓が割れる心配もないだろ?」

「あんた……」

ばかじゃないの？　という言葉は、ぐっとのみこんだ。今の私は、誰かに対して、ばかなんて言える状態じゃない。自分がいちばん愚かだとわかっているから。

詩音は、いひひっと歯を見せて笑った。

「おまえ、商店街のおっさんや、おばちゃんたちに、かなりキツくはむかったんだって?」

顔が、かーっと熱くなった。

「なによ。イヤミ言うためだったの？　あんたって、ホントやなやつ。私、もう寝るから」

窓を閉めようとすると、詩音があわてだした。

「ちがう、ちがう！　おれ、すげーって思ったんだ。おまえ、やるじゃんって」

「え……?」

私が、すごい……?　どういうこと?

「……私のこと、誰から聞いたの?」

おそるおそるたずねると、詩音は「(4)うちのじいちゃんだよ」と言った。

「じいちゃんも集会に行ってたから」

「………」

そうだったんだ……。あの場には、詩音のおじいちゃんもいたんだ。

私は、詩音から視線をそらし、自分の足元を見つめた。

「おれは、服なんて全然キョーミないけど、あの店のにいちゃんは嫌いじゃない。おまえがかばった、古着屋のにいちゃんな。店の前通ると、よお、とか、最近どうだ、とか声かけてくれるんだ。そういうのって、うざいけど、たまに嬉しいじゃん」

詩音の話を聞きながら、私は、自分の足を見てる。

「うちのじいちゃんも、あの古着屋を商店街の組合に入れてもいいって思ってたらしいけど、反対意見が多いせいでできないって、(b)はがゆい思いをしてたみたいなんだ。それで、おまえがズバッと言ってくれて、スカッとしたって。あっぱれだって言ってたよ」

「………」

あの場で、私のことを、そういうふうに見ていてくれたひともいたんだ……。

嬉しい、というより、自分はまちがったわけじゃない、と背中を押してもらったような気持ちになった。

ひどい。

ここで出てる話は、すべて、大人たちが本当のことを知ろうともせずに「こうだろう」と憶測で決めつけているだけだ。

本当にあやしいと思ったら、真相を確かめることだってできるのに。大人がこんなにいて、誰一人、それをせずにウワサを流し続けているなんて。

ガタン！

わざと大きな音をたてて、私はイスから立ち上がっていた。

一瞬で周りがシンと静まり返り、みんなが、いっせいに私を見ているのがわかる。

「……こんなに(a)陰湿なひとたちばっかりだったからなんだ」

私が言うと、誰かが「えっ？」と聞き返してきた。

それを無視して、私は叫んだ。

「この世からイジメがなくならないわけが、よーくわかりました！　だって、大人たちがそういうことをしているんだもの！　確かめもせずに決めつけて悪く言うなんて、ひどいと思わないんですか？」

大人たちの顔がひきつる。

「私、帰ります！」

私は、集会所を飛びだした。

帰ってくると、店番をしていたおじいちゃんが、私の姿を見て、片手をあげた。

「杏都ちゃん、おかえり。いやー、助かったよ」

「あ……」

優しいおじいちゃんの顔を見た瞬間、私は、自分がまた失敗してしまったと、今さら思った。私……、また後先考えず感情にまかせてキレてしまったんだ。

しかも、今回のことは、自分だけじゃない、相手は、おじいちゃんと、おばあちゃんが長年、お世話になっている、ここから商店街の組合だ。

どうしよう……。私、とんでもないことをしてしまった。

私は、集会所で、ここから商店街のみなさんに対してキレてしまったことを、正直に告白した。

「私のせいで、お客さんが減って、商売がだめになったりしたら。私、私……」

「杏都ちゃん、心配しなくても大丈夫だよ」

おばあちゃんが、そっと私の肩に手を置いた。

「長いつきあいだもの。こんなことで壊れるような関係じゃないわ」

「そうだよ」

おじいちゃんが相づちをうつ。

私には、なんの力もない。ただ、周りに迷惑をかける厄介者でしかないなんて。

お風呂に入った後、私は、二階の自分の部屋で机に向かっていた。

机に向かっている、といっても、何もしていない。何もする気になれない。

(3)ただ、もう消えてなくなりたい……。そのときだった。

こつ、こつ。

窓のほうから聞こえた。

なに？　外から？　しかも、この方角の窓って……。

中で誰も私の存在に気づかない。

　おじいちゃんくらいの年齢のひとが多い。それだけで、ここから商店街は、どのお店も跡継ぎがいない、高齢化が進んでいる状態だとわかる。

　そういえば、引っ越してきた日に、おじいちゃんが話していた。商店街の未来のために、本気でなんとかしなければいけないって。

「おや。もしかして、柏さんとこの……」

　集まっているなかで、やっと、私に気づいてくれたひとがいた。頭髪が薄いけど、ひげもじゃのおじいさんだ。

「あ、はい。『和菓子のかしわ』から、祖父の代理で来ました」

　みんなの視線が私に集中する。

「柏さんのお孫ちゃん。はじめまして。ここから商店街の組合長をしています。石沢です。うちはお寺の近くで青果店をやっているよ。年寄りばっかりの集まりでびっくりしたでしょう。はい、これ。」

　そう言って、組合長さんから渡されたのは「ここから商店街、第四十三回ほしぞら祭り」と書かれた、コピー用紙でできた冊子だった。

　毎年、七月七日、七夕の日に、ここから商店街にあるお寺を中心に、通りも歩行者天国にして、出店やステージ上のパフォーマンスなどをする夏祭りがある。今日は、このイベントについての話しあい、というわけだ。

　出店する店舗の確認に入ったところで、誰かが、ふいに言った。

「そういえば、あの、よくわからん、あやしい店はどうした？」

「海外から持ってきた、古くてきったない洋服を並べてる、あの店かい」

「ああ、見た、見た。いかにも悪そうなかんじの」

「もしかしたら、あのウワサも本当か？　ほら、なんていうんだ？　脱法ハーブとかいう違法薬物を売ってるって」

「いやだ、怖い。それなのに、ここから商店街の組合に入会希望を出してるのよ、あのひと。信じられないわ」

「会長、もちろん、入会は拒否していますよね？　あんなところを組合に入れたら、商店街の秩序が乱れますから」

　話を向けられた組合長の石沢さんは、「ええ、もちろん」と深くうなずいた。それを見て、大人たちは安堵のため息をつく。

(2)<u>……なんなの、これ。</u>

　いつのまにか、私は、机の下に隠した手を、ぎゅっと強く握りしめていた。こうしていないと、怒りが、あっというまに爆発してしまいそうだ。

「……あの、みなさん、その古着屋さんに、実際に行かれたことはあるんですか？」

　私は、おもいきって発言した。緊張と怒りで声がふるえていて、恥ずかしかったけど、そんなこと気にしていられない。

　大人たちは顔を見合わせ、「まさか」というふうに首を横に振った。

「行くわけないでしょう。あんなところ」

「そうだ、そうだ。なにされるかわからん。きみも学生なら、ああいうところに出入りするんじゃないぞ。悪影響を受けて、道をはずれたら大変だ」

「でも……、本人に直接聞いたり、見たりしたわけじゃないなら……」

　私が言うと、どこからか「ああ、だめだめ」という、あきれたような声が聞こえた。

「聞かなくてもわかる。これは長年生きてきたカンだから」

画のストーリーはわかりません」とありますが、この例を通して筆者が言いたいのはどのようなことですか。「〜ということ」につながるように本文中から四十五文字でぬき出して答えなさい。ただし、初めと終わりの三文字を答えること。（句読点などの記号も一文字に数えます。）

問七　――線(4)「時間の経過と共に、自分を形づくっている細胞をどんどん入れ替えている」とありますが、それはどのようなことですか。次の中から最も適当なものを選んで、記号で答えなさい。

ア　季節に合わせて、細胞の役割を変化させていくこと。
イ　寝ている間に、体の中にある全ての細胞が新しくなること。
ウ　もともと持っているものを捨て、新しいものを取り入れること。
エ　古いものを加工して、新しいものに生まれ変わらせること。
オ　古くなったものを集めて、新しい細胞を作ること。

問八　――線(5)「なぜ私たち生命は、わざわざ壊してまで、自分の一部を入れ替え続けているのでしょうか」とありますが、それはどうしてですか。わかりやすく説明しなさい。

問九　――線(6)「あらかじめ壊すことを念頭に置いて」とありますが、この言葉の意味として最も適当なものを次の中から選んで、記号で答えなさい。

ア　早くから壊すことを恐れて
イ　前もって壊すことを意識して
ウ　始めから壊すことを調べておいて
エ　念のため壊すことを計算に入れて
オ　いざというとき壊すことをためらわないで

問十　――線(7)「記憶」とありますが、それはどのようなものですか。次の中から最も適当なものを選んで、記号で答えなさい。

ア　年を取る中で思い出せなくなっていくあいまいなもの。
イ　いやなことや失敗したことほど残る後味の悪いもの。
ウ　自分の都合のいいように作り替えられていくもの。
エ　時間の経過とともに変わっていく可能性があるもの。
オ　忘れたように思えても心のどこかに存在しているもの。

問十一　――線(8)「『自分が自分であり続けること』にこだわりすぎなくてもいいし、一貫して変わらない『自分らしさ』って何だろうと、悩まなくてもいいのではないでしょうか」とありますが、それはどうしてですか。わかりやすく説明しなさい。

〔三〕　次の文章を読んで、後の問いに答えなさい。

和菓子屋を営むおじいちゃんの家に引っ越してきた田代杏都は、引っ越してすぐに「ここから商店街」で古着屋を営むおにいさんに出会った。隣の家に住んでいる同級生の詩音とは転校初日から仲が悪い。ある日杏都はおじいちゃんに頼まれて、ここから商店街の組合の集会に出ることになった。

あった。ここだ。

集会所は、古い一軒家のような建物で、入り口に「(1)ここから商店街事務所」と書かれた看板があった。入り口の戸は開けっぱなしになっていて、すでに来ているひとたちの靴が並んでいる。

「こんにちは……」

おそるおそるなかへ入ったが、机を囲むひとたちは、おしゃべりに夢うか。

悩んだときは、「生命とは何か？」を考えてみてください。

何もせずにそのままでいたら、ただ悪いほうへと転がり落ちていく運命の中で、先回りして自分を壊し、新しいものと入れ替える。壊して、いらなくなったものを捨てて、また新しいものを入れて……。絶え間なく分解と合成をくり返しながらバランスを取り、変わることで自分自身を長持ちさせている――それが生命です。

ならば、生命体にとってもっとも重要なのは、「変わること」そのものといえます。

あなたも私も、生命体のひとつです。変わり続けていきましょう。

（福岡伸一『生命を究める』）

問一　本文中の A ～ C にあてはまる言葉として最も適当なものを次の中から選んで、それぞれ記号で答えなさい。ただし、同じ記号を二回使ってはいけません。

ア　まるで　イ　たしかに　ウ　でも
エ　なぜなら　オ　だから　カ　また

問二　――線⑴「すべての始まりは、少年の頃に出合った『ルリボシカミキリ』でした」とありますが、それはどのようなことの始まりですか。次の中から最も適当なものを選んで、記号で答えなさい。

ア　ルリボシカミキリの研究を始めたこと。
イ　きれいな虫のスケッチをすること。
ウ　生き物や生命に興味を持ったこと。
エ　たくさんの昆虫を採取すること。
オ　青色が好きになったこと。

問三　本文中の X にあてはまる言葉として最も適当なものを次の中から選んで、記号で答えなさい。

ア　なんだ！　その辺にいるありふれた虫ではないか！
イ　おどろきました！　とても珍しいカメムシですね！
ウ　一人で見つけるなんて！　すごくがんばりましたね！
エ　立派ですね！　小学生で虫の研究をしているなんて！
オ　すごいですね！　これはまだ誰も知らない、新種の虫です！

問四　本文中の Y にあてはまる言葉として最も適当なものを次の中から選んで、記号で答えなさい。

ア　とうとう　イ　ようやく　ウ　しばらく
エ　すらすら　オ　きっと

問五　――線②「私は心が躍るようでした」とありますが、それはどうしてですか。次の中から最も適当なものを選んで、記号で答えなさい。

ア　遺伝子を見つけることが、新種の虫を見つけるという夢にもつながるから。
イ　研究者になって生命の設計図を一から作り、新たな生命を誕生させようとしたから。
ウ　生物学の世界に大きな転換期が訪れ、人を構成するすべての遺伝子が発見されたから。
エ　生命のパーツである遺伝子を発見すれば、「生命とは何か？」の答えがわかると思ったから。
オ　新種の虫を図鑑に載せるよりも、新しい遺伝子を見つける方が高い評価を得られると考えたから。

問六　――線⑶「映画のエンドロールで名前の一覧を見るだけでは、映どちらも、あなたのせいではありません。形あるものは崩れ、光っているものは錆びる。宇宙にあるものはすべて、何もせずにそのままでいたら、ただ悪いほうへと転がり落ちていく運命にあるのです。

植物や生き物も同じです。リンゴを切って置いておくと茶色に変色するように、人間の体も時間が経つと酸化して、肌にシミができたり、血液がドロドロになったりします。

生き物は常に、劣化する脅威にさらされています。だから、できるだけ長く生き続けるために、自分自身をどんどん壊し、入れ替えて、変化していくことが必要なのです。古くなったものや悪いもの、ごみのようなものを捨て続けながら、変わることで生きていく。だから、生命は「動的平衡」なのです。

この「動的平衡」の考え方は、生き物だけではなく、世界のあらゆるものの見方までをも変えていきます。

私たちは、この生命の姿から何を学べるでしょうか。

今、世界では「持続可能な社会をつくろう」という言葉が共通の標語として唱えられています。持続可能とは、簡単にいえば長続きすることです。

もし生命から学ぶべきことがあるとするなら、長続きするために大事なのは、頑丈にすることでも、完璧な設計図を引くことでもありません。大事なのは、部分的に壊して入れ替えながら、変化し続けられるようにしておくことです。(6)あらかじめ壊すことを念頭に置いて、始めからゆるく、やわらかくつくっておく。生命の姿からは、私たちが抱える社会課題へのヒントももらえるはずです。

私たちは、日々変わっています。私たちの気づかないところで、私たちは休みなく動いていて、自分を壊しながら新しいパーツと入れ替わっています。

それは「(7)記憶」も例外ではありません。あなたが鮮明に覚えている、あなたにとって重要な記憶とは、どのようなものでしょう。成功したことや、幸せな気持ちになった体験でしょうか。いやなことや、失敗して恥ずかしかったことかもしれません。そうした記憶を、「自分という存在を形づくってきた、絶対に変わらない過去」と思っていませんか？

あなたには、こうした記憶がずっと変わらず残っているように感じられるかもしれませんが、脳細胞だって日々入れ替わっています。同じように思い出せるのは、神経回路の形がだいたい保たれているからです。入れ替わり続けている途中で、ひょっとしたら微妙に形が変わっていて、思い出す内容も変化しているかもしれません。

そう考えると、「私」という存在は非常に不安定なものです。例えば、「指紋」も非常に長い期間で見ると、徐々に変容しています。DNAも細胞と同じように分解と合成をくり返しているので、突然変異や複製ミスが起こっています。生物学的に「私」を考えるのは難しくて、絶え間なく動き、変わっている——変わらない「私」という物質は、どこにもありません。

ひょっとしたら、あなたは、あなたがあなたであり続けることが重要だと思っているかもしれません。しかし、生物学的にいえば、去年のあなたと、今のあなたは「別人」です。別人なのだから、(8)「自分が自分であり続けること」にこだわりすぎなくてもいいし、一貫して変わらない「自分らしさ」って何だろうと、悩まなくてもいいのではないでしょ

(3)映画のエンドロールで名前の一覧を見るだけでは、映画のストーリーはわかりません。でも、映画の本編で「Aさんは何をしていて、Bさんはそこにどう関わっているのか」を調べていけば、映画のストーリーがおのずとわかるはず……。

つまり、パーツを調べるのではなく、「流れる時間の中でパーツ同士がどのように関わり合い生命が成り立っているのか？」という視点で生命を眺めてみることにしたのです。

時間の経過に注目すると、人間の体には、あるおもしろい現象が起きていることに気づきました。人間は毎日、(4)時間の経過と共に、自分を形づくっている細胞をどんどん入れ替えているのです。

気づかないうちに、あなたは体の外から入ってきた新しいものと、今のあなたを構成している細胞の中身とを交換しています。例えば、胃や小腸、大腸などの細胞は、たった2、3日で入れ替わります。筋肉の細胞は、2週間くらいで約半数が入れ替わっています。あなた自身の細胞はウンチなどでどんどん捨てられていく一方で、食事や外の環境からやってくる新しいものが取り入れられているのです。［B］1年もすれば、あなたを形づくっていた細胞は、あなたの中からほとんどなくなってしまいます。いわば、今のあなたは、1年前のあなたとは物質的に「別人」なのです。

それでも見かけ上は、あなたはあなたであるように見えます。ジグソーパズルでたとえるなら、全部のピースが一度に入れ替わるのではなく、他のピースとの関係性を保ちながらピースが一つひとつ入れ替わっているのです。ピースをひとつ抜いても、全体の絵柄はそう変わりません。

おもしろいのは、新しいものを入れる前に、体は自分で自分のことを分解し、古いピースを捨てていることです。自分の一部を壊し、捨てては入れて、また捨てては入れてと、体は絶えず動きながら「あなたであること」のバランスを取っています。

私はそのことに「動的平衡」という名前をつけました。「動的」は動いていること、「平衡」はバランスのこと。絶えず変化し、動きながらバランスを取る姿そのものを表現する言葉をつくったのです。

生命とは、遺伝子のことでもなければ細胞のことでもない。自分で細胞をどんどん壊す。壊し続けることで安定する。そう、生命は動的平衡である――これが私の見つけた、「生命とは何か？」への私なりの答えでした。

ところで、(5)なぜ私たち生命は、わざわざ壊してまで、自分の一部を入れ替え続けているのでしょうか。その背景には、すべての生き物が抱えている運命がありました。

宇宙には、あらゆるものは「整った状態」から「散らかった状態」の方向へと動く、という大原則があります。ちょっと難しいので、身近な例で説明しましょう。

例えば、あなたが部屋の片づけを終えたばかりだとします。きれいに整理整頓した部屋は、もう二度と散らかることがないように見えるでしょう。ところが、何もしなければ、1か月もすると散らかってしまいます。［C］、あなたが恋をしたとします。どんなに「あなたを愛し続けます」と誓っても、「恋をしたばかりの気持ちのままずっと変わらない」なんてことはないのです。

くなる過程では色や模様が成長の段階ごとに異なるということ、新種かどうかは、「どこに生息しているか」も重要であることを教えてくれました。結局、私が見つけたのはカメムシが脱皮をして大きくなる途中のもの――つまりは、どこにでもいるカメムシだったのです。

その後も新種の虫を探してはみましたが、［　Ｙ　］見つけることはできませんでした。これが私の、最初の挫折です。

ひとつ目の夢に挫折した私は、ひとまず虫のことだけを考えていられるような研究者になりたいと考え、大学で生物学を専攻しました。

私が大学生活を過ごしている間に、生物学の世界には大きな転換期が訪れます。

その頃の生物学の研究では、生命というのは精密機械のようなもので、「生命とは何か？」という謎を解くためには、生命が何からできているのか、生命という機械の〝パーツ〟をすべて明らかにしなければいけないと考えられていました。しかし、生命のパーツは無限にあります。すべてを調べて明らかにするなんてことは、とうてい無理――これが当時の常識でした。

ところが、どうやら体のすべての細胞に存在しているDNAというものに、生命の設計図が書かれているとわかってきました。約30億の文字からなるその設計図を解読すれば、私たちを含む生命の体や細胞をつくっているミクロなパーツ――遺伝子がいくつあって、どんな種類があるのか、すべて明らかにできるかもしれない。遺伝子が明らかになれば、それを組み立ててできている生命の謎はきっと解けるはずだ。そんな考えが主流になり始めていたのです。

(2)私は心が躍るようでした。新種の虫を見つけられなかった代わりに、新しい遺伝子を見つけよう――大学卒業後も研究を続けて、私は新しい遺伝子をいくつか見つけることができました。世界中の生物学者が取り組んだ結果、２００３年にはヒトを構成する遺伝子は、ほぼすべて発見されました。絶対に無理だといわれていた難題がクリアされたのです。

ようやく見つけた「生命」をつくるパーツのすべて。約２万２０００個の遺伝子が一覧になり、できあがった遺伝子の図鑑……。しかし、完成して初めてわかったのは、生命を構成するパーツのことがすべてわかっても、「生命とは何か？」の答えはまったくわからないということでした。

遺伝子そのものは試験管の中で再現することができるのに、その遺伝子をいくら混ぜても生命は誕生しない――じゃあ、結局生命って何なのだろう？

私は、何だか映画のエンドロールを眺めているような気分になりました。映画をつくり上げたスタッフ、キャストの名前が順々に並び、流れていく。主役のAさん、脇役のBさん、音声のCさん、監督のDさん……。この映画に関わるすべての人の名前はわかる。［　Ａ　］、エンドロールだけを見ていても、肝心の映画の中身はまったくわからない……。

これが私の２度目の挫折です。遺伝子のことがわかっても、「生命とは何か？」の答えはわかりませんでした。

そこで私は、まったく別の角度から「生命とは何か？」を考えてみることにしました。

【国語】（五〇分）〈満点：一〇〇点〉

〔一〕次の――線のカタカナを漢字になおしなさい。

「とめ・はね・はらい・文字のバランス」に気をつけて、ていねいに書きなさい。

1　カモツ列車が走る。
2　チョウカンの見出しを読む。
3　キミドリの絵の具を使う。
4　試験で実力をハッキする。
5　ボウエンキョウで星を見る。
6　光がハンシャしてまぶしい。
7　産業カクメイが起きる。
8　教室をセイケツに保つ。
9　キンコに大切な物をしまっておく。

〔二〕次の文章を読んで、後の問いに答えなさい。

(1)すべての始まりは、少年の頃に出合った「ルリボシカミキリ」でした。

ルリボシカミキリは、瑠璃色の「瑠璃」が名前につく通り、鮮やかな青色の体をしたカミキリムシです。その美しい「青」に、私は釘づけになりました。印刷では決して再現できないような、透き通る青色でした。

じっと見ているうちに、ふと、不思議だなと思いました。空の「青」も、海の「青」も、すくって持ち帰ることはできません。空の「青」を絵の具のように取ってきて、絵を描いたり、白いシャツを染めたりすることもできません。それなのに一体なぜ、小さなカミキリムシの背中に、こんなにも美しい青色が再現されているのでしょう。

これだけ美しい色にしなければいけない理由が、何かあるのだろうか？　カミキリムシのデザインに、何らかのメッセージが込められているのだろうか……？

昆虫の不思議と出合えば出合うほど、私はその謎にどんどん魅了されていきました。そして、いつしかふたつの夢を抱くようになりました。ひとつは「新種の虫を見つけて名前をつけ、図鑑に載せること」。もうひとつは、「いつか『生命とは何か？』という謎を解くこと」です。

私はひとまず、ひとつ目の夢を叶えようと、新種の虫を探すことにしました。山や、森や、林へ行き、めずらしい虫やきれいな虫がいないかと探す毎日。そして小学5年生のときに、ようやく、見たこともなければ図鑑にも載っていない、美しい色と模様の虫を見つけたのです。

私は東京の上野にある国立科学博物館に、その虫を持ち込みました。

「これはどこで捕まえたのですか？」

博物館の研究者に聞かれた私は、発見した場所と状況を説明しました。

――［　X　］――

そんな言葉を期待していた私に返ってきたのは、まったく別の発言でした。

「これ、このまま飼って観察してごらん。そのうちに、よく網戸とかについている、臭いカメムシになるよ」

その研究者は、カメムシは何度か脱皮をしながら大きくなるが、大き

ウ　ブランド品でそろえた高級な感じ。
エ　流行を取り入れた大人っぽい感じ。
オ　きちんとしていてだれからも好かれる感じ。

問六　本文中の□にあてはまる言葉として最も適当なものを次の中から選んで、記号で答えなさい。
ア　笑顔で手をふった　　イ　周りの人に話しかけた
ウ「静かに」と注意した　　エ　そっとメガネをかけた
オ　すっと背筋を伸ばした

問七　――線⑹「葵はぐっとこらえた」とありますが、それはどうしてですか。次の中から最も適当なものを選んで、記号で答えなさい。
ア　優等生のふるまい方として、新しい友達を作るときは笑顔で落ち着いて接する方が良いと考えたから。
イ　転校してすぐに仲の良い二人組に加わるのは不安で、うれしい気持ちをさとられないようにしたから。
ウ　緊張していたために、顔の区別がついていない二人の名前を間違えたらいけないと思いとどまったから。
エ　理想的な私を演じて転校初日からうまくいっていたのに、うれしさのあまり本来の自分の姿を出してしまいそうになったから。
オ　予想しなかったことが起きて喜んだが、まだ二人がどんな人かわからないので本当の気持ちは言わない方がよいと思ったから。

問八　――線⑺「萌ちゃんのことばかり考えている」とありますが、この様子を他の言葉で置き換えている部分を、――線よりも後ろから二十文字でぬき出して、答えなさい。

問九　――線⑻「転校を機に変わろうとしてるからよ」とありますが、どうしてこのように思ったのですか。その理由として最も適当なものを次の中から選んで、記号で答えなさい。
ア　新しい環境の中では、だれもがみな新しく生まれ変われるものだから。
イ　葵の服装や言動が七海の友達の萌とそっくりで、真似をしているのが明らかであったから。
ウ　葵の話し方やしぐさが、七海が以前にあこがれていたアニメの主人公と似通っていたから。
エ　無口で友達の少ない七海とは違って、葵は新しい友達がすぐにできてうらやましかったから。
オ　七海が転校してきたときに無理して疲れ果ててしまったので、葵の様子が同じだとわかったから。

問十　――線⑼「はあ～」とありますが、このときの葵の気持ちとして最も適当なものを次の中から選んで、記号で答えなさい。
ア　絶望　　イ　疑問　　ウ　解放　　エ　反抗　　オ　感激

問十一　――線⑽「その言葉にあたりを見回した葵には、はじめて教室の中がはっきりと見えた気がした」とありますが、それはどうしてですか。わかりやすく説明しなさい。

「どうしてわかるの?」

まん丸にした目でたずねた葵に、七海ちゃんは顔をゆるめた。やわらかな笑顔だった。

「私もそうだったから。半年前転校してきたとき変わろうと思ったの。前の学校では無口なせいであんまり友達がいなかったからね。それで人気者だった活発な子を真似して笑ったりしゃべったりしてたら、舌をかんで大きな口内炎ができた。無理はするもんじゃないって思った」

(9)「はあ～」

葵は伸ばしていた背筋を椅子の背もたれに投げ出した。シュルシュルとなにかが体から抜けていく。きっと萌ちゃんのイメージだ。体の中いっぱいにふくらませていた萌ちゃんが、音をたてて出ていったのだ。

「大丈夫、まだ誰も気がついていないから」

七海ちゃんはいたずらっぽく笑った。(10)その言葉にあたりを見回した葵には、はじめて教室の中がはっきりと見えた気がした。

（まはら　三桃「あたらしい私」）

問一　本文中の A ～ C にあてはまる言葉として最も適当なものを選んで、それぞれ記号で答えなさい。

ア　首　イ　肩　ウ　耳　エ　口　オ　手

カ　胸　キ　鼻　ク　足　ケ　腹　コ　目

問二　――線(1)「転校生になる準備なら万端だった」とありますが、それはどのようなことですか。次の中から最も適当なものを選んで、記号で答えなさい。

ア　どんな転校生になるか決めているということ。

イ　だれとでも仲良くできる性格であるということ。

ウ　お別れ会でのあいさつはすんでいるということ。

エ　散らかっていた部屋の片付けが終わったということ。

オ　新しく住む家の近所の人にあいさつをしたということ。

問三　――線(2)「藤原萌」・(5)「早坂七海」とありますが、この説明として最も適当なものを次の中から選んで、それぞれ記号で答えなさい。

ア　明るく元気で間がぬけている。

イ　優しくおだやかで運動が苦手である。

ウ　物静かでなんでもそつなくこなせる。

エ　成績優秀で困っている人を助けてくれる。

オ　ぶっきらぼうで誰とも関わろうとしない。

カ　多くを語らないが周りをよく観察している。

問四　――線(3)「お父さんの転勤の話をきいたとき葵は少しほっとした」とありますが、それはどうしてですか。次の中から最も適当なものを選んで、記号で答えなさい。

ア　あこがれている萌ちゃんの真似を遠慮なくできるから。

イ　大好きな歌を思いっきり掃除中に歌うことができるから。

ウ　新しい学校の先生は失敗をしても許してくれそうだから。

エ　自分のくせや性格のせいで学校でうまくいっていないから。

オ　みんなからちやほやされている萌ちゃんに嫌気がさしたから。

問五　――線(4)「あら、いつもと感じが違うわね」とありますが、「いつも」はどのような感じですか。次の中から最も適当なものを選んで、記号で答えなさい。

ア　全身が黒色で近寄りにくい感じ。

イ　堅苦しくなくて動きやすい感じ。

へどもどしているうちに、二人は自分たちのマンションに入って行ってしまった。

「あー疲れた」

家に帰ったとたん、葵はリビングのソファに倒れこんだ。よほど緊張していたのだろう。体がかくかくとおかしな音をたてていた。

「おかえり。あれから学校どうだった？」

「……ふつう」

先に帰っていたお母さんの質問にも答えられないほどぐったりだ。新しい学校であったことが、遠い昔のことのようにかすんでいた。それどころかほんの今まで一緒だった子の顔すら思い出せない。

どっちがどっちだったかな。

考えている間に、うねりのような眠気が襲ってきた。

三日がたった。葵はますます頑張っていた。常に萌ちゃんを思い浮かべて、つとめておしとやかにふるまった。授業中は自分からは発表をしなかったが、数度当てられたときは、右か左か確かめてから耳に髪をかきあげたし、給食のときは、まずスープ。間違えそうになったときはやり直した。特に気をつけたのは掃除のときだ。つい癖で何度も歌をうたいそうになってしまうのを必死で抑えた。

あたらしい私、あたらしい私。

おかげで前みたいに笑われることはなかったけれど、ひとつ困ったこともあった。(7)萌ちゃんのことばかり考えているせいか、肝心のクラスメートの顔と名前が、なかなか覚えられないのだ。そればかりか、教室全体がまるでフィルターでもかかっているみたいに白っぽく見える。

そんなふうにして一週間がたった。その日、葵は朝起きるのが遅れてばたばたと飛び出した。二人のマンションには遅れずについたが、走ったせいか学校についても体がだるかった。

「疲れない？」

そう声をかけられたのは、中休みだ。顔を上げると隣の席の七海ちゃんと目が合った。席が隣同士とはいえあまり話したことがなかった。七海ちゃんは口数が少ない。

葵はあわてて背筋を伸ばした。

「え？」

話しかけられたことは意外だったけれど、それ以上に質問の内容に驚いてしまった。なぜそんなことをきかれたのか考える前に、するりと返事が飛び出した。

「疲れる。すごく」

ぽかんとした顔で言うと、七海ちゃんはやっぱりね、と言うように B をすくめた。

(8)「転校を機に変わろうとしてるからよ。無理してるから、ちょっと変」

図星をつかれて、葵は C を丸くした。

「どこが変？」

「発表するときとか、給食のときとかプチパニックになってる。一番ひどいのは掃除のとき。手足の動きがばらばらだよ」

「あんなに気をつけてたのに」

絶望的に言った葵に、七海ちゃんは声をひそめた。

「もしかして誰かの真似をしてない？」

(3)お父さんの転勤の話をきいたとき葵は少しほっとした。そればかりか、断然元気がわいてきた。

新しい学校では、ちゃんとやろう。忘れ物もしないし、勉強だって頑張る。もちろん掃除中には歌わない。そして萌ちゃんみたいなヒロインキャラになるんだ。

葵には自信があった。なにしろこの半年間、萌ちゃんのことをじっくり観察していたのだ。笑い方や話し方を。それだけじゃない。給食を食べるときは、必ずスープから飲むのも知っているし、発表するときは、左耳に髪をかけることにも気がついている。

あんな風にやれば、正真正銘のヒロインになれるに違いない。

お兄さんとおじさんの間くらいの先生の後ろについて、葵は教室に入った。付き添いのお母さんは廊下から様子を見ていた。

新しいワンピースは転校することが決まって買ってもらったものだ。

(4)「あら、いつもと感じが違うわね。本当にそれでいいの?」

すそに花のししゅうが入った若草色のワンピースを選んだのを見て、お母さんは不思議そうだったけど、葵は大きくうなずいた。

「いいの」

あたらしい私になるんだ。

葵は先生に並んで教壇に立った。知らない人の視線が集まってみぞおちのあたりがきゅっと固くなった。のど元にどきどきがせりあがってきて、みんなの顔がぼんやり見えた。

「すずかけ小学校から来た、松岡葵です」

けれども葵はおしとやかな笑顔を作って言った。鏡の前で何度も練習したように、うっすらと目を細めて口のはしを少しあげた。

「では席はそこに座ってください」

先生に言われてついた席の隣には、髪の長い女子が座っていた。

「よろしくお願いします」

作り笑顔のまま言うと、女子は無表情な顔でちょっとだけこくりと頭を動かした。そして机の上に置いてあったノートを葵のほうに滑らせた。〝(5)早坂七海〟と書いてある。自己紹介のつもりらしかった。

周りに座っている人たちがちらちらと自分を見ているのがわかった。転校生がどんな子なのか気にしているのだ。葵は□。

優等生らしくしなくっちゃ。

休み時間になると、萌ちゃんがそうされていたように葵の周りにも人が集まってきた。いくつか質問をされたので、葵はその間ずっと微笑んだまま、萌ちゃんみたいなきれいな言葉遣いで答えた。なんだか自分が本当に萌ちゃんになったみたいな気分だった。

帰りは近所に住んでいる二人が一緒に帰ってくれることになった。紗季ちゃんと真由ちゃん。よく似た感じの女の子だ。二人とも家は、学校と葵の家の途中にあるマンションだった。

「明日から一緒に学校に行こうね」

別れ際に二人が誘ってくれた。本当はとっても嬉しくて、とび上がりたいくらいだったけど、(6)葵はぐっとこらえた。そして素早く考えをめぐらした。

こんなとき、萌ちゃんだったらなんて言うかな。

頭の中は空っぽだ。一緒に帰ったことがないからわからない。

「うん、あ、あの……」

「じゃあね、バイバーイ」

いていくこと。

問九 ――線(6)「勉強と教養は地続きのものだった」とありますが、それはどのようなことですか。次の中から最も適当なものを選んで、記号で答えなさい。

ア 自分の興味あることだけではなく、苦手なことも続けることで教養を深め、受験勉強にも身が入るということ。

イ 英単語や歴史を勉強していると、哲学的なものの考え方を深めることにつながっていたということ。

ウ 苦痛でしかなかった勉強は、社会に出て仕事をするうえで役に立つものであったということ。

エ 義務的に感じていた受験勉強が、自分の興味を深めることにつながっていたということ。

オ 他人からやらされてやっているだけでは、教養を身に付けることはできないということ。

問十 生きていくうえでどのようにすることが大切だと筆者は考えていますか。わかりやすく説明しなさい。

〔三〕 次の文章を読んで、後の問いに答えなさい。

(1)転校生になる準備なら万端だった。だって葵はずっとあこがれていたのだ。みんなが待っている教室に、すっと現れて可憐に挨拶する転校生に。きっと萌ちゃんの存在が大きいからだと思う。半年前、三年生の二学期に転校してきた萌ちゃんは、まるでアニメの主人公だった。夏休み明け。暑さでだらけていた教室は、萌ちゃんが入ってきた瞬間、そよ風が吹いたみたいになった。

「くぬぎ台小学校から来た、(2)藤原萌です」

レースのえりがついた紺色のワンピースを着て、きれいな発音で自己紹介をして、はにかむように笑った萌ちゃん。まさにこれから、転校生の物語が始まるんじゃないかと葵はわくわくしてしまった。女子は押し黙ってしまったし、男子は間違いなくみんな［A］の下を伸ばしていたと思う。

きっと素敵な子なんだろうな。

葵はジーンズのひざをなでながら、萌ちゃんをじっと見つめた。

予想どおり萌ちゃんは素敵だった。いや、予想以上だった。勉強はもちろん、走るのもはやかったし、ピアノも弾けた。しかも性格はおしとやかで控え目。まさに、優等生のヒロイン、という言葉がぴったりの子だった。

一方の葵は勉強はいまいち、体育は嫌いじゃないけれど、よく転ぶ。歌は好きだけれど音がはずれがち。忘れ物も多い。つまり少しどじなのだ。そのせいでクラスでは微妙に浮いた立場にいた。授業や学級会で発表するたびに、忍び笑いがおこったり、からかわれたりすることもある。この間なんか、女子たちが悪口を言っているのを偶然きいてしまった。

「葵ちゃん、掃除中また歌ってたね」

「ミュージカル風だよね」

ほうきを持つと歌いたくなるのは葵のくせだった。歌えば掃除が楽しくなってきて、体がどんどん動くのだ。けれども女子たちはそんな葵の真似をして、「こーんな感じ?」とくるっと回り、「ひくよね～」なんて笑い転げていた。

問四　――線⑵「こんな感じの人を『採りたい』とは思ってくれません」について、次のそれぞれの問いに答えなさい。

①「こんな感じの人」とありますが、それはどのような人ですか。本文中から四十五文字以内でぬき出して、初めと終わりの五文字を答えなさい。（句読点などの記号も一文字に数えます。）

②どうして「採りたい」とは思ってくれないのですか。次の中から最も適当なものを選んで、記号で答えなさい。

ア　物事を続けることができないから。

イ　真面目に受験勉強をしていないから。

ウ　素っ気ない態度は社会では通用しないから。

エ　成功体験を積み重ねていない人は成長しないから。

オ　趣味や特技のない人とは話が合いそうにないから。

問五　――線⑶「没頭することの『幸せ』」とありますが、それはどのようなことですか。次の中から最も適当なものを選んで、記号で答えなさい。

ア　子どものころは熱中し、一つのことをずっとやっていられるということ。

イ　物事を続けることで、充実感や達成感を味わい、自信が持てるということ。

ウ　勉強や部活動に夢中になることで、親や友達から応援してもらえるということ。

エ　苦手なランニングでもゾーンに入ることによって、タイムをのばせるということ。

オ　好きなことに熱中することで、プロとしてやっていくだけの力が身に付くということ。

問六　――線⑷「没頭体験としてこれから先の自分の生き方にあらわれます」とありますが、それはどのようなことですか。次の中から最も適当なものを選んで、記号で答えなさい。

ア　達成感を味わうことで、自分で自分を認めることができるようになるということ。

イ　何かに夢中になって取り組むことでみがかれた人間性を評価され、仕事につくことができるということ。

ウ　ある物事でうまくいかなかったとしても、別の方面で新たな可能性を発見することができるということ。

エ　いろいろなことをやってみることは、あらゆる環境に対応する能力を身につけることにつながるということ。

オ　自分の可能性を信じることができるようになり、更に自分の好きなことに向き合っていけるようになるということ。

問七　本文中の□にあてはまる言葉として最も適当なものを次の中から選んで、記号で答えなさい。

ア　口をはさむ　イ　相づちを打つ　ウ　長い目で見る

エ　はずかしがらない　オ　食わずぎらいにならない

問八　――線⑸「客観的な目で語れる、それが教養なんです」とありますが、どのようにすることで「教養」は身に付きますか。次の文の□にあてはまる言葉を本文中からぬき出して、Xは三文字、Yは五文字で答えなさい。

関心を広げ、知りたいことを追い求める［X］を大事にするのと同時に、良いと思うつながりを自分の中に増やすことで［Y］をみがぼくはきみたちぐらいの年齢（ねんれい）のとき、「勉強」と「教養」につながりを見いだせませんでした。勉強は「やらされている」感じの強いもの、義務的な感じのもの。教養は自分の興味のあることに対して、自分の意思で自由に深めていけるもの。

大学に入学してから、「(6)勉強と教養は地続きのものだった」と気づきました。英単語をせっせと覚え、長文読解ができるようになっていると、知りたいことを英語の本で直接読めます。歴史を覚えていると、「この時代、西洋はどういう時代で、日本は何時代、世界はこんなふうにつながっていたんだ」と大局的な視点がもてます。数学でつちかった論理的な思考は、哲学的（てつがくてき）なものの考え方を理解するのにも役立ちます。

教養という果実が高い木の上にあるとすれば、そこまで届くようなはしごを作っていたのが勉強でした。教養という魚が知の海をたくさん泳いでいたとするなら、どうやったらその魚を獲（と）ることができるか、その網（あみ）を作っていたのが勉強でした。勉強をすることで、高いところにあるよく熟したおいしそうな果実も採れるようになる。大きな魚を獲ることもできる。勉強をしてきたことで、教養をより深めていけることを実感したのです。

「受験勉強なんてきらいだ」「自分のやりたいことなんて、そこにはない」と投げ出してしまわなくて本当によかった、と思いました。好きではないこともやるから、好きなことがいっそう楽しくなったのです。

「好きなこと」はどんどん増やし、深め、広げていくべきです。でも、「好きではないこと」も必ず好きなことにつながっているんです。いまはそれに気づけないでしょうが、いずれ気がつくときがきっと来ます。

（齋藤　孝「本当の『頭のよさ』ってなんだろう？」）

問一　本文中の A ～ C にあてはまる言葉として最も適当なものを次の中から選んで、それぞれ記号で答えなさい。ただし、同じ記号を二回使ってはいけません。

ア　あるいは　　イ　しかし　　ウ　なぜなら
エ　たとえば　　オ　ところで　　カ　だから

問二　═線(a)「ひいきの」・(b)「太刀打ち」の意味として最も適当なものを次の中から選んで、それぞれ記号で答えなさい。

(a)　「ひいきの」
ア　気にいっている　　イ　期待している　　ウ　楽しんでいる
エ　所属している　　オ　気にしている

(b)　「太刀打ち」
ア　堂々とふるまうこと
イ　集まって話し合うこと
ウ　立ち上がり名乗ること
エ　集中して取り組むこと
オ　張り合って立ち向かうこと

問三　――線(1)「『好きなこと』と『やらなければいけないこと＝勉強』の狭間で苦しむ」とありますが、それはどのようなことですか。次の中から最も適当なものを選んで、記号で答えなさい。

ア　やりたいことがあるのに勉強しなければならないこと。
イ　友だちと話すことによってストレスを発散すること。
ウ　好きなことはあるけれども夢中にはなれないこと。
エ　勉強しなければ行きたい学校に行けないこと。
オ　好きなことをやるために勉強をすること。

ためには、「好きなこと」をどんどん増やしていったほうがいい。いろいろなところに興味を広げていったほうがいいのです。好きなことを増やしていくには、好奇心を全開にして、「ちょっとおもしろそう」と思ったことにはどんどんチャレンジしてみることです。

　ほかの人が「いい」とか「おもしろい」と言っているものは、基本的にすべて「いいね！」のスタンスで受け入れるんです。「そのミュージシャン知らなかった。聴いてみるね」と前向きにとらえる。［　　］ことが大事です。自分がいままで聴いていないものこそ、「どんなものなんだろう？」「これにはどんなよさがあるんだろう？」と興味をもつ。知らなかったところに、何か自分の興味をパーンと開いてくれるようなものがあることもあります。そういう出合いのきっかけを作ってもらえた、自分が出合う機会のなかったものを教えてもらえたわけだから、ありがたいことなんです。ひとつのものしか知らなくて、「これだけがいい」と思いこんでいるのは、世界が狭い。食べ物でいえば偏食です。いろいろなものを食べてみることで、いろいろなおいしさがあることもわかるし、そんななかでも自分は「とくにこれが好きだなあ」というものがわかってくる。それは、いろいろなものを知っているからこその深みです。「これだけ」とひとつのものしか食べていない人の知っている世界とは奥行きが違います。

　知らないことを教えてもらったときこそ、おもしろいんです。

　新しいものに出合って、これとこれがつながっていたと気づき、またそれが別のものともつながって、遠いところのあれやこれともつながっていく。脳のなかで無限にシナプスがつながり合っていくと、いろいろな人と出会ううれしさのような、「つながる快感」のようなものが脳のなかに生まれます。好きなもののつながりが、さらなる幸せを呼ぶ。「あれもいい」「これもいい」と感じるものが蓄積され、自分のなかに好きなものがどんどん増えていくと、心がどんどん豊かになっていきます。

　その心の豊かさこそが「教養」というものだとぼくは思っています。高尚な知識をもっていること、むずかしいことを知っているだけが教養ではないんです。

　マンガも、流行りの音楽も、食べ物の味わいがわかることも、文化であり教養です。本を読む、音楽を聴く、美術作品を観る、映画を観る、いろいろな方向に自分を開いて、たくさん読んだり聴いたり観たりする。「もっと読みたい」「もっと聴きたい」「もっと観たい」ということで関心を広げていると、知識もついてくるし、見る眼、聴く耳も育ってくる。自分に「もっと知りたい」「もっとくわしくなりたい」という気持ちを起こさせてくれるものを、つねに追い求める。その世界に潜りこんでいく感覚を大事にする。それが知的好奇心です。「これも好き」がどんどん増えて、知識がどんどん幅広くなって、深みも出てくる。⑸客観的な目で語れる、それが教養なんです。

　手塚治虫さんは、マンガ家になるためにトキワ荘にいた赤塚不二夫さんたちによくこう言っていたといいます。

　「一流の映画をみろ、一流の音楽を聞け、一流の芝居を見ろ、一流の本を読め。そして、それから自分の世界を作れ」

　マンガ家になるといっても、マンガの勉強をするだけが大事じゃないんだ、いろいろな一流のものに触れて、自分の感性を磨いていくことこそが大事だよ、と言っていたんです。これは言葉を換えれば、「好奇心をもって、豊かな心を磨け」ということなのです。

もっています。

自分が興味をもったものに夢中になることが、充実感や自信のタネになっていると、その後も好きなことに積極的にチャレンジしていけるんです。

［C］、夢中になった先にある楽しさや達成感などの心地よさを味わう経験につながっていないと、没頭感覚が閉じていってしまうのです。

夢中になれたものが、勉強に関係することや、スポーツや習いごとのようなものだと、親から応援してもらえますが、「くだらないこと」「危険なこと」と見なされると、制止されてしまいます。

「いつまでそんなことやってるの？　いいかげんにしなさい」

「危ないからやっちゃダメって言ったでしょ」

「○○ばかりやっていて……。宿題はやったの？」

などと言われて、自分が興味をもったことが親から評価してもらえることではない場合、いい回路になっていないわけです。そのうちに、自分で自分にブレーキをかけて、何かをおもしろがる気持ちが消極的になっていってしまう。

好奇心をもっていない人間はいません。没頭感覚をもっていない人もいないんです。何かに熱中したことがない、没頭するほど打ちこんだことがない人は、自分のなかで何かに没頭することの快感の回路を眠らせてしまっているのだと思います。(3)没頭することの「幸せ」に気づけていないんです。中学生、高校生のうちに、その回路を自分のなかで目覚めさせておきましょう。そうすると、躍動感のある人になります。ものごとを積極的に楽しんでいく構えができるんです。

没頭感覚というものを意識しているのといないのとでは、一生が大きく変わってきます。小学生のころからずっとダンスに打ちこんできた。プロになれたらいいなと思っていたけれど、それはとても無理だという現実がわかってきた。「将来そっちに進めないんだったら、どんなに熱中しても意味がない」と思ってしまうこともあります。それで終わりなんかじゃないんです。何年間か夢中になって打ちこんできたこと、熱中してきたことが、(4)没頭体験としてこれから先の自分の生き方にあらわれます。なぜなら、「好きになり方」を知っているから。「情熱」をどうやって注いでいったらいいかを知っているから。そこにある充実感、幸せな感じを知っているから。

没頭感覚を体感してきている人は、たとえ何かに失敗したり行き詰まったりしても、ほかのことにまた熱心に取り組むことができて、そこでもまた充実した時間を過ごすことができるのです。だから、とにかく好きなことに熱くなれるということが大事。好奇心、探求心のわくことを、「掘っていく」気持ちでやってみることです。それが将来の仕事にできるかどうかは、また別問題です。

自分が「これをやっているときがいちばん自分らしいと思える」と思うことと、仕事としてうまくやっていけることとは違います。夢中になれることと、得意なことは微妙に違う。自分が得意でも、もっともっとうまくできる人がいたら、(b)太刀打ちできない。プロとしてやっていくのはむずかしい。夢中になれることを仕事にすることが幸せな場合もありますし、仕事は仕事として別のことをやり、趣味としてやるほうが幸せな場合もあります。

でも、夢中になれる力は、これから先いろいろなところに向けていけるんです。自分の新たな可能性はどんなところにあるのか。それを知るよね。自分の好きなことに没頭するのは、幸せな時間です。

ところが、「そんなふうに何かに熱中したことがない」「夢中になるほど好きなことなんかない」と言う人がいます。

「趣味や特技は？」

「とくにないです」

「好きな作家やミュージシャン、(a)ひいきのスポーツチームとかはあるんじゃない？」

「とくにないです」

「やりだしたら楽しくてやめられない、みたいなことはないの？」

「なかなかやめられない感じのことはありますけど、楽しくてたまらないみたいな感じはないです」

もし面接試験でもこんなふうに答えていたら、その人はまず受かりません。大学入試でも就職活動でも、(2)こんな感じの人を「採りたい」とは思ってくれませんから。

こういう人は、何かに熱中したことがないというより、思う存分何かに打ちこんだことが、「成功体験」として自分のなかに残っていないんです。

何かに熱中するというのは、自然にハマってしまう感じのようですが、その人の「生きていく構え」が関係しています。

目の前のことに対して、自分の心を動かそうとしていない人は、すべてが冷めた感じ、単調な感じになっている。それは、夢中になったときの快感というものをしっかり味わっていないのです。

初めから直感的に「これが好き！」と思ってやることもありますが、たいていのことは、好きだから熱中するというより、やっていたらおもしろくなって、夢中になって、好きになっていく、というパターン。

[A]、体育の時間のマラソン、部活のトレーニングでのランニングがありますね。最初から「走るの大好き」と思っている人はあまりいないでしょう。でも、走りはじめる。ランニングをしていると、途中までけっこう苦しかったのが、あるところからスーッと楽になる状態に入ります。身体が軽くなり、苦しさを感じなくなる。気分は高まっているけれど、心はおだやか。なんだかこのままずっと走りつづけられるような感じになります。これを「ゾーン」と呼びます。「没頭感覚」ですね。

ランニングに限らず、あることを続けていると、脳のなかで快感物質が出て、そういう状態に入りやすくなるのです。こういう快感を味わった人は、走るのが苦にならなくなります。むしろ楽しい。走り終わったあとに、爽快感、充実感がわきます。翌日もゾーンに入り、伸ばした距離もクリアできると、さらに充実感があり、達成の喜びがある。自信もついてきます。[B]、もっとやりたくなる。どんどん楽しくなってくる。

何かを好きになる、ハマるというのは、こんな循環で「もっとやりたい」という気分になり、「やらずにいられなくなっていく」んですね。自分のなかに、没頭感覚による快感があるから、成功の回路ができるんです。没頭感覚やこの快感の回路を味わっていない人は、「ランニングなんて、疲れるばっかり」「どこが楽しいの？」というところで止まっているんです。

だれでもみんな、小さいころには何かに夢中になったことがあるはずです。砂遊びが好きで、砂山を作ったりトンネルを掘ったり、壊してはまた作るということをずっとやっていられたとか。何かのマネをする「ごっこ」遊びにハマったとか。子どもは、何かしら熱中するものを

【国語】（五〇分）〈満点：一〇〇点〉

〔一〕次の――線のカタカナを漢字になおしなさい。「とめ・はね・はらい・文字のバランス」に気をつけて、ていねいに書きなさい。

1 キジュツ式の問題を解く。
2 サイバン所の見学に行った。
3 台風がキュウソクに発達する。
4 総理ダイジンに任命される。
5 植木にシチュウを立てる。
6 タテブエを使って演奏する。
7 ガイトウで募金活動をする。
8 遠足でフクハンチョウになる。
9 ユウキを出して立候補する。
10 会員としてトウロクする。

〔二〕次の文章を読んで、後の問いに答えなさい。

きみは夢中になって打ちこんでいることがありますか？

中高校生というのは、(1)「好きなこと」と「やらなければいけないこと＝勉強」の狭間で苦しむことが多い時期。

ぼくもまさにそうでした。中学生のとき、ぼくはテニスをやっていました。ふだんは部活中心の生活で、中間テストや期末テストの2週間ぐらい前からあわてて勉強モードに切り替えて、なんとか試験を乗り越えていたわけです。好きな運動から離れ、受験勉強に集中しなければならなくなったとき、エネルギーをどこに向けていいのかわからなくなって、人生初のノイローゼみたいな感じになりました。勉強しなければいけないのはわかっているんですが、身体を動かして発散することをしなくなったので、うんざりしてしまう。友だちとの「しゃべくり勉強法」は、ぼくにとって、覚えたことの確認というだけでなく、話して発散する、という効果もありました。そんなことで、なんとかがんばって高校受験を乗りきりました。

高校に入ったら、身体を動かしたくてたまらずに、またテニス部に入部です。そしてふだんはテニスざんまい、試験が近づくと勉強モードに入る。中学時代と同じような感じでしたが、大学受験は高校受験ほど甘くはなかった。高3の年は受験に失敗し、浪人することになりました。1年間、受験のための勉強に明け暮れないといけない。あのときは本当にしんどかったです。

よく「好きなことだけやって生きていけるか？」などと言いますね。それができるならそれに越したことはありませんが、「好きではないこともやるから、好きなことがいっそう楽しくなる」と考えることもできます。

好きではないことに集中するためには、好きなことに熱中した経験があるほうがいいです。何かに没頭した快感を味わっているからこそ、好きではないけれどやらなきゃいけないことにも一生懸命になれる。「好きなこと」や「やりたいこと」には、人生を幸せにしていくためのヒントが詰まっています。

好きなことに熱中していると、時間がたつのも忘れます。「いくらでもやっていられる」「もっともっとやっていたい」と思う。楽しいです

オ　忙(いそが)しい父さんとなかなか会話ができないうえに、母さんとの会話もうまくいかないことに息苦しさを感じている。

問七　――線(6)「母さんとしての生活」とありますが、これにあてはまらないものを次の中から選んで、記号で答えなさい。

ア　ごはんの支度や後片付けをすること。
イ　庭の手入れや家の掃除をすること。
ウ　家族の物を洗濯して干すこと。
エ　必死にリハビリをすること。
オ　お風呂の用意をすること。

問八　本文中の [X] にあてはまる言葉として最も適当なものを次の中から選んで、記号で答えなさい。

ア　周りに広がっていった　　イ　明らかに大きくなった
ウ　不自然に静かになった　　エ　きびしい口調になった
オ　より一層明るくなった

問九　――線(7)「ぼくはその子に向かって、『黙れ、カメムシ』と叫んでしまった」とありますが、それはどうしてですか。次の中から最も適当なものを選んで、記号で答えなさい。

ア　忘れ物をしたことを先生に報告されて腹立たしかったから。
イ　隠(かく)していたことをみんなの前で言われて腹立たしかったから。
ウ　転校してすぐに失敗してしまった自分が腹立たしかったから。
エ　自分の失敗を母さんのせいにされたことが腹立たしかったから。
オ　勝手な女子のせいで先生にしかられたことが腹立たしかったから。

問十　――線(8)「ずいぶん前の、もう忘れかけていたことを思い出した」とありますが、これについて次のそれぞれの問いに答えなさい。

①　忘れかけていた出来事をまとめた次の文の [　] にあてはまる言葉を本文中からぬき出して、Aは五文字、Bは三文字で答えなさい。

母さんに対して、千代ばあちゃんは [A] 接してくれたが、スーパーのレジのおばさんは本来お客さんがやるようなことを [B] してくれた。

②　このときぼくはどのようなことに気づきましたか。次の中から適当なものを二つ選んで、記号で答えなさい。

ア　がんばることはかわいそうなことではない。
イ　ぼくはかわいそうな子どもに見えるんだ。
ウ　世の中にはやさしい人がたくさんいる。
エ　がんばることで悲しみは消えるんだ。
オ　かわいそうなのはぼくだけではない。
カ　がんばっているのは母さんの方だ。

問十一　本文中の [Y] にあてはまる言葉として最も適当なものを次の中から選んで、記号で答えなさい。

ア　「いつもしていゆんですよぉ」（いつもしているんですよ）
イ　「すみません、すみません」（すみません、すみません）
ウ　「こやあーまったくぅ」（こらまったく）
エ　「やわやかいねぇ」（やわらかいね）
オ　「あーいーがーとっ」（ありがと）

問十二　――線(9)「ぼくは……一史と泰ちゃんを誘った」とありますが、それはどうしてですか。本文全体をふまえて、わかりやすく説明しなさい。

問二　――線(1)「ぼくが答えると、母さんは顔を上げてぼくを見つめた」とありますが、これについて次のそれぞれの問いに答えなさい。

①　ぼくが答えたのは、どのようなことですか。「～ということ」につながるように十八文字以内で説明しなさい。

②　このときの母さんの気持ちを説明したものとして最も適当なものを次の中から選んで、記号で答えなさい。

ア　友だちとうまくいっていないのではないかと心配している。
イ　当たり前だと思っていることを反対されて、驚いている。
ウ　意見を言うようになった子どもに、とまどっている。
エ　大人としてふるまう我が子の成長に、感動している。
オ　自分の言葉が通じていないことに傷ついている。

問三　――線(2)「ぼくは、うちにだれかを呼ぶなんて、したくなかった」とありますが、それはどうしてですか。次の中から最も適当なものを選んで、記号で答えなさい。

ア　母さんに無理をさせたくなかったから。
イ　みんなと同じことをしたくなかったから。
ウ　近所の人に迷惑をかけたくなかったから。
エ　母さんが病気だと知られたくなかったから。
オ　友だちに自分の部屋を見せたくなかったから。

問四　――線(3)「ぼくを見ていた母さんの黒目がゆらゆら揺れた」とありますが、このときの母さんの気持ちをあらわす言葉として、最も適当なものを次の中から選んで、記号で答えなさい。

ア　納得　　イ　いかり　　ウ　驚き
エ　悲しみ　　オ　あきらめ

問五　――線(4)「そのままベッドに倒れこみたいのをがまんして……マットの上にかけていく」とありますが、それはどうしてですか。次の中から最も適当なものを選んで、記号で答えなさい。

ア　行儀が良くて、何事にもきっちりしないと気が済まない性格だから。
イ　日頃の生活態度に対して、父さんがいつも口うるさく注意してくるから。
ウ　さらさらとしたシーツの感触と洗剤の匂いに包まれるのが、好きだから。
エ　自分のことは自分でできるということを、両親にわかってほしかったから。
オ　体の不自由な母さんのために、日頃から家事を手伝うようにしているから。

問六　――線(5)「ぼくは、顔にのせていた枕をとって、力いっぱい壁に投げつけた」とありますが、このときの気持ちとして、最も適当なものを次の中から選んで、記号で答えなさい。

ア　不安ではあるものの、友だちが自分の家に泊まりに来ることに興奮して落ち着かなくなっている。
イ　他の家庭と比べたときに、自分の家庭が普通ではないということを改めて意識し、いらだちを感じている。
ウ　友だちの家で感じた本当の楽しさは自分の家にはないと気づき、両親に対するいかりをおさえきれずにいる。
エ　他の家庭の生活に追いつけるように、両親を頼るのではなく自分の力で生活を変えていこうと決心している。

がら、何度も頭を下げている。

ぼくは、後ろから母さんのおなかに両手を回し、ぎゅっとした。

「あらあら、あまえんぼうさんね」

レジのおばさんが、首をかしげてニッコリとした。後ろのおばさんも、

「だっこしてほしいのかな」

と言った。

わかってない、本当にみんなわかってない。

あのときぼくは、母さんに抱きついたわけじゃない。

母さんを、抱きしめたんだ。いつもがんばっているぼくの母さんを、力をこめて抱きしめたんだ。

でも、母さんだけはわかってくれた。だから母さんは、ぼくのほうをふり向いて、

「［Y］」

と、ふんわり笑った。

ぼくはもう、あのころみたいなチビじゃない。だから「かわいそう」と言われたら、ただまっすぐに「かわいそうじゃありません」と、言うことができる。「がんばっているのは、ぼくじゃなくて母さんなんです。がんばることは、かわいそうなことじゃないんです」と。

そして、母さんを守ってあげることだって、きっとできるはずだ。

ここ数日のもやもやしていた気持ちが、すっと晴れていくようだった。

それから少しして、⑨ぼくは「夏休み、オレんちに泊まりにこいよ」と、一史と泰ちゃんを誘った。

「父さんが、庭にテントを張ってくれるって言うから、そこでキャンプしよう。うちの庭、雑草いっぱいで、すっげーワイルドなんだ」と言うと、一史はすぐに「じゃあオレ、寝袋を持っていく」と言い、泰ちゃんも「オレもオレも」と、飛びはねた。

あとから泰ちゃんのお母さんが、「ご迷惑じゃないですか?」と電話してきたけれど、母さんは「楽しみに、していゆんですよぉ」と、にこにこしながら言っていた。

夕飯は、母さんがパエリアを作ってくれるらしい。夕方には、みんなでスーパー銭湯に行って、夜は三人で怪談大会をするのだ。今度こそ、絶対に徹夜してやる!

今日も母さんは、ハナウタをうたいながら料理を作る。

母さんのハナウタを聞いた父さんが同じ歌をうたいだし、ぼくもそれを口ずさむ。

そうしてつながっていくハナウタが、千代ばあちゃんにも届けばいいな、と思いながら。

（中山　聖子『さよなら、ぼくらの千代商店』）

問一　══線(a)「あらかじめ」・(b)「ひとしきり」の意味として最も適当なものを次の中から選んで、それぞれ記号で答えなさい。

(a)「あらかじめ」

ア　あらそって　イ　まえもって　ウ　だいたい
エ　ちゃんと　オ　すなおに

(b)「ひとしきり」

ア　ほんのすこし　イ　しかたなく　ウ　とりあえず
エ　こっそり　オ　しばらく

のおかずやお菓子を買わなくてはならなかったのだ。

いつも週末に買い物に連れていってくれる父さんは出張中で、奈津おばさんも、その少し前に転勤になっただんなさんといっしょに、海外へ行ってしまっていた。

母さんは杖をつき、ぼくを連れて、家から歩いて千代商店までやってきた。バスの時間よりずいぶん早めに着いて、店のなかで待たせてもらった。

千代ばあちゃんは、「ぎりぎりまで店のなかにおるとええよ」と言ってくれ、バスに乗る時間が近づくと、母さんとぼくに「おトイレに行っときなさい」と声をかけ、トイレを貸してくれた。そして自分は外に出て、遠くにバスの姿が見えてから、母さんの手を引いて、ゆっくりと外に連れていってくれた。

千代ばあちゃんは、「かわいそうに」とは言わなかった。ただ、ふつうにできることを、さり気なくぼくたちにしてくれた。だからぼくは、千代ばあちゃんが好きだった。

バスから降りて入ったスーパーで、ぼくは自分の背の高さと同じくらいのカートを押して歩いた。

つやつやしていて赤いトマトを母さんに見せると、母さんが「うん」とうなずく。ぼくはそれを、カートにのせた買い物かごに入れた。

「次は、たぁまねぎ」

母さんが言うと、ぼくはタマネギの場所まで歩く。母さんからちょっと離れてタマネギを選んでいたら、知らないおじさんが寄ってきて、

「あの人、きみのお母さん？」

と聞いた。ぱりっとしたスーツを着た、スーパーの食品売り場には似合わないようなおじさんだった。

ぼくがなにも言わずにうなずくと、

「そうか、きみもたいへんだね、よくがんばるね」

と言って、ぼくの頭をなでていった。母さんは、心配そうな目でぼくを見ていた。

なんにも、わかっていない。あの人は、なんにもわかっていない。

だって、がんばってるのは、ぼくじゃない。

がんばってるのは、母さんなんだ。

そう思いながらタマネギを持って立っていたら、棚のあいだを近づいてきた母さんが、

「食品は、これで終わいね。次は、おかしよ。いっぱい、買おうね」

と笑った。

お弁当の材料もお菓子も買って、ようやくレジで支払いをするときに、母さんは小さな失敗をした。

お財布からお金を取り出そうとして、バラバラと小銭を落っことしてしまったのだ。ぼくは、あわててしゃがんでそれを拾った。すると、後ろに並んでいたおばさんが、言ったのだ。

「ぼくはえらいねえ。よくがんばるね」

と。

おばさんに、ちっとも悪気がないのはわかっていた。それでもぼくは、その言葉を言ってほしくなかった。とくに母さんの前では。

本当なら、お客さんのほうが袋詰めをしないといけないのに、レジのおばさんは、特別にぼくたちの買ったものをレジ袋に詰めてくれた。

母さんは、「すみません、すみません」とうまく回らない口で言いな

ときだけ、［X］。

少し行ったところで、となりを歩いていた遠山君が、

「歩道せまいし、迷惑なんだよな」

と言った。

胸がどきんとして、目の前がぼんやり暗くなった。

後ろから一史が、

「そんなこと言うなよ、かわいそうだろ」

と、怒った口調で言った。

青い空はあいかわらず頭の上にあって、風はちっとも吹いてこない。

「かわいそう」というその言葉を、ぼくは今まで何度聞いてきただろう。

母さんが通院しやすいようにと、大きな病院があるこの町に引っ越してきたのは三年前だ。

転校してきてすぐ、ぼくは工作に使うことになっていた木の葉やドングリを用意するのを忘れて、授業のはじめに、ラグビー選手みたいな担任の先生からしかられた。

すると、うちの斜め前の家に住んでいる女子がまっすぐ手を挙げて、

「早川君は、お母さんが病気だから、用意できなくてもしかたないと思います。かわいそうです」と言ったのだ。

⑺ぼくはその子に向かって、「黙れ、カメムシ」と叫んでしまった。その子はびっくりしたような顔でぼくを見たあと、机につっぷした。

ぼくは、当然ますます先生にしかられた。「どうしてカメムシなんて言うんだ?」と聞かれたけれど、カメムシに意味なんかない。

ただ、忘れ物をしたのは百パーセントぼくの責任なのに、まるで母さんが原因みたいに言われてムカついたのだ。それにもう「かわいそう」と言われることにはうんざりしていた。その気持ちをぶつける言葉として、たまたまカメムシが浮かんだだけだった。

そうだ、ぼくはあのころから、友だちを家に呼ぶのがいやになったのかもしれない。

そう思うぼくのとなりで、遠山君はもうゲームの話をしているし、背中からは一史の笑い声も聞こえてきた。

イライラする。泣きたくなる。

いつだったか、キッチンカウンターの陰にかくれて、声をおさえて泣いている母さんを見たことがある。母さんは泣きながら、動かないほうの左手を、右手で何度も何度もたたいていた。

いっしょに出かけた道で、小さな段差につまずいて転んでしまったときには、目に涙をいっぱい浮かべ、口をぎゅっと結んで起き上がった。

後ろを歩いていた若い男の人が、母さんを追い越していくときに、大きな舌打ちをしたことがある。そばにいたぼくに「ごめんね、おそくてえ」と言った母さんの声は、震えていた。「かわいそう」なのだろうか。

いや、がんばっている母さんは「かわいそう」とはちがうのだ。かんたんに、「かわいそう」なんて言われたくない。

それが、やさしい気持ちから出た言葉なのはわかっているし、遠山君のように、「迷惑」なんて言われるのは、もっとずっといやなのだけれど。

そのときふっと、⑻ずいぶん前の、もう忘れかけていたことを思い出した。

母さんが退院してからしばらくして、ぼくと母さんはバスに乗り、となり町のスーパーに行ったことがある。

翌日は、ぼくの社会科見学がある予定だったから、どうしてもお弁当

と何度も聞いた。

その日から半年間、ぼくは家から歩いて十分くらいのところにある、奈津おばさんの家から穂足小学校に通った。週末には父さんとお兄ちゃんが迎えに来てくれて、三人で母さんのお見舞いに行った。

母さんは、少しずつ回復していった。体の左側が思うように動かせなくなったというけれど、毎日病院のなかにあるリハビリ室で、必死にリハビリをしているようだった。

だから、秋になって退院してきた母さんは、お医者さんも驚くくらい元気になっていた。

なにを言っているかよくわからなかった言葉は、ずいぶんわかりやすくなって、杖をついて体を揺らしながらだけれど、歩けるようにもなった。

もちろん元のとおりにはいかないけれど、毎日の掃除や洗濯、ごはんを作ることも、母さんは再開した。

ちゃんと動くほうの右手で掃除機を持ち、時間をかけてていねいに、家のなかをきれいにしていく。父さんが低くしてくれた物干し竿に、きちんと洗濯物を伸ばして干していく。

必要なものをメモしておいて、週末には父さんとスーパーに行き、買ってきた材料で毎日ごはんを作ってくれた。

おなかと流し台のあいだにジャガイモやニンジンをはさみこんで、ピーラーで皮をむき、子ども用の包丁で切っていく。フードプロセッサーでタマネギをみじん切りにしたり、ハンバーグのタネを作ったりもする。

母さんが疲れないようにと、父さんは流し台にちょうどいい高さの椅子を手づくりして置いた。

でもやっぱり、母さんが⑹母さんとしての生活をするのは、ぼくが考えるよりずっとむずかしくてつらいことだったんじゃないかと思う。

その証拠に、染めるのをやめた母さんの髪には白髪がたくさん混じって、パサパサになった。お化粧もあまりしなくなり、動きやすい服ばかり着るようになった。

月曜日は、朝からとても天気がよかった。

空は、これぞ青！　というようなあざやかさで、見上げると、その青のなかに吸いこまれていきそうな気がした。

ぼくたち五年生は、朝の会が終わるとすぐに学校を出て、歩いて十五分ほどの場所にある植物公園に向かった。植物公園には、大きな温室やいろんな種類の花畑、ちょっとした森やビオトープがある。

午前中いっぱい使って、ぼくたちはそこで夏の植物を観察することになっていた。植物をスケッチしたあとで、温室やビオトープを見学するらしい。

むこうから車椅子の女の人がやってくるのが見えた。やせた女の人が乗る車椅子を、お母さんらしい人が押している。

歩道をすれちがうとき、みんなは肩を縮めて歩道のわきへよけた。列のなかに、ぽこんと大きなくぼみができて、それが波打つように後ろへと流れていく感じだ。

車椅子を押しているおばさんも、できるだけ歩道の端のほうを歩こうとしているようだったけれど、かなり歩きづらそうだった。

わいわいとおしゃべりしていた声が、おばさんと女の人とすれちがうこを両手でつかんでぱっと広げ、マットの上にかけていく。しわが寄らないように、きちんと伸ばすのはかなり面倒だ。

母さんは、病気のせいで体が少し不自由だから、こういうことは、ぼくと父さんが手伝うようにしている。だから、ふとんを押し入れから出し入れしたり、シーツを洗濯したり干したりするのが、どんなに疲れることか、よくわかる。

もしうちに友だちが来たら、ふとんを干すことから始まって、シーツやカバーをかけたり外したり、洗濯したりもしなくてはいけない。夕ごはんや朝ごはんの支度やあと片づけもあるし、掃除だってお風呂の用意だって、きっとたいへんだ。

父さんとぼくが手伝うと言っても、母さんはきっと、自分でできるところまでがんばるだろう。そんなきついことを、母さんにやらせるのはかわいそうだ。

そこまで思って、シーツをかけるのがいやになり、いつものように途中でやめた。その上で寝るだけなのだから、しわを伸ばす必要なんて、ぜんぜんないのだ。

ぼくは、中途はんぱに広げられたシーツの上に飛び乗った。そのままうつぶせると、さらさらとした感触と洗剤の匂いに包まれた。

「うおーっ」

と叫んでクロールの真似をすると、それはますますよじれていった。

(b)ひとしきり暴れたあとで、体を半転させて天井を見た。

丸い電灯がまぶしくて、頭の下にあった枕を引き抜くと、自分の顔の上にぱふっとかぶせた。

ふたりの家は、本当に楽しかった。すみっこまできちんと掃除されていて、朝になると、家中にきらきらとした明るい光が満ちていくようだった。

でも、うちの小さな庭には雑草が生えているし、窓ふきも床のワックスがけも、父さんが年に一度するだけだ。

ふだんはそんなことを、はずかしいとか悲しいとか思わない。だけど、友だちの家と比べると、なんだかもやもやしてしまう。

(5)ぼくは、顔にのせていた枕をとって、力いっぱい壁に投げつけた。

母さんがとつぜん倒れたのは、ぼくがまだ穂足小学校の一年生になったばかりのときだった。

授業が終わって、あとは終わりの会だけとなったとき、担任の先生が廊下から教室に顔を出し、「早川君、ちょっといらっしゃい」と、ぼくだけ廊下に呼びだした。

そして、その場でしゃがんでぼくの両腕をそっとつかむと、真剣な目をして言ったのだ。「あのね、早川君のお母さん、ご病気で病院に運ばれたの。おばさんが迎えにいらしてるから、今からおばさんといっしょに帰りなさい」と。

となり町の大きな病院のベッドに寝ていた母さんは、くだや点滴につながれて、青白い顔をしていた。その日の朝まですごく元気で、台所に立ってハナウタをうたっていた母さんとは別人のようだった。

ベッドの横に立ち尽くしていた父さんも、いつもの明るい父さんとはちがう人みたいだった。

ぼくは母さんから目をそらして、奈津おばさんにしがみついた。

ちょっと太った奈津おばさんに包まれながら、「母さん死んじゃうの?」

り同じクラスの泰(やす)ちゃんといっしょに泊まりに行った。

今年の春休みには、泰ちゃんが「うちへおいでよ」と誘(さそ)ってくれた。

そして五年生の夏休みを前にした今、家にみんなを呼んでいないのは、うちだけになった。

一史も泰ちゃんも、「次は翔也んちだろう」と、思っているかもしれない。

母さんが、友だちの家にお世話になってばかりじゃ申し訳ないから、うちにも来てもらおうと考えるのは、ふつうのことなのだろう。

でも(2)ぼくは、うちにだれかを呼ぶなんて、したくなかった。

「おじゃましてばかいじゃ、いけないでしょう？　だかや、うちでも……」

母さんの言葉に、

「いいんだよ、うちはやらなくて」

と言い返すと、(3)ぼくを見ていた母さんの黒目がゆらゆら揺(ゆ)れた。

「でも、もうすぐ夏休みやし」

「いいんだ」

「だって」

「だから、いいんだってば！」

つい、大きな声が出てしまった。しんとした空気のなかで、

「本当にいい」

と言ったとき、棒にくっついていたアイスのかけらが、ぽとりと落ちた。

夕ごはんのあと、リビングのソファに座(すわ)ってテレビを見ていたら、お風呂(ふろ)から上がったばかりの父さんが、ぼくの横にすとんと腰(こし)かけた。

「なあ翔也、どうしてうちに友だちを呼ばないんだ？」

父さんが、首にかけたタオルで髪(かみ)を拭(ふ)きながら言った。夕方のことを、母さんが父さんに話したのだろう。

「週末だったら、父さんも手伝ってやれるから、いろいろ楽しいことができるぞ。友だちにも予定があるだろうから、早めに声をかけとけよ」

「いや、いい。オレたち騒(さわ)いじゃうから、近所迷惑(めいわく)になるし」

「はあ？　そんなこと気にするなよ。わいわい騒ぐのは昼間にして、夜は静かにＤＶＤでも観(み)ればいいじゃないか。みんなが観たいものを(a)あらかじめ言っといてくれたら、父さんが借りてくるから」

「いや、そういうの、マジ必要ない」

「まあ、翔也がそう言うなら、それでいいけど」

小さな声で父さんが言い、それから「でもな」と続けた。

「母さん、気にしてたぞ。いや、今回だけじゃないんだ。自分のせいで、翔也がうちに友だちを連れてこられないんじゃないかって、ずっと前から心配してる。だから夏休みは、がんばるつもりでいたんだよ。父さんだって、翔也の友だちと、会ったり話したりしてみたいし」

「ちがうってば、べつに母さんのせいなんかじゃないし」

「だったら翔也、もっと友だちをうちに呼べばいいのに」

「うるさいなあ。父さんも母さんも、気にしすぎ。そういうの、はっきり言って迷惑だからっ」

ぼくは立ち上がって、自分の部屋へと駆(か)けこんだ。

壁(かべ)ぎわにくっつけられたベッドの上には、水色のシーツと枕(まくら)カバーが、小さく畳(たた)んで置かれていた。

(4)そのままベッドに倒(たお)れこみたいのをがまんして、ぼくはシーツの端(はし)っ

り、同調してしまう社会。

問八　――線⑸「新たなリスク」とありますが、それはどのようなことですか。次の中から最も適当なものを選んで、記号で答えなさい。

ア　自分の国を守るために、他の国に負けない新たなウイルスを開発しなければならなくなるということ。

イ　新しい商品が次々と開発され、商品をもっと買いたいという欲が止まらなくなるということ。

ウ　パソコンの知識の無い高齢者や子どもなどが、集中的にサイバー攻撃を受けるということ。

エ　インターネット上での攻撃で、現実の自分にも危険がおよぶ可能性があるということ。

オ　ネット上では実名が表示されないため、だれが敵であるのかわからなくなるということ。

問九　ネット社会で生きていくために、どのようにしていくべきだと筆者は考えていますか。わかりやすく説明しなさい。

〔三〕　次の文章を読んで、後の問いに答えなさい。

「ただいまっ」

と玄関に飛びこんで、スニーカーをぽいぽいっと脱ぎながら家に上がった。

するとスニーカーの左右が離れて転がっていったから、裸足のままで飛び下りて、ちゃんとそろえた。自分で言うのもなんだけど、ぼくはけっこうお行儀がいい。

「しょーや、おかえいー」

キッチンのほうから母さんの声が聞こえて、ホッとする。

リビングに入って、ランドセルをソファに投げると、ぼくは台所の冷蔵庫に向かった。こんなに暑い日は、なにより先にひえっひえのアイスバーだ。

けれど、冷凍庫の引き出しに手をかけようとしたとたん、すぐそばのシンクに立っていた母さんが、

「こやあ、手ぇ、洗ってかやでしょう」

と、大きな声を出した。

「おっといけねえ」

素直なぼくは、母さんに「ちょっとどいて」と声をかけ、洗面所ではなくてシンクで手を洗った。

「しょーやはぁ、まったくぅ」

ようやくアイスバーを手にしたぼくは、台所のテーブルについて袋をやぶった。

それから、「やっぱアイスは、ソーダ味っすよねえ」と言いながら食べはじめたとき、母さんが言った。

「しょーや、おとまり会、すゆでしょう？」

聞き取りづらい母さんの言葉は、ぼくの耳に入ったとたん、「翔也、お泊まり会するでしょう？」に変わる。

「いや、やらないよ、そんなの」

⑴ぼくが答えると、母さんは顔を上げてぼくを見つめた。目を丸くしたその顔に、ふき出しでセリフをつけるとしたら「へ、なんで？」という感じだろう。

四年生だった去年の夏休み、ぼくは同じクラスの一史の家に、やっぱ

とありますが、これについて次のそれぞれの問いに答えなさい。

① 「フェイクニュース」とありますが、それはどのようなものですか。次の中から最も適当なものを選んで、記号で答えなさい。

ア　宗教上の対立　イ　古くからの伝統　ウ　民族間の常識
エ　個人の意見　オ　うその情報

② どのような仕組みで儲けるのですか。次の中から最も適当なものを選んで、記号で答えなさい。

ア　人々が興味を持つような記事を作ることで、見てくれた人から直接お金をもらうという仕組み。
イ　パソコンの使用回数を増やすことで、パソコン会社からお金をもらうという仕組み。
ウ　ウェブサイトを見てくれる人を増やすことで、広告料を多くもらうという仕組み。
エ　文章を書く力を高めることで、会社から原稿料を多くもらうという仕組み。
オ　政治家の評価を上げることで、その政治家からお金をもらうという仕組み。

問三　――線⑵「アメリカ大統領選ほど、フェイクニュースが問題にならなかった」とありますが、それはどうしてですか。次の文の□にあてはまる言葉を本文中から十四文字でぬき出して、初めと終わりの三文字を答えなさい。

フランスでは□から。

問四　――線⑶「新聞を読み続けることがなぜフェイクニュース対策になるのでしょうか」とありますが、この理由を説明した次の文の□にあてはまる言葉を本文中からぬき出して、それぞれ五文字で答えなさい。（句読点などの記号も一文字に数えます。）

新聞はひとつの問題についてさまざまな意見を併記する［P］があるため、自分でじっくり読み比べることで、情報を［Q］をつけることができるから。

問五　本文中の□にあてはまる言葉として最も適当なものを次の中から選んで、記号で答えなさい。

ア　一寸先は闇　イ　継続は力なり　ウ　うそも方便
エ　亀の甲より年の功　オ　論より証拠

問六　本文中の［X］・［Y］にあてはまる四字熟語として最も適当なものを次の中から選んで、それぞれ記号で答えなさい。

ア　以心伝心　イ　一日千秋　ウ　無我夢中
エ　日進月歩　オ　前代未聞　カ　一朝一夕

問七　――線⑷「ネット社会」とありますが、それはどのような社会ですか。次の中から最も適当なものを選んで、記号で答えなさい。

ア　探したい情報が瞬時に多く集まるため、多くの人々が情報の真偽を確かめず、自分に都合の良いことを信じてしまう社会。
イ　パソコン同士でのやりとりが増えるため、他人と顔を合わせることが減り、人間関係がうまく成り立たない社会。
ウ　自分の意見を自由に発信できるため、国としての方針がまとまらず、政策がなかなか実行されない社会。
エ　ネットやスマホの情報を信じるあまり、昔からある伝統や文化をかんたんに否定してしまう社会。
オ　たとえうその情報だとわかっていても、その場の雰囲気を感じ取います。まだ不明な点も多いのですが、今回のサイバー攻撃によってNSAは世界のパソコンやネットワークを監視・盗聴する技術を開発していたのではないかと指摘されています。

従来のウイルスの被害といえば、パソコンのデータが盗まれたり、勝手にパスワードが操作されたりするなどの事件が報じられてきました。一般的に、電子メールに添付されたファイルを開けてしまい、そこに仕組まれていたウイルスにパソコンが感染するケースが多いようです。

今回のランサムウエア事件は、世界規模でほぼ同時に被害が広がっていったという点が大きな特徴です。今日では交通やエネルギーといった社会基盤の運用を、大規模なコンピューターシステムやネットワークが支えています。21世紀は、あらゆるモノがネットにつながる「IoT」社会を目指しています。こうした基盤の信頼を大きく揺るがしかねないのです。

今回はマイクロソフトOSの古いバージョンがターゲットとなり、パソコンの被害が広がりました。もっと多くのパソコンが対象になった場合、国の社会システムや経済活動が致命的なダメージを受け、国全体が混乱に陥るかもしれません。君たちが日ごろ使っているパソコンやスマホがいつの間にかターゲットになる日も来るかもしれません。君たちにとっても、決して他人事ではないのです。

ネット上の空間を舞台にした「サイバー戦争」という新たな危機が現実になっています。アメリカをはじめとしたいくつかの国々では、サイバー戦争に備えて専門部隊を創設しています。アメリカのオバマ前大統領はかつて、サイバー戦争を仕掛けられた場合、「ミサイルによる応戦」も選択肢のひとつであると言及していました。

様々なメディアが伝える情報を自らの視点で見極められる能力を「メディアリテラシー」といいます。信頼性のない、いい加減な情報に基づいた記事が大量にウェブサイトに掲載されていた「まとめサイト問題」がニュースになったこともあります。そんな記事にだまされないためにも大切な能力です。その一方で、一定水準のIT（情報技術）を使いこなせる能力を磨いておかなければ、［Y］で進化するウイルスに対応しきれない時代がやってきました。

実際、２０１７年6月下旬には再び、欧米など複数の国々でサイバー攻撃による大規模な被害が出たと報じられました。パソコンが感染したウイルスには新たな改良が加えられていたようです。

ぜひ、若いあなたたちにも、こうした「ネット社会に潜むリスク」があることに気づいてほしいのです。見えない敵がもたらす危機に備えて、メディアリテラシーやITスキルを身につける教育の機会をどのように増やしていけばよいのか。社会全体で考えていかねばならないテーマになってきているのです。

（池上　彰『池上彰の未来を拓く君たちへ』）

※1　危惧＝心配
※2　咀嚼＝よく考えること
※3　サイバー＝コンピューターネットワーク上の

問一　本文中の［A］～［C］にあてはまる言葉として最も適当なものを次の中から選んで、それぞれ記号で答えなさい。ただし、同じ記号を二回使ってはいけません。

ア　あるいは　　イ　たとえば　　ウ　つまり
エ　なぜなら　　オ　しかし　　カ　そこで

問二　――線(1)「マケドニアという小さな国では……報じられました」

かす情報の方が、世論を形づくる上で重要な役割を持っている時代。そんな時代の変化を象徴するキーワードです。

「フェイクニュース」や「ポスト・トゥルース」を生んだ要因のひとつには、スマホやＳＮＳ（交流サイト）の急速な普及があるかもしれません。刻々と画面から伝わってくる情報の真偽や中身を確かめる前に、印象やムードに乗り、「見て、信じる」習慣が根付いてしまったのではないかと危惧しています。

ネットやスマホの存在が悪いということではありません。大事なのはその使い方であり、情報の見極め方なのです。大切なことは、情報の真偽を見極められる視点や判断力を養うことです。いつの時代にも、うまい儲け話に乗ってしまい、投資したお金が返ってこないという詐欺被害は後を絶ちません。

アメリカ大統領選で問題視されたフェイクニュースですが、前述したように、フランス大統領選ではそれほど話題になりませんでした。一説には、新聞をよく読み、ネットの情報に簡単に惑わされない素地があったからという指摘がありました。伝統や文化を重んじるお国柄を象徴するエピソードかもしれません。十分うなずける仮説です。

もちろん、情報の真偽を見極める視点や判断力を養うことは、［Ｘ］では不可能なこと。ただ、(4)ネット社会には、大量の情報を無条件に受け入れるリスクがあることも知っておく必要があるのです。

これは日本の社会でも気をつけなければならない課題です。これから憲法改正の議論などをきっかけに、国民の意思が問われる時が来るかもしれません。そんなとき、ムードに流されず、議論を見極め、客観的な判断を下せるかどうかが重要になってきます。

漫然とスマホの画面を眺めているのではなく、ときには「どうしてなのか」「本当なのか」と疑うことも大切です。ネットでは、自分がほしい情報が集まる傾向がありますから、反対意見や批判的な指摘にも目を向ける経験をしてみる必要があるのではないでしょうか。

私たちはネットを通じて電子メールをやりとりしたり、商品を買ったり、様々なサービスを利用できるようになりました。その手軽さや便利さは大きな魅力ですが、一方でいつの間にか想像もつかない(5)新たなリスクにも直面しています。それは見えない敵との〝戦争〟です。

２０１７年５月、世界を混乱に陥れた事件を覚えていますか。米マイクロソフトの基本ソフト（ＯＳ）「ウィンドウズ」の古いバージョンの弱点を狙い撃ちした※3サイバー攻撃です。そのコンピューターウイルスの名は「ワナクライ（泣き出したい）」。

感染後、いわゆる「身代金」を支払わなければ、パソコンに記憶されている重要なデータなどを使えなくして、利用者を困らせます。この身代金を意味する「ランサム」が語源となり、「ランサムウエア事件」と呼ばれるようになりました。

その被害はアメリカ、日本、中国、ヨーロッパ、ロシアなどを含めて１５０ヵ国に及んだという報道もありました。特にイギリスで紹介された被害は深刻で、病院での診療や手術などが止まるという事態に陥ったそうです。まさにサイバー空間を舞台にした「同時多発テロ」と言っても過言ではありません。

「ランサムウエア」の犯人をめぐっては、「北朝鮮が関与している」といった報道もありました。米国家安全保障局（ＮＳＡ）が開発したソフトウエア技術の一部が外部に流出し、この技術が使われたと推測されてこれに対して新聞は、ひとつの問題について肯定的な意見、批判的な意見を併記する編集をしています。紙面を開くと問題をバランスよく理解できるような工夫をしています。「一覧性」の魅力でしょう。

新聞が手元に届くスピードより、ネットで流れる情報の方が速いのは当然のこと。だからといって、スピードが速ければいいというものでもありません。

世界や日本の動きを伝えるニュースをいったんせき止め、じっくり読み進む点で、新聞は適したメディアです。瞬時に反応するのではなく、時間をかけて※2咀嚼してみる。それが大事なことだと思うのです。

私の場合、毎朝、全国紙や地方紙、小学生新聞など12紙に目を通します。見出しを中心に20～30分でチェックします。執筆や取材に役立ちそうな記事を取り出し、仕事の合間や夜になってからじっくり読み直します。興味を持った記事は、文献などで深く調べます。もちろんネットも活用しますが、もう何十年と続けている習慣です。

体験からいえば、フェイクニュースにだまされないようにするには、こうした地道な作業の積み重ねが大切だと思います。情報を見極める力を鍛えることができれば、人生や仕事の決断においても役立つでしょう。まさに「[　　]」です。

とはいえ、複数の新聞を読み比べるのは、なかなか困難です。いつもはお気に入りの一紙を読むものの、大ニュースが起きたときはコンビニエンスストアなどで別の新聞を買って目を通すことです。

[B]、新聞各紙を取り揃えている図書館に顔を出すことです。一日に10～20分でもよいのです。新聞をほとんど読んだことがない人も、久しぶりに読む人も、発見があるかもしれません。それが情報を見極める力を身につける第一歩です。

前述したように、アメリカのトランプ大統領はよく、「フェイクニュースだ」というセリフを会見などで連発します。記者が疑惑を追及しようとすると「それはフェイクだ」といって相手にしません。自身に都合が悪い質問を遮るための言動です。

特に就任前からのロシアとの関係をめぐる疑惑は「ロシアゲート」とも呼ばれ、国民は大きな関心を寄せています。捜査を指揮していた米連邦捜査局（ＦＢＩ）長官の解任に発展しました。米共和党内からも驚きの声が上がるほどです。

いま、米大統領とメディアをめぐっては異常事態に陥っています。特定の会社を締め出したり、記者クラブ主催の夕食会を欠席したり、相互の信頼は揺らいでいます。それでも怯むことなく大統領を追及するアメリカのメディアの強さには感心します。

大統領選挙中、トランプ氏に有利と思われるフェイクニュースがネットを駆けめぐりました。冷静に考えれば「ウソだ」とわかるのですが、関心を持って読んだ人々もいました。

そうした誰かの意図的な情報操作が、人々の世論に影響を及ぼす時代が来てしまったのでしょう。フェイクニュースで驚いた人たちがウェブサイトを訪問してくれれば、広告料が入ります。一部の人々の金儲けの手段にもなってしまいました。

世界的な英オックスフォード英語辞典が選出した２０１６年を象徴することばは、「ポスト・トゥルース」でした。直訳すれば「脱・真実」といった意味になるでしょうか。

[C]、情報が事実かどうかよりも、情報の受け手の感情や信念を動

【国　語】（五〇分）〈満点：一〇〇点〉

〔一〕　次の――線のカタカナを漢字になおしなさい。「とめ・はね・はらい・文字のバランス」に気をつけて、ていねいに書きなさい。

1　外国ではタンドク行動を禁止する。
2　薬のコウカがあらわれる。
3　国をオサめる。
4　友との別れをザンネンに思う。
5　品物をカンリする。
6　レキダイの国王に仕える。
7　人の意見をソンチョウする。
8　病人をカンゴする。
9　自由研究の完成にツトめる。
10　各国のシュノウが集まる。

〔二〕　次の文章を読んで、後の問いに答えなさい。

２０１６年、アメリカ大統領選を取材しているさなか、飛び出してきた〝ニュース〟が、「ローマ法王がトランプ候補を支持」というものでした。

カトリック系キリスト教のトップであるローマ法王が、特定候補者を応援する発言をすることなどあり得ないことは、常識で考えればわかるはず。

ですが、多くの人が反応し、交流サイト（ＳＮＳ）で拡散しました。とりわけトランプ候補の支持者たちが強く反応したといわれます。

トランプ候補に有利になったフェイクニュースでしたが、結局、一番得をしたのは、フェイクニュースをインターネットで流し、大勢の人を自分のニュースサイトに引きつけ、広告収入を稼ぐ悪質なサイト運営者でした。真実のニュースを伝える責任はどうでもよいのです。実際、(1)マケドニアという小さな国では、人々がフェイクニュースで儲けていたというニュースが報じられました。

これに対して２０１７年に行われたフランス大統領選では意外な現象がありました。(2)アメリカ大統領選ほど、フェイクニュースが問題にならなかったというのです。現地からの報告には驚きました。一体どうしてなのでしょう。

フランスの現地で取材してきた人に聞いたところ、複数の人が、「フランスの有権者には新聞を読む習慣が根付いているからではないか」というのです。

紙面を通じて日々のニュースを知り、考え、自分なりに判断する習慣を身につけているからではないかというものです。

なんだか日本の新聞社が喜ぶような結論なのですが、(3)新聞を読み続けることがなぜフェイクニュース対策になるのでしょうか。

ネットの利点は、探したい情報が瞬時に大量に集まること。手元の画面で世界中の情報に触れられることは、とても便利ですし、魅力的です。

［Ａ］、この便利さの陰に盲点があります。スマートフォンなどの画面に表示される情報の真偽はともかく、瞬時に反応し、自分に都合のよい情報だけを受け入れる生活に慣れてしまっているのではないか、と※1危惧しているのです。

ウ　ミヒロを敵にまわさないようにしよう

エ　ミヒロに心の傷をなおしてもらっているんだ

オ　三人の女の子達の傷もミヒロはなおしたんだ

問十一　――線(6)「胸の底に、澱のように積もっていたものが、すっかりろ過された気分だった」とありますが、このときのリサの気持ちを、本文全体をふまえて、八十文字以内でわかりやすく説明しなさい。

ア　図々しく言い訳をする
イ　そろって騒ぎ立てる
ウ　口汚く責め立てる
エ　大声で反論する
オ　欠点を指摘する

問三　――線(1)「気持ちが大きくなっていた」とありますが、このときのリサの気持ちとして最も適当な言葉を次の中から選んで、記号で答えなさい。

ア　挑戦　イ　心配　ウ　確信　エ　自慢　オ　興奮

問四　――線(2)「これ」とありますが、どのようなことを言っていますか。本文中から六文字でぬき出して答えなさい。

問五　――線(3)「足がおもりをつけたみたいに重たい」とありますが、このときのリサの気持ちとして最も適当なものを次の中から選んで、記号で答えなさい。

ア　傷あとを気にしすぎている自分に怒っている。
イ　普段見せない格好をしているので恥ずかしく思っている。
ウ　足の説明をしなければいけないことを面倒くさく感じている。
エ　場の空気が悪くなってしまったことを申し訳なく思っている。
オ　傷あとについて何か言われてしまうことを不安に感じている。

問六　本文中の［A］～［C］にあてはまる言葉として最も適当なものを選んで、記号で答えなさい。ただし、同じ記号を二回使ってはいけません。

ア　わくわく　イ　おずおず　ウ　じりじり
エ　しげしげ　オ　いらいら　カ　ほろほろ

問七　――線(4)「ミヒロに言ってよかったと思った」とありますが、それはどうしてですか。簡単に答えなさい。

問八　――線(5)「わたしの手をギュッとにぎった」とありますが、ミヒロはリサにどのようなことを伝えたかったのですか。次の中から最も適当なものを選んで、記号で答えなさい。

ア　恐いからそばにいてほしい。
イ　仲が良いことを見せつけよう。
ウ　逃げずに立ち向かっていこう。
エ　相手の弱点を探しにいきなよ。
オ　怒りに身を任せずに落ち着いていこう。

問九　本文中の［X］にあてはまる言葉として最も適当なものを次の中から選んで、記号で答えなさい。

ア　歯をくいしばった。
イ　口をとがらせた。
ウ　のどを鳴らした。
エ　目を丸くした。
オ　舌を巻いた。

問十　本文中の［Y］にあてはまる言葉として最も適当なものを次の中から選んで、記号で答えなさい。

ア　自分を傷つけた三人組が許せない
イ　人を傷つけることは絶対にやめよう

わたしは、あやかに顔をよせて言った。

顔をあげてわたしを見たとたん、あやかはギョッとしたようにからだを引いた。

「ひさしぶり。元気？」

「う、うん……」

顔が引きつっている。

「そう、よかった。わたしも元気だから、心配しないでいいよ。じゃあね」

それだけ言って、ミヒロのあとを追いかけた。

「なんだったの？　用って？」

わたしをふり返って、ミヒロがきく。

「なんか、すごくスッキリした顔してるよ」

(6)胸の底に、澱のように積もっていたものが、すっかりろ過された気分だった。

「うん、今日は成果があったかも」

「へえ」

ミヒロが目を光らせて、わたしを見つめる。

「じゃあ次は、プールに挑戦する？」

期待に満ちた目で言う。ドキンとした。

もし……プールに行けたら。

もし、みんなの中に入って泳げたら。

わたしの宿題も完了するかもしれない。今までの自分を、克服することができるかもしれない。そう思うと、心がさわぎだした。

「うん。行く」

「え、ホント？　あ、でも無理しなくていいからね」

「ううん、行くよ。ぜったい行く」

「わかった。じゃあ、土曜日とかどうかな？」

「うん、オッケー」

わたしは、自分の小指をミヒロにからませて、指切りげんまんと言った。

（朝比奈　蓉子『わたしの苦手なあの子』）

問一　あとの登場人物の説明の中から、あてはまらないものを一つ選んで、記号で答えなさい。

ア　あやかとリサは転校後も交流があった。

イ　ミヒロは宿題を達成することができた。

ウ　コズエは前の学校でリサをいじめていた。

エ　リサはうそをついてプールの授業を欠席していた。

オ　吉岡くんのおばあさんは顔に大きなあざがあった。

問二　＝＝線(a)「いきりたった声」・(b)「悪態をつく」の意味として最も適当なものを次の中から選んで、それぞれ記号で答えなさい。

(a)「いきりたった声」

ア　勢いに任せた声

イ　激しく怒った声

ウ　呼吸を合わせた声

エ　ひときわ目立った声

オ　あわてふためいた声

(b)「悪態をつく」

らした。

「この人たちったら、なんてくさいんだろ」

あきれたように首をふった。

「なんだって！」

三人がいきりたった声(a)をあげた。

「あなたたちの心、くさってるよ。ぷんぷんにおいがしてる。自分で気がついてる？」

まゆをひそめて、首をかしげた。

「早めに手当したほうがいいと思うよ。手おくれになるまえに」

それだけ言うと、ミヒロはわたしの手をグイと引いて、スタスタと歩きだした。

「なに、あいつ」

「ふざけんなって」

「マジむかつく」

うしろで、口ぐちに悪態をつく(b)のがきこえてくる。

それをしり目に、ミヒロはさっさとレジに行き、会計をすませると、とっとと出口に向かった。あわててわたしも、そのあとを追いかけた。

「すごい、ミヒロちゃん。あの子たち相手に、あんなスゴワザつかって」

「待って。まだ心臓がドクドクしてるの」

ミヒロは、両手で胸をおさえて、大きく息をすいこんだ。その顔が次第(しだい)にゆがんで、がまんできないように笑いだした。

ミヒロの笑いが、わたしにも伝染(でんせん)して、二人でおなかが痛くなるまで笑った。

笑いながら、わたしはおじいさんの言葉が、すんなり胸に入ってくるのを感じた。

『人を傷つけるのも人だが、なおしてくれるのも人なんだよ』

わたしは、［ Y ］と思った。

おじいさんのうちに帰って、買った品物をだしたら、ちゃんとお菓子も入っていたので、またびっくりした。

「だって、せっかくおごってくれるっていう、おじいちゃんの気持ち、ふいにしたくないし」

ミヒロといると、固くよじれたわたしの心が、［ C ］とほぐれていくようだ。

次に行ったのは、図書館だった。

夏休みの図書館は、すごく混(こ)んでいた。

わたしたちは、気に入った本を三冊ずつ借りた。

出口に向かうとちゅう、知った顔を見かけた。いすにすわって、熱心に本を読んでいる。

まえの学校で、仲がよかったあやかだった。やけどをしたあとは、わたしからはなれて、三人組の側についた。いっしょになって、わたしを笑った。

思わず顔をそらしたけど、すぐにいけないと思いなおした。自分から先に顔をそらすようでは、ちっとも変わったことにならない。

「ちょっと用ができたから、先に行ってて」

ミヒロにことわって、わたしはあやかに近づいていった。

「こんにちは」

「じゃあ、ドラッグストアのあずま屋がいいんじゃない。なんでもあるし」

あずま屋は、品物がそろっていて安いので、いつもお客さんであふれているのだ。

「でも、いきなり大きな店に行って、だいじょうぶ？　だれに会うかわかんないよ」

ミヒロが、心配そうな顔を向ける。

「うん、やってみる」

「よし。じゃあ出発！」

距離（きょり）にしたら、五分足らずの場所だった。

だけどわたしにしたら、未知の場に乗りこむような、不安だらけの気持ちだった。

自動扉（とびら）にすいこまれるように中に入ると、お年寄りから子どもまで、いろんな人がいた。ミヒロが、そなえつけのカゴをもって歩きだしたので、いそいで、そのうしろをついていった。

だれも、わたしの足を見ている人はいなかった。みんな、自分の買い物のことでいっぱいみたいだった。

買い物カゴには、バナナと、麦茶と、ドッグフードが入っていた。あとは歯みがき粉と、わたしたちのお菓子だ。

歯みがき粉は、どれがいいかわからなかったので、さんざん迷ったすえ、歯こうを予防するというのにした。

やっとお菓子の通路へ入ったときだった。

小学生くらいの女の子が、三人かたまっているのが目に入った。

なんだかいやな予感がした。

近づくにつれて、すがたがはっきりしてきた。あの三人組だった。

足をとめたわたしに、どうしたの？　とミヒロがふり返った。

わたしは、イヤイヤをするように首をふった。わたしの視線の先を見て、ミヒロは意味をさとったみたいだった。

もっていたカゴを、左手にもちかえると、(5)わたしの手をギュッとにぎった。

「行こう」

そう言って歩きだした。

「ねえ、リサちゃん、どれにする？」

ミヒロは、棚（たな）に並んだお菓子をながめては、わざわざわたしの名前を呼んだ。

三人が、気づかないはずがなかった。

「リサじゃん」

コズエの声だった。

三人の視線が、こっちに集まった。

「やだ、まだこのへんウロついてんのぉ」

「わっ、足まるだしじゃん。不気味ぃ」

「キモイよぉ。見たくないよぉ」

「あっちに行ってってば」

［　X　］。

こみあげてくるにがいものを、なんとか飲みくだそうとした。だけど、のどにはりついたままで、おりていかない。

たった今気がついたように、ミヒロが三人のほうを見た。上から下まで、［　B　］とながめたあと、首をつきだして、スンスンと鼻を鳴ムキになっているのが、おかしかった。

「あやまることないって。あのころのわたしって、すごくカンジわるかったと思うし、それに宿題のおかげで、ミヒロちゃんと友だちになれたんだから」

「怒(おこ)ってない？　ああよかった！」

胸をおさえて、ミヒロは大きく息をついた。

「あ、もちろん、今はリサちゃん、すっごくカンジいい女の子だよ。だから、えっと、わたしの宿題は、もうできちゃったっていうか……へへ、あ、で、リサちゃんはなんて書いたの？」

ミヒロは、いそいでわたしに質問を返した。

「うん、わたしはありのままの自分を受け入れることって書いた」

「あ……っと、それって」

「今は、傷あとをかくして、心臓がわるいって、うそついているじゃん」

「うん」

「そんな自分を変えたいんだ。傷あとも含めてわたしなんだって、胸をはって歩きたいの」

まっすぐに、ミヒロがわたしを見つめている。その目が、わたしの次の言葉を待って、大きくふくらんでいる。

「それで、ミヒロちゃんに、協力してもらえないかなあと思って」

「うん、わかった。なにをしたらいいの？　なんでもするよ」

迷うようすもなく、すぐに返事が返ってきた。迷惑(めいわく)というより、むしろうれしそうだった。

「サンキュ。まずは、傷をかくさないで歩こうと思う。そのとき、ミヒロちゃんがそばにいてくれたら、すごく心強いな」

「わかった。へんな目で見るやつがいたら、ブッとばしてやる」

「わっ、いさましい。逆に、ブッとばされないようにしなくっちゃ」

二人で声をあげて笑った。

(4)ミヒロに言ってよかったと思った。

ミヒロの提案で、まずはハイソックスをはかないで、買い物に行くことになった。

おじいさんに、必要なものをきいてメモをとった。好きなお菓子(かし)を一個ずつ買っていいぞと言われて、ミヒロは、ヤッタ！　とはしゃいでいる。

わたしはハイソックスをぬいだ。

ひざ丈(たけ)の白と黒のチェックのスカートに、素足(すあし)でスニーカーをはいた。ふくらはぎのまわりがたよりなくて、落ちつかなかった。

そしたらミヒロが、

「リサちゃんて、どんな格好してもキマるんだね。傷があってもなくても、やっぱりリサちゃんはステキだよ」なんて言った。

わたしへのエールのつもりだろう。

「行ってきます！　と自分をはげますようにかけ声をかけると、

「ああ、行っておいで」

と、おじいさんのおだやかな声が、送りだしてくれた。

「ええっと、なになに、歯みがき粉と、バナナと、麦茶と、ドッグフードか」

ミヒロが、買い物のメモを読みあげる。

「心臓がわるいってうそついて、プールの授業にもでなかったんです」
「おや、そうかい。ふんふん、なるほど」
　吉岡くんのおじいさんは、わたしの足をじろじろと、えんりょなく見た。
「もしかしたら、リサちゃんは、自分が好きじゃないだろう」
「はい……きらい……です」
「うん、うちのばあさんも、ほっぺたのまん中にデカいあざがあってな、若いころはそりゃあ気にしてた」
　吉岡くんのおじいさんは、耳たぶをもみながら言った。
「でかけるときは、いつも大きなマスクを手ばなさなかったよ。ところがだ、わしがばあさんにプロポーズするときに、そのあざもふくめた全部が好きだと言ったら、とたんにケロッと気にしなくなっちまった。あとからきいたところ、わしに好きだと言われて、自分に自信ができたと言っとった。自分でも自分を好きになれたとな」
　吉岡くんのおじいさんは、わたしの頭にふんわりと手をおいた。
「リサちゃんも、そんな傷に負けないくらい、ステキなおじょうさんだ。いや、その傷をもつようになったからこそ、リサちゃんは人の痛みがわかるようになったはずだ。そんな自分を好きになれないかい」
　吉岡くんのおじいさんは、ギョロリとした目でわたしを見つめて、それから顔をシワシワにして笑った。
　年をとった人たちって、いろんなことを経験して、うれしいとか、悲しいとか、くやしいとか、さまざまな気持ちを味わって、わたしたちが知らないことを、からだの中にいっぱい積み重ねてもっている。
　わたしたちは、ちゃんとしたおとなになるために、今からその一つ一つを、長い時間をかけて、積みあげていくんだと思った。
　いつかわたしも、自分を好きになれる日がくるだろうか。
　たぶん、宿題の「克服したいこと」をやり終えたときに答えがでる。
　そしたら、下を向かないで、堂々とまえを向いて歩ける。そしたら自分を好きになれるかもしれない。それには、この傷あとも自分の一部なんだと、うけ入れなくちゃいけない。

決意を固めたリサは、ミヒロのおじいさんの家に向かった。

　木戸をおしたら、縁側にでたおじいさんが、笑顔で迎えてくれた。
　ミヒロの姿もあったから、ほっとした。もうすっかり親しんだ家に、わたしはためらうことなくあがった。
「あのね」
　しばらく迷ったけど、思いきって言った。
「宿題がでてたでしょ。克服したいことって」
「あ……うん」
「なんて書いた？」
「わ、わたし？　あ、あの、えっと……」
　ミヒロは、困ったようにモジモジしている。
「なに？　どうかしたの？」
「あ、あの、えっと、えっとね、ごめん！　わたし、本間リサって書いちゃった！」
　ミヒロはペコンと頭をさげて、［A］とわたしを見あげた。
「でも、仲良くなりたいと思ったのは、うそじゃないからね！」

と思って、あわてて台所にもどると、ふたをした鍋からけむりがでていた。すぐに火を消したあと、ふたを取ったほうが温度が下がると思い、ふきんでふたのつまみをにぎった。

だけど、熱さでふたを取り落とした。

ふたが鍋のふちに当たり、ぐらりと鍋がかたむいた。次の瞬間、天ぷら油がとびちった。

自分の不注意が招いたことだから、だれを責めるわけにもいかない。でも、このやけどのあとに、わたしはいつまでも苦しめられている。

ああ、いけない。頭をふって、いそいで記憶を追いだした。

鏡のまえで全身をじっくりと見る。

からだをひねってうしろからも見た。

そんなに悪くない気がした。

ハイソックスをはけば、傷あとはほとんどかくれそうだ。

思いきって、このまま行ってみようか。

だけど、吉岡くんや、吉岡くんのおじいさんが、(2)これを見たときのことを思うと、ドキドキしてくる。

わたしが、カプリパンツでかけるすがたを見たママは、あわててとんできた。

「リサ……そのかっこう」

心配そうにまゆをよせている。

「うん、少しはまえに進まないとね」

そう言っても、わたしだってこわかった。

この傷を、人まえにだすなんて、学校をうつってからはじめてだもの。

だけど、短いパンツは気持ちがよかった。

暑さもすずしさも、今までの倍に感じた。

それだけ自由になったような気がした。

わたしはおそるおそる、おじいさんちの裏木戸をおした。ガラス戸を通して、吉岡くんたちがいるのが見える。

ただふつうに、おはよう、と言えばいいんだ。そう思っても、(3)足がおもりをつけたみたいに重たい。

わたしに気がついた吉岡くんが、ガラス戸をあけて待っている。

「お、めずらしいな、本間さんの……」

言いかけた吉岡くんの言葉が、途中でとまった。きっと、ハイソックスからはみだした傷あとが、見えたのだろう。

「おはよう」

声が少しかすれていたけど、わたしはいつもどおり、ちゃんと言えたと思う。

「やあ、リサちゃん。今日はすずしそうだねえ。わしもひとつ、そういうのをはいてみるか」

わたしが中に入ると、吉岡くんのおじいさんが、扇子で胸もとにバタバタと風を送りながら声をかけてきた。

「やめろよ、じいちゃん。毛ずねがキモイよ」

「なに、見慣れればどうってことないさ」

「わたし……」

大きく深呼吸して、お腹に力をこめた。

「このやけどのあとを見られたくなくて、ずっとかくしてたんです」

わたしは右足をもちあげて、よく見えるようにした。

ウ　Ⅰ理由・Ⅱ改造　　　エ　Ⅰ歴史・Ⅱ反省
オ　Ⅰ根拠・Ⅱ主張

問七　――線(4)「私はあの絵は、まちがっていると思うんです」とありますが、それはどうしてですか。次の中から最も適当なものを選んで、記号で答えなさい。
ア　人間はもともとひよわで頼りない野生動物であるから。
イ　人間と動物は同じ地球で協力して生きていく同志だから。
ウ　人間があまりに破壊的で生態系ピラミッドから外れているから。
エ　人間は道具を使うことで野生動物を支配することができるから。
オ　人間は動物を食べることによって生きていくことができるから。

問八　――線(5)「猛禽類」とありますが、彼らが「アンブレラ種」や「キーストーン種」と呼ばれるのはどうしてですか。十五文字程度で答えなさい。

問九　――線(6)「環境治療」とありますが、それはどのようなことですか。次の中から最も適当なものを選んで、記号で答えなさい。
ア　本来の野生動物の力を取り戻すために、人間が積極的に手助けをしていくこと。
イ　野生動物が本来の生活に戻れるように、人間の自然破壊を食い止めようとすること。
ウ　人間にとって最も効率よく自然を利用できるように、野生動物の生活環境を変えていくこと。
エ　野生動物の生存競争によって壊れてしまった地球の自然を、再び緑豊かなものにしようとすること。
オ　人間がよりよく生きるだけでなく、野生動物も安全に暮らしていけるような環境を整えていくこと。

問十　――線(7)「この地球の上で共に生きる『同志』だと思うのです」とありますが、共に生きるためにはどのようなことが必要だと筆者は考えていますか。本文全体をふまえて、わかりやすく説明しなさい。

【三】次の文章を読んで、後の問いに答えなさい。

心に傷を負ったリサは転校先でミヒロと吉岡に出会い、それぞれの家族とも交流するようになった。

いつのまにか、かたく固めたガードが、少しずつゆるんでいった。とくにその日の午後は、(1)気持ちが大きくなっていたのかもしれない。去年、やけどをするまえに買ったカプリパンツを、引っぱりだしてはいてみたのだ。

黒地に、白い小さな花が散ったところが気に入っていたけど、まだ一度もはいてなかった。はくまえに、やけどをしたからだ。

あの日、ドーナツを揚げるつもりで、油の入った鍋を火にかけたとき、電話が鳴った。

あやかだった。翌日があやかの誕生日だったので、ドーナツは、プレゼントにそえてわたすつもりだった。

つい話がはずんで、気がつくと十分以上しゃべっていた。しまったし地球が壊れてしまうようななにかが起こったときには、それをとめようとする力がどこかで働くのだと。

それはそのまま、ある動物が病気になると、その病気を排除しようとそれに対抗する特殊な白血球が現れることと、とてもよく似ています。

だとしたら、私はこの白血球のひと粒のようでありたいのです。もし地球を壊そうとするなにかが起こったときには、それに(B)イを唱え、それをどうにかして食いとめようとする人間でありたいと思う。

傷つけた原因が人間にあるのなら、傷つけない解決策を見つけることも必ずできるはずです。人と人、そして、人と野生動物たち、われわれは「敵」と「味方」ではなく、(7)この地球の上で共に生きる「同志」だと思うのです。

（上橋菜穂子×齊藤慶輔『命の意味　命のしるし』）

※1　糾弾＝非難すること

※2　示唆＝ヒント

問一　本文中の[A]～[C]にあてはまる言葉として最も適当なものを次の中から選んで、それぞれ記号で答えなさい。ただし、同じ記号を二回使ってはいけません。

ア　つまり　　イ　だから　　ウ　あるいは

エ　なぜなら　　オ　たとえば　　カ　ところが

問二　——線(1)「常にそう思ってきました」とありますが、このときの筆者の思いが最もよく表れている四字熟語を次の中から選んで、記号で答えなさい。

ア　我田引水　　イ　疑心暗鬼　　ウ　暗中模索

エ　以心伝心　　オ　異口同音

問三　——線(2)「この経験」とありますが、どのような経験ですか。次の中から最も適当なものを選んで、記号で答えなさい。

ア　オオワシやオジロワシが鉛中毒だと気づいたこと。

イ　鳥の鉛中毒について文献をたくさん調べたこと。

ウ　鹿を鉛の弾で撃ち、猟場に放置したこと。

エ　ハンターに猟について教わったこと。

オ　コハクチョウを無事に助けたこと。

問四　〰〰線A「ク」・B「イ」を漢字に直したときに正しいものを次の中から選んで、記号で答えなさい。

A「ク」

ア　句　　イ　来　　ウ　苦　　エ　暮　　オ　困

B「イ」

ア　奇　　イ　違　　ウ　意　　エ　位　　オ　異

問五　——線(3)「私たちは『敵』と『味方』ではなく、同じ問題を解決するために集まった『同志』なんです」とありますが、解決するためにはどのようにすればいいと筆者は考えていますか。次の[　]にあてはまる言葉を本文中からぬき出して、Xは五文字、Yは三文字でそれぞれ答えなさい。

問題となっている点を[X]にとらえて、問題に関わる人たちのさまざまな[Y]について確かめ合っていくこと。

問六　本文中の[I]・[II]にあてはまる言葉の組み合わせとして最も適当なものを次の中から選んで、記号で答えなさい。

ア　I内容・II改良　　イ　I原因・II改善

いてしまったら、全体が崩れてしまう重要な役割の石なのでかなめ石、「キーストーン」と呼ぶのです。

「キーストーン種」というのは、その種がいなくなったら、生態系全体に影響を与える可能性がある種のことを指します。[C]猛禽類を見れば、彼らが生息する自然環境が健やかなものに保たれているかどうかが、わかるというわけです。

次から次へと運びこまれる鳥たちを治療するうちに、目の前の一羽を治すことだけが、はたして獣医師の役割だろうか、と思うようになりました。もっとできること、やらなければならないことがあるんじゃないか。

彼らの痛みを知る者として、野生動物たちが伝えてくれる自然界の変貌を伝えたい。

人間のせいで、傷つき、病むことになった彼らのメッセージを、獣医学という言語を通して人間の言葉に翻訳することで、われわれと野生動物たちがすんでいるこの環境を改善し、治していく契機になるかもしれない。

人間と野生動物が共に生きていくために、自然環境全体を末永く健全な状態に戻していくこと。

そのために、私は、医者であり、野生の鳥たちの伝えたかったメッセージを人間の言葉に翻訳する通訳であり、時には、人と野生の生き物が共に生きていけるよう仲裁する、弁護士でありたい。(6)「環境治療」と呼んでいるのですが、それが私のライフワークになったのです。

東日本大震災のとき、原発事故が起こって、自然エネルギーに対する関心が高まり、北海道でも、風力発電の風車がものすごくたくさん作られました。

その結果、その風力発電のブレード（羽）に当たって、四十羽以上のオジロワシが死んでしまったのです。そうすると、なかには、風力発電そのものをやめようと言い出す人も出てくる。

私は、これ以上鳥たちが傷つかないようにしたい。しかし、エネルギー問題として考えたときに、はたしてこれからもずっと風力発電を使わないという選択ができるでしょうか。なにかを「やめる」のは簡単です。ただ「やめる」と決めたとたん、それを「やる」ための技術や理論もとまってしまう。そうじゃなくて、今やるべきは、どうしたら人間は風というエネルギーを、自然や動物たちを傷つけることなく活用できるのかを考えることだと思うのです。

そもそも、ワシはなぜ風車にぶつかってしまうのか。

解剖の結果、死体はほぼすべて即死でした。しかも、ぶつかったというより、上からたたき落とされるように死んでいることがわかりました。原因は、目の錯覚でした。ブレードは、時には風速三〇〇キロの速さで動きます。猛スピードで動くものは、遠くにいるときには見えていても、近づくとふっと消えてしまう。ワシたちにとっては、自分たちが常に移動するルートに突然現れては消える凶器だったのです。

どうすればこれを防ぐことができるのか。

今はまだ模索中ですが、必ず解決策はあるはずだと思っています。楽観的すぎるかもしれませんが、私は、いわゆるガイア理論に共感するところがあります。なぜって、ガイア理論の考え方というのは、私の診てきた野生動物の体で起こっていることそのものだからです。

ガイア理論では、地球はひとつの生命体だと考えます。そして、もはないですし、法律で禁止されたあとも、鉛の弾を使い続けるハンターがあとをたちません。

シカ猟の季節になると、鉛の毒が回っている肉をワシが食べてしまうことがないように、いまだに私はシカの死体を片付け続けています。

鉛中毒の問題は、私にさまざまな経験と示唆※2を与えてくれました。

傷ついた野生動物がいると、今まではそれを治すことで獣医師としての役割はいちおう終わったと思っていたんですね。でも元栓をしめなければ、水がじゃんじゃん流れっぱなしになるように、その個体が傷ついた［Ⅰ］を突きとめ、もうこれ以上は傷つかないように状況を［Ⅱ］しなかったら、この先も傷つき続けることになるわけです。

困難なことが起こったとき、それを見て見ぬふりができる人と、できるかどうかわからなくても半歩踏み出そうとする人がいます。

傷つき、病んだ野生動物たちの声をその最前線で聞く者として、私は、それを見て見ぬふりはできないと思う。自分になにができるのかわからなかったとしても、物言えぬ彼らに代わって、声をあげないわけにはいかない。

［B］私は、それでも前に踏み出すのだと思います。

弱い者は死ぬ、強い者は生き残る。これが本来の野生動物の世界です。

そして、人間も、もともとは生態系のピラミッドの中にいる、野生動物の一員にすぎなかった。野生動物としての人間は、いかにもひよわで頼りない存在です。弱肉強食の世界においては、きっと、クマにやられる人もいたでしょうし、トラにやられる人もいたでしょう。でもそれが日常的だったのは、はるか昔のことです。

子ども向けの絵本だと、よく生態系のピラミッドのてっぺんに人間が堂々と描かれていたりしますが、(4)私はあの絵は、まちがっていると思うんです。

ピラミッドのてっぺんどころか、もはやピラミッドから大きく外れてしまって、ピラミッドを丸ごと足蹴にして全部ぶっ壊すことができるくらい、人類は文明という強大な力を持つ「神」になってしまっている。それなのに自分たちがなにをしでかしているのかに気づきもせず、自覚もないまま、際限なく破壊を繰り返している。

それが人類という種だと思います。

やろうと思えば、きっと一か月以内で野生動物たちが暮らしている森を全部、あとかたもなく切り尽くすことだってできるでしょう。生態系のピラミッドの中に、こんな身勝手で制御不能な種が、いまだかつていたでしょうか。

もともとは、(5)猛禽類こそが生態系のピラミッドの頂点にいたのです。ライオンやオオカミ、クマ、そして猛禽類のように、ほかの生き物を捕食して生きる動物たちのことを「アンブレラ種」と呼ぶことがあります。

食物連鎖の頂点にいる動物が暮らせる環境を保全することが、その地域のほかの動物たちの環境を保全することにつながることから、生態系全体を守るカサ、「アンブレラ」と呼ばれているのです。

あるいは「キーストーン種」といわれることもあります。

キーストーンというのは、石橋を作るときに使われる、かなめ石のことです。石橋をアーチ状に組むときには、両岸から徐々に石を組んでいって、最後に全体の重心となる台形の石をはめます。この石を抜あったとして、それを最初に食べるのは誰なのか。

　ほかを押しのけて、まだ傷口もなまなましい肉の最初のひと口を食べることができるのは、最も強いワシです。ほかのワシを踏み台にしながら、何年もかけてここにたどりついた最強のワシが、あろうことか、毒入りの肉を食べることであっさり死んでしまう。

　強いものが生き残り、弱いものが滅びていくことが自然界のルールだとしたら、これは自然界のルールに反しています。強いものから先に死ぬだなんて、これはもはや種の保存に関わる一大事なんです。このままなんの手も打たなかったら、ただでさえ希少なワシたちは、あっという間に全滅してしまうかもしれない。

　原因は鉛の銃弾です。

　弾さえ鉛から銅に替えてもらえたら、ワシは鉛中毒を起こさずにすむのです。ぐずぐずしているわけにはいきません。私は、さっそくハンターの方たちにそのことをお願いすることにしました。

　［A］、いざ行動を起こしてみると、なにかを変えるというのはそう簡単なことではないということが身にしみてわかりました。

　銅の弾は鉛の弾よりも少し値段が高く、しかも鉛の弾のほうが命中率がいいといわれていましたから、私の訴えを快く思わない人も少なくなかった。なかには脅迫状めいた手紙をよこす人もいて、道のりの険しさに途方にくれて（A）しまいそうになったこともあります。

　しかし、私は、べつに「猟そのものをやめてほしい」と訴えているわけではないのです。

　こういうときに、「敵」と「味方」にわかれて言い争ったとしても、なにも解決しないし、かえって事態が険悪になったりする。こういうときこそ、相手の立場に立ってものを考えなければ、信頼関係は絶対に生まれない。獣医師である自分にできることは、現場で起こっている事実をできるだけありのまま、辛抱強く伝え続けることだけです。特定の誰かを糾弾※1するためではなく、できるだけありのまま事実を伝えるという姿勢が大事なんだと思います。ワシの死体の写真を突きつけられて、不快に思う人もいるでしょう。それをやり続けることは、精神的にもなかなかエネルギーのいることです。私のフェイスブックにアップされるのは、そんな写真ばかりですが、なかには関心を持ってくださる方もいる。野生動物と人間の共生という遠くの目標を見つめているからこそ、続けていられるのだと思います。

　鉛中毒の問題は、猟ができる自然環境をやがてダメにしてしまうかもしれない。やがてハンターの方たちの中にも、興味を持って、話を聞きに来てくれる人が現れました。ハンターは、猟についての専門家です。私のほうにも教わらなければならないことがある。問題を提起するだけではなく、相手の価値観によく耳を傾けること、現場をよく知る人に知恵を借りること、私は、このときにそれを学びました。

　さまざまな価値観を検証していくうちに、それがつながって、ひとつのゴールが見えてくる。(3)私たちは「敵」と「味方」ではなく、同じ問題を解決するために集まった「同志」なんです。

　そうして、ついに二〇〇〇年、北海道ではシカ猟で鉛のライフル弾を使うことが禁止されました。二〇〇四年にはヒグマを含むすべての大型獣の猟で、鉛の弾は使用禁止に。鉛中毒の問題が最初に明らかになったのは一九九六年のことでしたから、長い時間を要しましたが、少しずつ前進してきたことはまちがいない。しかし、まだ全面禁止で

【国　語】〈五〇分〉〈満点：一〇〇点〉

【一】 次の――線のカタカナを漢字になおしなさい。

1　ブンブ両道を目指す。
2　テンコウが回復するのを待つ。
3　父はショウバイをするのがうまい。
4　学校までトホで通う。
5　テチョウに予定を書く。
6　絵画のテンランカイに出品する。
7　プリントをインサツする。
8　野球部にショゾクする。
9　新しいキンム先にあいさつをする。
10　蛇口から水がタれる。

【二】 次の文章を読んで、後の問いに答えなさい。

前例のないことをやるというのは、道なき道を歩くことに似ています。

どんな出来事も、そこから学ぶためのワンチャンスなんだと思って、今、目の前で起こっていることから、ひとつひとつ、学ぶしかないんです。

この経験を次に生かして、前に行こう。そして、同じ症例がきたら、必ず生かしてみせる。そうやって前よりもちょっと、その次はさらにもっと、彼らを救うための力をつけていこう。私は、(1)常にそう思ってきました。

それで真っ先に思い起こされるのは、一九九六年、オオワシやオジロワシが大量死する問題が起こったときのことです。

死因不明のオオワシの死体が野生生物保護センターに運びこまれてきたのは、私が赴任して二年めのことでした。見た目にはなんの傷もない。ところが解剖してみると、胃の中から鉛の散弾が出てきて、私は即座に、これは鉛中毒だと確信したのです。それからも、センターには次から次へとオオワシやオジロワシの死体が運びこまれてきました。どの死体も無傷で、私はすぐに鉛中毒の検査をしました。

なぜこのとき、赴任して間もなかった私にそんな対応ができたのかといえば、学生時代に、やはり死因不明のコハクチョウの死体の解剖を頼まれたことがあったのです。そのコハクチョウも、やはり釣りのときに使う鉛のおもりを飲みこんでいた。そのときに、鳥の鉛中毒について世界じゅうの大量の文献を調べたことがありました。それでこのときも、ワシの体の状態（症状や剖検所見）から、鉛中毒を起こしたにちがいないと気づいたのです。

もし(2)この経験がなかったら、すぐに手を打つことはできなかったでしょう。

ワシの胃の中からシカの毛が出てきたことで、ハンターが鹿を鉛の弾で撃ち、猟場に放置されたその肉をワシが食べたことによって、鉛中毒で死んでしまったのだとわかった。鉛中毒の怖さは、その個体が助からないというだけではありません。生態系への影響がものすごく大きいんです。

ハンターたちは食用の部位だけを持ち去ると、獲物をそのまま放置していくことが多い。鉛の銃弾で撃たれたシカの死体がフィールドに

MEMO

大切なことはメモしておこうネ！

T.G

解答用紙集

○月×日　△曜日　天気（合格日和）

◆ご利用のみなさまへ

＊解答用紙の公表を行っていない学校につきましては、弊社の責任において、解答用紙を制作いたしました。

＊編集上の理由により一部縮小掲載した解答用紙がございます。

＊編集上の理由により一部実物と異なる形式の解答用紙がございます。

人間の最も偉大な力とは、その一番の弱点を克服したところから生まれてくるものである。 ――カール・ヒルティ――

東京学参株式会社

日本大学第三中学校　2024年度

◇算数◇

※ 110%に拡大していただくと，解答欄は実物大になります。

1	(1)		(2)	
	(3)			
2	(1)	㋐　　　度		㋑　　　度
	(2)	cm²	(3)	時速　　　km
	(4)	個	(5)	本
	(6)	g	(7)	個
	(8)	円		
3	(1)	分速　　　m	(2)	m
4	(1)	(　　　,　　　,　　　)		
	(2)		(3)	

日本大学第三中学校　2024年度

◇理科◇

※ 108％に拡大していただくと，解答欄は実物大になります。

1	(1)	①	②	(2)	①	②	記号
	(3)	①	②	(4)			
2	(1)		(2)	g	(3)	g	(4) g
	(5)	①	②	(6)		(7)	
3	(1)	①	②	③	(2)	A	B
	(3)	m/秒	(4)		(5)	❶	❷
4	(1)		(2)	①	②	③	
	(3)		(4)				
	(5)	P	Q	A	B	C	D
	(6)						

日本大学第三中学校　2024年度

◇社会◇

※ 110%に拡大していただくと，解答欄は実物大になります。

1

問1		問2	A / B	問3	川
問4 (1)		問4 (2)		問5		問6		問7	
問8		問9			

2

問1 (1)		問1 (2)		問2		問3 (1)	
問3 (2)	→ →	問4					
問5		問6		問7		問8	
問9		問10		問11			
問12 (1)		問12 (2)					

3

問1 (1)		問1 (2)		問2 (1)		問2 (2)		問2 (3)	
問3		問4		問5		問6			
問7	①	②	③						

日本大学第三中学校　2024年度

◇国語◇

※ 128％に拡大していただくと，解答欄は実物大になります。

〔一〕

1	2	3	4	5	6	7	8	9	10
る									

〔二〕

問一　A　B　C

問二　(a)　(b)

問三

問四　X　Y

問五

問六

35

問七

問八

問九

〔三〕

問一　(a)　(b)

問二

問三

問四

問五　X　Y

問六

問七

問八

問九

問十

問十一

日本大学第三中学校　2023年度

◇算数◇

※ 112%に拡大していただくと，解答欄は実物大になります。

1	(1)		(2)	
	(3)		(4)	L
2	(1)	㋐　度		㋑　度
	(2)	通り	(3)	点
	(4)	個	(5)	枚
	(6)	cm^2	(7)	人
	(8)	本	(9)	g
	(10)	円		
3	(1)		(2)	m^2
4	(1)	m	(2)	m
5	(1)		(2)	
	(3)	ウ		エ

日本大学第三中学校　2023年度

◇理科◇

※ 111％に拡大していただくと，解答欄は実物大になります。

1

(1)		(2)	(i)		(ii)	
(3)						
(4)	①	②	③	④	⑤	

2

(1)		(2)		(3)		(4)	
(5)	記号	名称		(6)		(7)	
(8)	(あ) 性	(い) 性	(う) く	(9)			

3

(1)	①	②	③ a	(2)	A	B	C
(3)	上側 mA	下側 mA	(4)			(5)	
(6)	Ⅰ	Ⅱ					

4

(1)	① 座	②	(2)		(3)		
(4)	③	④	⑤	⑥	⑦	(5)	午前　時
(6)	①	②	③				

日本大学第三中学校　2023年度

◇社会◇

※ 114%に拡大していただくと，解答欄は実物大になります。

1	問1		問2		問3			
	問4							
	問5		問6		問7			
	問8		問9	県	問10			
	問11 (1)		(2)		問12		問13	
	問14 (1)	の乱	(2)		問15			
	問16		問17		問18 (1)	1945年　月　日		
	問18 (2)		(3)		問19			
	問20		問21		問22			
	問23		問24	X	Y			
	問25							
	問26							
2	問1 (1)		(2)		問2 (1)			
	問2 (2)							
	問2 (3)		問3		問4			
	問5 (1)		(2)					
	問5 (3)	の日	問6	市	問7			

日本大学第三中学校　2023年度

◇国語◇

※132％に拡大していただくと，解答欄は実物大になります。

〔一〕
1
2
3
4 やす
5
6
7
8
9
10

〔二〕
問一 A B C
問二 (a) (b)
問三
問四
問五
問六
問七
問八
問九
問十

〔三〕
問一 (a) (b)
問二
問三
問四
問五
問六
問七
問八
問九
問十
問十一
問十二

日本大学第三中学校　2022年度　◇算数◇

※ 112%に拡大していただくと，解答欄は実物大になります。

1	(1)		(2)	
	(3)		(4)	kg
2	(1)	点	(2)	円
	(3)	㋐　度		㋑　度
	(4)	本	(5)	cm^2
	(6)	個	(7)	g
	(8)	①		（いずれかに丸をつける）比例する・反比例する・どちらでもない
	(8)	②　人	(9)	円
	(10)	本		
3	(1)	個	(2)	
	(3)			
4	(1)	分速　m	(2)	m
5	(1)	(あ)　(い)	(2)	

日本大学第三中学校　2022年度

◇理科◇

※ 111％に拡大していただくと，解答欄は実物大になります。

1	(1)		(2)		(3)		(4)		(5)	
	(6)		(7)		(8)		(9)		(10)	
2	(1)	①	②			③X	Y	④		
	(2)		(3)	①	②				(4)		(5)	
3	(1)	① ❶	❷	②a 性	b 性					
	(2)	① (あ) cm^3	(い) cm^3	②X 性	Y					
	(2)	②Z	③	④ g						
4	(1)		(2)		(3)	①	②	(4)		
	(5)	① 倍	② 秒	③ cm	④ cm	(6)	cm			
5	(1)		(2)	②	③	(3)		(4)	mm	
	(5)	(ｉ) 回	(ⅱ) mm	(6)		(7)				

日本大学第三中学校　2022年度

◇社会◇

※ 114%に拡大していただくと，解答欄は実物大になります。

1	問1 (1)		(2)	→ →	(3)	
	問2 (1)		(2)		(3)	
	問3		問4		問5	
	問6 (1)		(2)		問7	
	問8		問9	大王	問10	
	問11 (1)	平野	(2)			
	問11 (3)	平野	(4)			
	問12		問13		問14 (1)	
	問14 (2)	→ →	問15		問16	
2	問1 (1)		(2) B			
	問1 (2) C				(3)	
	問2		問3		問4 (1)	脱　社会
	問4 (2) ①		②			
	問4 (3)		問5 (1)		(2)	

日本大学第三中学校　2022年度

◇国語◇

※132％に拡大していただくと，解答欄は実物大になります。

〔一〕

1	2	3	4	5	6	7	8	9	10
					ねる				

〔二〕

問一　A　B　C

問二　(a)　(b)

問三

問四

問五

問六

問七　X　初め　〜　終わり　Y

問八

問九

問十

問十一　70

〔三〕

問一　(a)　(b)

問二

問三　①　25　②

問四

問五

問六

問七

問八

問九

東京学参の

中学校別入試過去問題シリーズ

＊出版校は一部変更することがあります。一覧にない学校はお問い合わせください

東京ラインナップ

あ 青山学院中等部(L04)
麻布中学(K01)
桜蔭中学(K02)
お茶の水女子大附属中学(K07)
か 海城中学(K09)
開成中学(M01)
学習院中等科(M03)
慶應義塾中等部(K04)
啓明学園中学(N29)
晃華学園中学(N13)
攻玉社中学(L11)
国学院大久我山中学
（一般・CC）(N22)
（ＳＴ）(N23)
駒場東邦中学(L01)
さ 芝中学(K16)
芝浦工業大附属中学(M06)
城北中学(M05)
女子学院中学(K03)
巣鴨中学(M02)
成蹊中学(N06)
成城中学(K28)
成城学園中学(L05)
青稜中学(K23)
創価中学(N14)★
た 玉川学園中学部(N17)
中央大附属中学(N08)
筑波大附属中学(K06)
筑波大附属駒場中学(L02)
帝京大中学(N16)
東海大菅生高中等部(N27)
東京学芸大附属竹早中学(K08)
東京都市大付属中学(L13)
桐朋中学(N03)
東洋英和女学院中学部(K15)
豊島岡女子学園中学(M12)
な 日本大第一中学(M14)
日本大第三中学(N19)
日本大第二中学(N10)
は 雙葉中学(K05)
法政大学中学(N11)
本郷中学(M08)
ま 武蔵中学(N01)
明治大付属中野中学(N05)
明治大付属八王子中学(N07)
明治大付属明治中学(K13)
ら 立教池袋中学(M04)
わ 和光中学(N21)
早稲田中学(K10)
早稲田実業学校中等部(K11)
早稲田大高等学院中学部(N12)

神奈川ラインナップ

あ 浅野中学(O04)
栄光学園中学(O06)
か 神奈川大附属中学(O08)
鎌倉女学院中学(O27)
関東学院六浦中学(O31)
慶應義塾湘南藤沢中等部(O07)
慶應義塾普通部(O01)
さ 相模女子大中学部(O32)
サレジオ学院中学(O17)
逗子開成中学(O22)
聖光学院中学(O11)
清泉女学院中学(O20)
洗足学園中学(O18)
捜真女学校中学部(O29)
た 桐蔭学園中等教育学校(O02)
東海大付属相模高中等部(O24)
桐光学園中学(O16)
な 日本大中学(O09)
は フェリス女学院中学(O03)
法政大第二中学(O19)
や 山手学院中学(O15)
横浜隼人中学(O26)

千・埼・茨・他ラインナップ

あ 市川中学(P01)
浦和明の星女子中学(Q06)
か 海陽中等教育学校
（入試Ⅰ・Ⅱ）(T01)
（特別給費生選抜）(T02)
久留米大附設中学(Y04)
さ 栄東中学(東大・難関大)(Q09)
栄東中学(東大特待)(Q10)
狭山ヶ丘高校付属中学(Q01)
芝浦工業大柏中学(P14)
渋谷教育学園幕張中学(P09)
城北埼玉中学(Q07)
昭和学院秀英中学(P05)
清真学園中学(S01)
西南学院中学(Y02)
西武学園文理中学(Q03)
西武台新座中学(Q02)
専修大松戸中学(P13)
た 筑紫女学園中学(Y03)
千葉日本大第一中学(P07)
千葉明徳中学(P12)
東海大付属浦安高中等部(P06)
東邦大付属東邦中学(P08)
東洋大附属牛久中学(S02)
獨協埼玉中学(Q08)
な 長崎日本大中学(Y01)
成田高校付属中学(P15)
は 函館ラ・サール中学(X01)
日出学園中学(P03)
福岡大附属大濠中学(Y05)
北嶺中学(X03)
細田学園中学(Q04)
や 八千代松陰中学(P10)
ら ラ・サール中学(Y07)
立命館慶祥中学(X02)
立教新座中学(Q05)
わ 早稲田佐賀中学(Y06)

公立中高一貫校ラインナップ

北海道 市立札幌開成中等教育学校(J22)
宮　城 宮城県仙台二華・古川黎明中学校(J17)
市立仙台青陵中等教育学校(J33)
山　形 県立東桜学館・致道館中学校(J27)
茨　城 茨城県立中学・中等教育学校(J09)
栃　木 県立宇都宮東・佐野・矢板東高校附属中学校(J11)
群　馬 県立中央・市立四ツ葉学園中等教育学校・
市立太田中学校(J10)
埼　玉 市立浦和中学校(J06)
県立伊奈学園中学校(J31)
さいたま市立大宮国際中等教育学校(J32)
川口市立高等学校附属中学校(J35)
千　葉 県立千葉・東葛飾中学校(J07)
市立稲毛国際中等教育学校(J25)
東　京 区立九段中等教育学校(J21)
都立大泉高等学校附属中学校(J28)
都立両国高等学校附属中学校(J01)
都立白鷗高等学校附属中学校(J02)
都立富士高等学校附属中学校(J03)
都立三鷹中等教育学校(J29)
都立南多摩中等教育学校(J30)
都立武蔵高等学校附属中学校(J04)
都立立川国際中等教育学校(J05)
都立小石川中等教育学校(J23)
都立桜修館中等教育学校(J24)
神奈川 川崎市立川崎高等学校附属中学校(J26)
県立平塚・相模原中等教育学校(J08)
横浜市立南高等学校附属中学校(J20)
横浜サイエンスフロンティア高校附属中学校(J34)
広　島 県立広島中学校(J16)
県立三次中学校(J37)
徳　島 県立城ノ内中等教育学校・富岡東・川島中学校(J18)
愛　媛 県立今治東・松山西中等教育学校(J19)
福　岡 福岡県立中学校・中等教育学校(J12)
佐　賀 県立香楠・致遠館・唐津東・武雄青陵中学校(J13)
宮　崎 県立五ヶ瀬中等教育学校・宮崎西・都城泉ヶ丘高校附属中学校(J15)
長　崎 県立長崎東・佐世保北・諫早高校附属中学校(J14)

公立中高一貫校「適性検査対策」問題集シリーズ

総合編　作文問題編　資料問題編　数と図形編　生活と科学編　実力確認テスト編

私立中・高スクールガイド
THE 私立（ザ）
私立中学＆高校の学校生活がわかる！

〈ダウンロードコンテンツについて〉

本問題集のダウンロードコンテンツ、弊社ホームページで配信しております。現在ご利用いただけるのは「2025年度受験用」に対応したもので、**2025年3月末日**までダウンロード可能です。弊社ホームページにアクセスの上、ご利用ください。

※配信期間が終了いたしますと、ご利用いただけませんのでご了承ください。

中学別入試過去問題シリーズ

日本大学第三中学校　2025年度

ISBN978-4-8141-3183-9

[発行所] 東京学参株式会社

〒153-0043　東京都目黒区東山2-6-4

書籍の内容についてのお問い合わせは右のQRコードから　⇒

※書籍の内容についてのお電話でのお問い合わせ、本書の内容を超えたご質問には対応できませんのでご了承ください。

2024年7月18日　初版